Joachim Hentschel

ZU GEIL FÜR DIESE WELT

Joachim Hentschel

ZU GEIL FÜR DIESE WELT

Die 90er –
Euphorie und Drama
eines Jahrzehnts

PIPER

Mehr über unsere Autoren und Bücher:
www.piper.de

MIX
Papier aus verantwortungsvollen Quellen
FSC www.fsc.org
FSC® C083411

ISBN 978-3-492-06119-3
2. Auflage 2018
Originalausgabe

Satz: Tobias Wantzen, Bremen
Gesetzt aus der Rotis Serif
Gestaltung Bildteil: DANIEL SLUKA | DESIGN
Litho: Lorenz & Zeller, Inning am Ammersee
Abbildungen Bildteil: © caro images/Rupert Oberhaeuser
(Seite 1), © Franziska Söhner (Seite 8 und 9)
Druck und Bindung: CPI books GmbH, Leck
Printed in Germany

Für Eva, Günther, Irmgard
und Susanne

I saw the sign, and it opened up my eyes.

Ace of Base, 1993

Coolness ist kein Maßstab, willkommen
in der Gegenwart. Coolness ist 90er.
Was für ein neurotisches Konzept: Coolness.

Jan Böhmermann, 2017

Das ist echt komisch: Überall, wohin ich komme,
gibt's Ärger mit Klopapier.

Franka Potente in »Nach Fünf im Urwald«, 1995

INHALT

EINLEITUNG: POGO GETANZT, NACH ALIENS GESUCHT, GOTT GEFUNDEN

Warum sollen wir uns heute überhaupt noch einmal mit den 90er-Jahren beschäftigen?

Es war Dienstag, als die 90er-Jahre zu Ende gingen. Ein tendenziell blauäugiger, harmloser, verduselter Tag, kein großes Ding. Einer, von dem man im Zweifel eher geglaubt hätte, er könnte der lustige Anfang von irgendetwas sein. Kein Schluss. Keine No-Return-Klappe für eine herrliche, gewaltige Zeit, die theoretisch noch ewig hätte weitergehen können. Und von der man so nicht mal richtig Abschied nehmen konnte.

Die meisten, die man heute fragt, erinnern sich komischerweise daran, dass die Sonne schien. Dass sie in der Postamtsschlange standen oder im Auto an der Kreuzung, als es passierte. Dass sie Besuch hatten oder Zahnweh oder einen Abendtermin, zu dem sie umständlich anreisen mussten. Später konnte man den leuchtblauen Himmel und die Herbstvögelchen noch in tausend

TV-Wiederholungen sehen, in Endlosloops, auf großen Bildwänden, über alle denkbaren Blickachsen verteilt. Weshalb sich jetzt, rund zwanzig Jahre später, niemand allzu sicher sein sollte, dass die Erinnerung an diesen Dienstag wirklich echt ist. Und nicht nur ein Phantom, eine multimediale Luftspiegelung.

Was mein eigener Kopf noch weiß: wie der Chef der Hamburger Redaktion, in der ich zu der Zeit arbeitete, gegen drei Uhr nachmittags aus seinem Glaskasten im ersten Stock schlüpfte wie ein Maulwurf. Wie er zur Treppe ging und mich im Vorbeigehen kurz anstarrte, in den Augen eine komische Mischung aus Schock und Belustigung. »Auch gehört?«, fragte er in gespielt amüsiertem Ton. »Eben sind zwei Flugzeuge ins World Trade Center geflogen.«

Wir fangen mit dem Ende an: Der schrecklichste Tag in New York

Und ja, das wäre mal gleich die erste These: Die Dekade der 90er ging nicht, wie oft behauptet wird, am 31. Dezember 1999 zu Ende, sondern am 11. September 2001. Obwohl man es ja eigentlich schon zu Silvester '99 fest eingeplant hatte, das Finale mit großem, endzeitlichem Tamtam. Bei dem die Boeings vom Himmel fallen und die Toaster uns in die Finger beißen sollten. Bei dem die Atomkraftwerke feierlich schmelzen, die Erde aufsplittern, die »Titanic« als Gruselschiff vom Grund hochkommen und das große Blutgericht über die Welt hereinbrechen würde. Simultan zum Schluss des Jahrzehnts, Jahrhunderts und Jahrtausends würde so praktischerweise gleich die gesamte menschliche Kulturgeschichte enden. Passend zum Feuerwerk, ausgelöst durch den sogenannten Millennium-Bug.

Weil man ihn nachträglich gern mit dem Weltuntergang von 2012 verwechselt, den irgendjemand bei der Lektüre im Maya-Kalender gefunden hatte, kurz zur Erinnerung: 1999 war es noch um einen apokalyptischen, weltweiten IT-Crash gegangen, der dadurch ausgelöst werden sollte, dass um Mitternacht alle veralteten Computerkalender vom Jahr 99 auf 00 zurückspringen und dabei die Tore der Hölle öffnen würden. Am Ende passierte nichts, fast nichts. Nach all dem Vorabgebömmel war man fast ein bisschen enttäuscht.

Wie gesagt, es knallte dann doch noch, mit Verzögerung, aber dafür besonders schlimm. Die symbolische Bombardierung des World Trade Center in New York und des Pentagons in Washington, ausgeführt mit drei Passagierflugzeugen (das vierte stürzte ab). Verübt von den Möchtegernmärtyrern einer radikal-muslimischen Terrororganisation, die bis dahin nicht mal sonderlich Small-Talk-tauglich gewesen war, in Echtzeit erlebt vom Großteil der Menschheit: All das passierte zu einem Zeitpunkt, an dem viele, zumindest im privilegierten Westen, auch ohne allzu viel Naivität geglaubt hatten, dauerhaft auf die gute, rasengrüne Seite der Geschichte gefallen zu sein. Als man sich schon fast gewöhnt hatte an dieses Gefühl der Good News, der Befreiungs- und Grenzöffnungsszenen, an die virtuelle Allmöglichkeit der Dinge, an den Abschied von den alten, rostigen Ideologien. In den 90ern konnte man das eine Zeit lang glauben: Vielleicht würde am Ende ja doch alles gut werden.

Die Popstars Prince Ital Joe und Mark Wahlberg hatten das Glück in einem Song prophezeit, im April 1994, zum Höhepunkt der Euphorie: »Maybe one day we'll be united, and our love won't be divided.« Prince Ital Joe erlebte den 11. September 2001 übrigens gar nicht mehr. Er starb knapp vier Monate vorher bei einem Autounfall nahe Phoenix, Arizona. Auf dem Highway war ein Reifen geplatzt. Er war nicht angeschnallt.

Klar, bei vielen lag das sprichwörtliche undifferenzierte Hochgefühl das Jahrzehnts auch einfach nur an den Nebenwirkungen ihrer Techno-Tabletten oder am Afri-Cola-Rausch. An den Allmachtsfantasien aus den Internetchatrooms von voriger Nacht, am Girl-Power-High-Five oder einfach – an Ibiza. Und ja, natürlich gab es auch in den 90er-Jahren genug Krisenherde, Explosionen und geistesgeschichtlichen Spuk, genug Argumente für depressive Zweifel an der Zukunft. Aber trotzdem, nur mal als Experiment: Man kneift einen Moment lang die Augen zusammen, lässt nur einen Lichtspalt durch. Man guckt dann, nacheinander, erst in die restaurativ-trüben 70er. In die vom Kalten Krieg verklaustrophobierten 80er. Dann noch in die technologisch tadellosen Nullerjahre. Spätestens dann ist die orangefruchtige Sonne, die den 90ern aus beiden glatt rasierten Achselhöhlen zu strahlen scheint, im Vergleich umso blendender.

Eine ganze Ära geht zu Ende – aber welche eigentlich?

Als es dann unwiderruflich vorbei war, am 11. September 2001, saßen wir den Rest des Tages vor dem Fernseher. Kauten an Nägeln oder ungetoasteten Brotscheiben. Hatten plötzlich riesige Angst vor etwas, das wahnsinnig weit weg war, ein Gefühl, das wir fast schon verlernt hatten. Alle schauten in Richtung New York, wo um circa neun Uhr Ortszeit der erste Angriff passiert war. Selbst als das zweite Flugzeug einschlug, meinte der News-Anchorman Steve Bartelstein auf ABC noch, es könne sich nur um einen bizarren Unfall handeln, um den simultanen Ausfall mehrerer Navigationssysteme oder so. Eine so weit hergeholte, nicht terroristische Unschuldsvermutung sollte es in der Historie der Menschheit nie wieder geben. Ab sofort war es andersrum. Wenn irgendwo ein Navigationssystem ausfiel, glaubten wir zur Sicherheit erst mal, es wäre ein Anschlag.

Die Website Spiegel Online, im Jahr 2001 noch relativ jung, brach wegen der irren Nachfrage zeitweise zusammen. Man starrte auf die Skyline, wie man noch nie auf eine Skyline geschaut hatte, und viele dachten widerwillig, aber automatisch an die Schlussszene des Films »Fight Club« von 1999, in der Edward Norton und Helena Bonham Carter von der Galerie aus verfolgen, wie das Bankenviertel einer unbenannten amerikanischen Großstadt in die Luft fliegt. Freunde riefen an, die aus irgendwelchen Gründen nichts mitgekriegt hatten. Man sagte Sachen ab.

Mitten im stummen, stumpfen Häufchen vor dem Fernseher in der Hamburger Redaktion, unter dem ungebremsten Eindruck der Feuerbälle, Staublawinen und fallenden Menschen, ergriff einer, der meiner Erinnerung nach Ingo hieß, das Wort. »Leute, das gibt Krieg«, sagte Ingo. Er hatte recht. Er hatte natürlich nicht die leiseste Ahnung. Davon, was für ein bislang unbekannter, anomaler, welt- und gedankenverändernder Krieg das werden würde. Davon, wie lange er dauern würde.

Was genau war hier eigentlich zu Ende gegangen? Es gab bald Antworten. Große, widersprüchliche, deshalb ja nicht unbedingt völlig falsche Antworten – von Leitartikeln bis zu UN-Resolutionen, von zeichentheoretischen Puzzleanleitungen bis zu dunkel gestreiften Verschwörungstheorien.

Osama bin Laden, das mutmaßliche Evil Brain hinter dem Großanschlag, habe »die Geschichte des Terrorismus neu geschrieben und möglicherweise sogar der Geschichte des nach dem Kalten Krieg erkennbaren neuen Zeitalters ein Ende gesetzt«, sagte der US-Terrorismusforscher Bruce Hoffman im November 2001 bei einem Vortrag in der Frankfurter Paulskirche. Der Soziologe Jean Baudrillard stellte im Rückblick einen »Streik der Ereignisse« in den 90ern fest (im Original kam die Formulierung vom argentinischen Schriftsteller Macedonio Fernández). Dieses Vakuum hätten die 9/11-Terroristen auf besonders gerissene Art zum Platzen gebracht, indem sie die westliche Moderne mit ihren eigenen Errungenschaften bekämpft hätten: mit der Technologie, den Medienmechanismen. Mit der Vorstellung davon, was ein Event ausmacht.

Eine Woche nach den Anschlägen erklärte der Schriftsteller Hans Magnus Enzensberger in der *Frankfurter Allgemeinen Zeitung,* dass es in einer Welt, die seit den

90ern im Prozess der Globalisierung stecke, keine wirklichen Angriffe »von außen« mehr gebe, nur noch von innen. Und Terroristen, denen der Tod im Prinzip egal sei, meinte Enzensberger, hätten den auf Selbsterhaltung getrimmten Kapitalistenkindern nun mal einen strategischen Vorteil voraus. Der marxistische Donnerkopfphilosoph Slavoj Žižek wiederum schrieb: »Amerikas Frieden wurde durch die Katastrophen anderswo erkauft.« Mit anderen Worten: Wir, die Profiteure der Globalisierung, waren selbst schuld am Elend, das hereinbrach.

Ein Slogan, der sich im Zug dieser Diskussionen durchsetzte, rief das »Ende der Spaßgesellschaft« aus. Der Begriff selbst war zwar schon etwas älter, aber die Ereignisdeuter schienen ihn herzlich zu begrüßen. In Zusammenhang mit den Anschlägen von New York brachte ihn bereits am Tag danach in der ARD-Fernsehsendung »Friedman« der Nahost-Expertenveteran Peter Scholl-Latour. »Wenn man nun Krieg führt und vielleicht sogar einen Teil der deutschen Jugend an die Front schickt«, erklärte derselbe Scholl-Latour kurz darauf höhnisch der (von ihm rätselhafterweise geschätzten) rechten Wochenzeitung *Junge Freiheit,* »dann kann man hier keine Loveparade mehr veranstalten.«

Keine Loveparade mehr? Echt nicht? Und wäre das schlecht oder gut? Die zeitkritische These, die sich irgendwo hinter Scholl-Latours grässlichem Zynismus versteckt, wäre dann wohl die: Wenn in der westlichen Welt zur Jahrtausendwende Hedonismus, Dekadenz und eine Sucht nach Ereignissen endgültig über die Suche nach Erkenntnis gesiegt haben – dann war ein Warnschuss wie 9/11 vielleicht gar nicht so verkehrt.

»Schluss mit lustig. Das Ende der Spaßgesellschaft«

hieß 2004 der Wertewandel-Bestseller-Schocker von Peter Hahne, dem damaligen Chef und Oberdorfpfarrer des ZDF-Hauptstadtstudios. »Vorbei die Zeiten der Allmachtsfantasien vom Weltfrieden der Vernunft«, schrieb Hahne im ersten Kapitel. »Das ist das Ende der heiteren Beliebigkeit. Die Schalmeien der Multi-Kulti-Folklore sind verstummt.« Natürlich darf man solche altkatholische Müffelpropaganda nicht verallgemeinern. Trotzdem stand Hahnes Buch viele Monate lang auf Platz eins der *Spiegel*-Sachbuchcharts.

Was wir aus all dem lernen können: Offenbar bestand Anfang der Nullerjahre in der westlichen Welt ein besonders verstärktes Interesse an radikaler, umfassender Entspaßung. Eine Gegenreaktion, gegen was auch immer. Dreifach gequirlter Selbsthass. Ein indirektes Zeichen dafür, wie ungewohnt hoch es vorher wohl hergegangen sein musste. In den 90ern.

Das World Trade Center war zu der Zeit längst nachträglich aus den aktuellen Kinofilmen »Spider-Man«, »Zoolander« oder »Serendipity« herausgelöscht worden. Den der Überlieferung nach ersten Witz über 9/11 wagte wenige Wochen nach dem Unglück (das genaue Datum ist unbekannt) der amerikanische Comedian Gilbert Gottfried bei einem Stand-up-Abend im New Yorker Friars Club. »Leider habe ich es nicht geschafft, einen Direktflug nach Kalifornien zu buchen«, erzählte Gottfried ins Mikrofon. »Die Airline sagte mir, es gebe einen Zwischenstopp am Empire State Building.«

Kein Lacher. Das Publikum rumorte. »Zu früh!«, rief einer von hinten aus dem Saal.

Die besten Erinnerungen aller Zeiten: So startete die Spaßgesellschaft

Es war Donnerstag, als die 90er-Jahre begannen. Am 9. November 1989, als in der großen ostdeutsch-westdeutschen Stadt Berlin die Grenzmauer zwischen Bundesrepublik und DDR fiel. Auch nicht zeitgleich mit dem rechnerischen Anfang der Dekade, auch der Einsturz eines ziemlich symbolischen Bauwerks. Auch ein Tag der Bedeutsamkeiten und schwergewichtig herumsummenden Metaphern. 11/9 statt 9/11.

Und auch in diesem Fall weiß jeder noch, wo er war, als er vom Ereignis hörte, das wie die demokratische Höchstvollendung einer Straßenkampfszene aussah, wie ein Sieg der einfachen Leute. Eine Menschenmenge in Anoraks kloppte nach Einbruch der Dunkelheit mit Hämmerchen eine politische Sphärengrenze nieder, und kein Panzer hinderte sie daran.

Die komplexe diplomatische Vorgeschichte des Ereignisses war bekannt – trotzdem schien dadurch ganz unkompliziert einer weltweiten Evolution der Freiheit jede Tür geöffnet worden zu sein. Aufstand in Rumänien. Die deutsche Wiedervereinigung. Die Auflösung des Warschauer Pakts und der Sowjetunion. Kurz darauf der Wahlsieg des obercoolen Demokraten Bill Clinton in den USA. Das Ende der Apartheid in Südafrika, die Wahl des lange geächteten Nelson Mandela zum ersten schwarzen Präsidenten des Landes. In Washington sah man allen Ernstes, wie sich der israelische Ministerpräsident Jitzchak Rabin und Palästinenserführer Jassir Arafat die Hände schütteln, im Rahmen des Oslo-Friedensprozesses, der es einige Zeit so aussehen ließ, als könnte der

Nahostkonflikt doch am Verhandlungstisch gelöst werden.

Es gab den Vertrag von Maastricht und die Gründung der Europäischen Union. Die Umsetzung des Schengener Abkommens, die dazu führte, dass alle fröhlichen Interrail-Urlauber innerhalb Europas auch ohne Pässe und einschüchternde Kontrollstopps reisen konnten. Eine ganze Menge Großmachtpolitik, die direkt am eigenen Körper spürbar wurde, als Lifestyle-Faktor. Ob es Zufall war, vorübergehende kosmische Fügung, politischer Megatrend oder etwas ganz anderes – es setzte das große, dominante Hochgefühl in die Dekade. Eine seltsame, erst noch misstrauisch belauerte, dann gefeierte Empfindung: Optimismus.

»Selbst Menschen, die schon alles gesehen haben, fragen sich in letzter Zeit öfter mal, ob sie eigentlich träumen«, schrieb Lucas Koch, damaliger Chefredakteur des deutschen Magazins *Tempo,* schon im August 1990 im Editorial-Vorwort zu einer Ausgabe zum Revival der Sixties-Psychedelic-Mode, das durch Techno-Bassdrums und neue, unschmuddelige Drogen befeuert wurde. Da wusste er ja noch nicht einmal, dass bald das Internet kommen würde.

Wenn 9/11 das Ende der Spaßgesellschaft war – dann war der Mauerfall in Berlin ihre Geburtsstunde.

Mittlerweile, rund zwanzig Jahre nach Start und Ende des ganzen goldenen Schabernacks, vergegenwärtigen die 90er sich längst wieder selbst, ganz von selbst. Im Straßenbild durch Jacken, Hoodies, Schuhe von den Labels wie Fila, Kappa, Champion oder Reebok. Durch Plateauturnschuhe und Basecaps, Sportstreifenhosen und Collegejacken, über T-Shirts gefädelte Spaghettiträger. Fernsehserien wie »Twin Peaks«, »Beverly Hills, 90 210« und »Baywatch« werden spät fortgesetzt. Robbie Williams und Sven Väth, Roxette und Blur, Captain Hollywood und Guns N' Roses sind in verschiedenen Stadien der Las-Vegas- oder Dorfdisco-Epiphanie noch immer da, während Artikel auf Entertainmentportalen wie Buzzfeed süße alte Wunden aufreißen: »37 Dinge, die du nur kennst, wenn du in den 90ern zur Schule gegangen bist.« Tamagotchis und Kuschelrock-CDs. Dreh-und-Trink-Plastikflaschen. Game Boys und Analogmodems, Freundschaftsbändchen, Inlineskates. Und immer, immer so weiter.

Warum könnte uns ein Blick in die 90er die Gegenwart erklären?

Die ersten, wilden Bilanzen gab es schon, als das Karussell sich noch drehte, und sogar das ist archetypisch für das Jahrzehnt, in dem die Selbstreflexion in die Popkultur einzog. Bereits im Januar 1997 kündigte das englische Trendmagazin *The Face* »Die Wahrheit über die 90er« an und titelte ausführlich, über dem Foto einer so verstrahlt wie nachdenklich guckenden, obenrum nackten jungen Frau: »Mit dem Raven aufgehört, Wodka getrunken und davon high geworden, verliebt, mit dem besten Freund geschlafen, in Clubs Pogo getanzt, nach Aliens gesucht, in Ibiza ausgerastet, beim Glastonbury Festival Gott gefunden – und wie geht's jetzt weiter?«

Gute Frage. Vor allem: Warum soll man über all das jetzt noch ein Buch schreiben und lesen? Weil wir heute den nötigen Abstand erreicht haben. Weil wir jetzt erst bereit und weise genug sind, um über die Wahrheiten und Zweifel von damals zu reden, aus der anderen Umlaufbahn heraus. Weil wir erst jetzt in der Lage sind, die Zusammenhänge zu erkennen, durch die die 90er zu einer Art intergalaktischem Scharnier zwischen zwei Zeitaltern geworden sind. Weil so immens viel noch ungesagt ist über die Dekade, die viele im Osten und Westen wie im Rausch erlebten. Und weil wir uns ja schon damals fragten, was überhaupt typisch oder kategorisch sein könnte an einer Zeit, die mit allen Kategorien, Generationen und Typischkeiten aufräumen wollte.

Und, das wäre der dramatische Grund: weil nun der Punkt erreicht ist, an dem man fragen muss, was eigentlich aus den damals errungenen Freiheiten geworden ist. Wie lange sie gehalten haben. Ob sie heute wieder zur Disposition stehen – oder ob die Ereignisse der Gegenwart, die wie Rückschritte in ältere, finstere Zeiten wirken, nur ein vorübergehender Spuk sind. Ereignisse wie das neue Auseinanderdriften der Länder Europas, der angestoßene Austritt Großbritanniens aus der EU. Die massiv wachsenden rechtspopulistischen Tendenzen in Europa und den USA. In Amerika wurde im Herbst 2016 ein altautoritärer Spalter wie Donald Trump zum Präsidenten gewählt. Die Opposition zwischen den USA und Russland ist wieder kälter und kriegerischer geworden.

Um 2018 herum gibt es fast keine größere Weltgesellschaft, die von Beobachtern nicht als »tief gespalten« gesehen wird. »Maybe one day we'll be united« – was ist geschehen? Warum haben wir die Befreiung geopfert, warum hat die scheinbar beendete Geschichte wieder begonnen?

Oder liegen die wahren Ursachen der heutigen Misere

schon in der Zeit, die wir als Architektenjahre der Freiheit verstanden? Denn die 90er, das waren ja auch: das unfassbar todesgrün leuchtende Stück Limettentorte in der Anfangsszene von Oliver Stones Film »Natural Born Killers«. Das Stück vom Ohr des Boxer Evander Holyfield, das Mike Tyson ihm beim Kampf am 28. Juni 1997 in Las Vegas abbiss. Ben Stillers Sperma, das Cameron Diaz im Film »Verrückt nach Mary« für Haargel hielt und sich in die blonde Frisur schmierte. Der riesige, in Formaldehyd schwebende Tigerhaikadaver, den der Künstler Damien Hirst in die Saatchi-Galerie in London wuchtete.

Oder das schaurige, Zöpfe tragende Alienmädchen im berühmten Playstation-Werbespot des Regisseurs Chris Cunningham, der beim Popsender MTV lief. Schauplatz: ein leerer, neonfahler Raum. »Auf den Fortschritt, den andere stellvertretend für euch erzielen, könnt ihr pfeifen«, sagte die Kleine, ziemlich lebensecht, mit starkem schottischen Akzent und blinzelte mit ihren weit auseinanderliegenden Augen. »Landet auf eurem eigenen Mond!« Eine der weltbesten Reden auf die unzerstörbare Macht des Virtuellen, der digital stimulierten Fantasie. Gehalten von einem grässlich echten Avatar in rekordtauglichen vierzig Sekunden. Fürchtet euch nicht, denn wir werden frei sein! Ein Clip, der die gesamte Dekade in der geballten Faust zu halten scheint.

Über frühere Jahrzehnte, über die 60er, 70er oder 80er, wird ja oft schrecklich klischeesteif gesagt, meistens von verschwitzten Altschauspielern: Wer sich an sie erinnert, hat sie nicht erlebt. Komischerweise hat das noch nie jemand über die 90er gesagt. Trotz all der Ecstasy-Pillen, Alcopop-Räusche und Ufojäger-Blitzdinger, die angeblich das Gedächtnis löschen.

Wer sich an die 90er erinnert, hat sie erlebt. Definitiv. Warum? Weil, und das werden wir noch deutlicher sehen, wenn wir jetzt gleich Chevignon-Mütze und John-Lennon-Sonnenbrille aufsetzen, an der G-Shock-Uhr drehen und zurück in die Zeit reisen – weil die 90er die Dekade waren, die uns nachhaltig die Augen öffnete. Die uns aufklärte über unsere Grenzen. Die uns erst den Horror und dann die Erlösung zeigte, bevor sie uns in die Weiten des Universums katapultierte. Die unsere unsichtbaren Ängste in sichtbare Monster verwandelte, die wir selbst verprügeln oder verpixeln konnten. Die uns und unsere Wolkenkratzer nicht mit ihren Raumschiffen attackierten, sondern uns stattdessen ein Stück in ihnen mitnahmen.

Dann wachten wir mitten in der Nacht auf, wie aus Träumen gerissen oder aus Cyber-Realitäten, vielleicht sogar aufgetaucht aus der sogenannten Matrix. Schauten hoch in die Sterne, sahen die Supernova aus Champagner am dunklen Himmel. Und hatten das gleichnamige Lied der englischen Band Oasis von 1995 im Ohr. »How many special people change? How many lives are lived estranged?«, sangen Oasis vorab nostalgisch über ihre eigene Zeit. »Where were you while we were getting high?«

Wo waren die anderen, als wir high wurden? Das würde uns tatsächlich interessieren. Jetzt. Let's go.

»ZONEN-GABY (17) IM GLÜCK (BRD): MEINE ERSTE BANANE«

Wie die deutsche Wiedervereinigung zum Bundesstraßenpicknick wurde, statt des Weltuntergangs die Vollendung der Geschichte kam und beim Manta-Rennen am Ende ein Trabi gewann

Gut zwanzig Jahre später, als jeder mögliche Witz über die deutsche Wiedervereinigung längst gemacht worden war, als die Bilder von damals schon superalt wirkten und die Ostberliner Eisläuferin Katarina Witt gerade im Sat.1-Film-Film »Der Feind in meinem Leben« ihr phänomenal nutzloses TV-Schauspieldebüt gefeiert hatte – da erzählte mir eine gute Freundin, wie sie das alles erlebt hatte. Damals, Ende der 80er, Anfang der 90er. Diese großen, gravitätischen Tage. Als alles, an das wir uns heute noch erinnern, haarscharf Weltgeschichte war. Oder gleich richtig krass historisch.

Susanne heißt die Freundin. Susanne kommt aus der Oberpfalz, diesem rätselhaften Regierungsbezirk in Bayern, dessen Bewohner zur Sicherheit immer gleich dazusagen, dass er mit der Pfalz von Helmut Kohl und Kurt Beck überhaupt nichts zu tun hat. Die Oberpfalz war ein paar Jahrzehnte lang das, was man in Deutschland »Zonenrandgebiet« nannte. Rustikal, voller Wald und Seen. Rasend beliebt, sobald mal wieder jemand nach einem Standort für eine atomare Wiederaufbereitungsanlage suchte. Vor allem unmittelbar an gleich zwei politischen Reißverschlussgrenzen gelegen. Im Osten: das tschechische Egerland. Im Norden, wenige Kilometer Fahrt durchs benachbarte Oberfranken entfernt: Sachsen. Die Oberpfalz, ein Landstrich im realsozialistischen Dauerdunst.

Als die Geschichte passierte, die Susanne mir später erzählte, war sie noch sehr klein. Weshalb sie sich nicht mehr an alles erinnerte, was an diesem Sonntag im November 1989 geschah, an dem die Oberpfalz den Namen »Zonenrandgebiet« schon nicht mehr verdiente, weil die sogenannte Zone keine echte Zone mehr war. Was Susanne noch wusste: An besagtem Morgen wollte sie viel lieber zu Hause bleiben und ein Haus für ihre Plastikponys basteln. Sie hatte keinen Bock auf die deutsche Wiedervereinigung. Ihrem Vater und ihrem Bruder ging es ähnlich. Schließlich war Wochenende! Susannes Mutter wirkte als treibende Kraft: Los jetzt, ins Auto, Richtung Grenze. DDR-Bürger begrüßen.

Nutella mit Wildfremden: Willkommenskultur an der deutsch-deutschen Grenze

In welcher Version die Geschichte vom Mauerfall und vom Ende des Ostblocks heute erzählt wird, ob sie farbige Streifen hat, braune Punkte oder ein ganz anderes Muster – das hängt natürlich davon ab, von welcher Himmelsrichtung aus die Berichterstatter auf die Ereignisse schauen. Ob sie die Wende vom Osten aus erlebt haben, als Einbruch von Freiheit und erfrischender, nicht kommunistischer Beliebigkeit. Oder im Westen, als eine Art gastfreundliche Osterweiterung, als Punktsieg des lang erprobten, gut möblierten Überflusslebens. Zur Sicherheit, falls noch irgendwelche Zweifel bestehen: Dies hier wird eine der Westvarianten. Eine, die von durchaus unzuverlässigen Zeugen kommt. Kapitalistische Wichtigtuer erzählen unter Tränen, wie nachdrücklich der Mauerfall sie bewegt und geprägt hat, wie tief die Einschnitte für sie waren – zum Glück wurde diese TV-Dokumentation nie gedreht.

In der Zeit, in der Susannes Sonntagsgeschichte passierte, rotierten die November-1989-Szenen aus Berlin heiß im Fernsehen. Es gab praktisch keine anderen Nachrichten. Inzwischen war auch der Übergang Trogen-Ullitz offen, zwischen Hof und Plauen, eine kurze Fahrt für die kleine bayrische Familie. Schon nach einer halben Stunde stand Susanne, fröstelnd und mies gelaunt, auf einem Feldparkplatz an der Bundesstraße 173, in einer Menge aus Anorakleuten, die genau dieselbe Idee gehabt hatten wie ihre Mutter. Alle leicht beklommen, peinlich berührt. Vor Ort ist es dann ja doch nicht so einfach, die Wiedersehensfreude aus dem Fernsehen nachzuspielen und Wildfremden lustig auf die Autodächer zu klopfen.

Es sei doch sehr wichtig, hatte die Mutter gesagt, den Gästen von drüben – die auf der Schnellstraße von Osten her kolonnenartig vorbeituckerten – das Gefühl zu geben, dass sie bei uns willkommen seien. Dass Franken und Oberpfälzer sie nicht etwa als Eindringlinge oder Schmarotzer betrachteten, sondern als Freunde, unbekannterweise. Es wurde viel gewunken. In einer Plastiktüte hatten sie Bananen, Nutella und Bier mitgebracht. Und dann kamen Susannes Eltern tatsächlich mit einem Ehepaar aus der DDR ins Gespräch, das auf demselben Platz herumstand.

Die Schucks, ebenfalls mit Sohn und Tochter, kamen aus einem kleinen Ort im Erzgebirge. Beide Eltern arbeiteten für die Reichsbahn. An diesem Sonntag waren sie zwei Stunden lang zu viert im Trabant durch halb Sachsen gegurkt, weiter als je zuvor. Um die sogenannte BRD endlich in Farbe zu sehen, die sie schwarz-weiß aus dem Westfernsehen kannten. Nette Leute, nett genug. Man übergab die Nutella. Per Handschlag wurde Patenschaft geschlossen, mitten auf einem bayrischen Feld im November. Dann mussten die Schucks weiter Richtung Regensburg, wahrscheinlich hupten sie bei der Abfahrt.

Später besuchten die Familien sich dann wirklich noch ein paarmal gegenseitig. Susanne erinnerte sich an den mittelgroßen Kulturschock, den sie als Teenager im Erzgebirge erlitt. An den Braunkohlegeruch, die Rumpelstraßen. An die Schwierigkeiten zu verstehen, was die Leute auf Sächsisch eigentlich von ihr wollten. Noch heute hat sie losen, wenn auch etwas seltsamen Kontakt zu den Schuck-Kindern. Kürzlich erst stellte ihr Tochter Jenny stolz den Ehemann Ronny vor, auf dem Münchener Oktoberfest. Er war natürlich ein feiner Kerl.

Das ist eine der idyllischeren Geschichten aus dem Mauerfallkomplex. Der Ärger ging dann ja früh genug los, und die meisten Oberpfälzer Bürger nutzten die Öffnung des Ostblocks mit einer völlig anderen Agenda. Zum Beispiel, indem sie noch öfter Ausflüge über die nahe tschechische Grenze machten, um drüben preisgünstig zu tanken, auf dem Vietnamesenmarkt einzukaufen oder zu hilfsbereiten Prostituierten zu gehen. Auch das war nun alles leichter als früher. Eine Familie, die Susanne kannte, fuhr extra hinüber, um billig Braten zu essen. Und ja, Susanne selbst fuhr ab und zu auch.

»Svatý Kříž« stand auf dem ersten Schild, das sie hinter der Grenze passierte. »Schöne Grüße« auf Tschechisch, ein Willkommen an die Besucher von der deutschen Seite, dachte Susanne. Jahre später erfuhr sie, dass die Aufschrift alles andere als ein schöner Gruß war. Sondern einfach der Name des tschechischen Ortes, in dem es die Tankstelle gab, den Friseur und wohl auch das Bordell. Svatý Kříž. Heiligenkreuz.

Am Ende ist es so selbstverständlich, dass man es sich kaum ernsthaft zu behaupten traut. Aber gut: Der Mauerfall, auch wenn er rund sieben Wochen vor Beginn der 90er-Jahre passierte, die deutsche Wiedervereinigung 1990, das Ende von Sowjetunion und Warschauer Pakt 1991 – das waren sie, die nachhaltigsten Buzz-Ereignisse des europäischen Jahrzehnts, vielleicht sogar des weltweiten. Die Zeitenwende, bequem am Anfang der Dekade platziert. Die globalgalaktische Plattenverschiebung. Der ultimativ anwendbare Bedeutungsträger.

Die Weltgeschichte zum Anfassen, Bunt-Anmalen und Sich-Reinsetzen. Die Diplomatie des Emotionalen.

Jedenfalls sollte in den zehn folgenden Jahren wenig passieren, das durch die Revolutionen dieser stürmischen, von bebenden Megafonstimmen untertitelten Monate nicht irgendwie berührt, gefärbt, verändert oder relativiert wurde. Denn so ging es weiter: Erst trafen sich zwei Nationen, dann kamen noch ganz viele andere mit dazu. Bei der Loveparade tanzte die weltgemischte, lila-orangene Menge an der Westberliner Siegessäule zu den Platten der ostdeutschen DJs. Eheleute trennten sich, nachdem einer die Akten aus der Gauck-Behörde gelesen und den anderen als Bettspion der Stasi entlarvt hatte. Andere fanden sich, weil die Liebe nicht mehr am Stacheldraht hängen blieb. Schulbücher mussten neu geschrieben werden. Sektkellereien, Autohersteller und Sportmarken fanden viele, viele neue Zielgruppen. Wolfgang Lippert moderierte »Wetten, dass ...?« neunmal. Nein, es war auch nicht alles schön.

Jan Ullrich aus Rostock gewann 1997 für das Team Telekom die Tour de France, als erster und immer noch einziger Deutscher. Die Ostberlinerin Franziska van Almsick schnappte sich 1994 bei der Schwimm-WM in Rom den Finalplatz der Quedlinburgerin Dagmar Hase und siegte mit Weltrekord. Knapp die Hälfte der Bundeswehrsoldaten, die ab 1999 in den Kosovo mussten, kam aus den neuen Bundesländern. Die ukrainischen Klitschko-Brüder wurden durch Boxkämpfe zu turbokapitalistischen Superhelden, ebenso Henry Maske aus Brandenburg, und dann holte die postsowjetische Republik Lettland im Jahr 2000 bei ihrer ersten Teilnahme auch noch den sensationellen dritten Platz beim Eurovision Song

Contest in Stockholm. Das war schon nach dem Millennium. Aber wie gesagt, es ging ja immer, immer weiter.

Was machte eigentlich Beate Zschäpe, die spätere Hauptangeklagte im Prozess um die rechtsradikale Terrorgruppe Nationalsozialistischer Untergrund, in diesen Tagen des Donners? Antwort: 1990 besuchte sie die staatliche Regelschule Johann Wolfgang von Goethe in Jena-Winzerla und rauchte, einem zeitgenössischen Farbfoto zufolge, die Marke Pall Mall.

Was machte Angela Merkel, die 2005 deutsche Bundeskanzlerin wurde? Sie arbeitete erst als Sachbearbeiterin, dann als Pressesprecherin für den Vorsitzenden der Partei Demokratischer Aufbruch, der später als Stasispitzel enttarnt wurde. Bei der ersten freien DDR-Volkskammerwahl im März 1990 erzielte die Partei mit 0,9 Prozent ein jämmerliches Ergebnis.

Und Lutz Bachmann, der 2014 einer der Initiatoren der Gruppe Patriotische Europäer gegen die Islamisierung des Abendlandes war, kurz Pegida? Er bereitete sich in der Sporteliteschule Artur Becker in Dresden aufs Abitur vor. Und stand im August 1990 zum ersten Mal in Berlin vor Gericht, wegen Diebstahls. Das Verfahren wurde nach Jugendgerichtsgesetz ohne Strafe eingestellt.

Mein persönlicher Blick auf den großen Ost-West-Shake-up hatte sich von der Hinterbank eines süddeutschen Klassenzimmers aus entwickelt. Ein einziges Schuljahr lang hatten wir Mitte der 80er-Jahre so etwas wie politische Landeskunde gehabt (während die kleinen Genossen drüben von der Siebten bis zur Zehnten Staatsbürgerkunde lernten und hinterher wenigstens ihren Marx im Schlaf aufsagen konnten, so wie Sahra Wagenknecht). Ich erinnere mich genau, wie wir die Präambel des Grundgesetzes durchnahmen, den berühmten Satz, der längst nicht mehr dort steht: »Das gesamte deutsche Volk bleibt aufgefordert, in freier Selbstbestimmung die Einheit und Freiheit Deutschlands zu vollenden.«

Unser Lehrer meinte, das sei ja alles schön und gut. Aber es müsse jedem klar sein, dass es sich hier um reine Utopie handle, um Manifestblabla, einen frommen Wunsch. Dass es zu unser aller Lebzeiten ganz sicher nichts mehr werden würde mit Einheit und Vollendung. Er war eigentlich ein guter Lehrer, ein Pullunderträger mit moderatem Bart, kein lilaköpfiger Altochse, auch keiner der Vollkornbrotreferendare, die Schüler zum Schachspiel herausforderten. Aber noch vier oder fünf Jahre vor dem Mauerfall brachte er uns bei, dass es keine Wiedervereinigung geben würde. Ich schrieb mit, es ging um die Lernzielsicherung. Könnte ja in einer Klassenarbeit gefragt werden: Hallo, Kinder, wie wahrscheinlich ist das Ende der DDR?

Mit Ersteindrücken von drüben war es damals ja schwierig, auch im Land der freien Presse. Das ARD-Fernsehen zeigte immer nur Erich Honecker. Ab und zu erzählte der ausgebürgerte Wolf Biermann irgendwas und zupfte dazu wild auf der Gitarre. Falls einmal echte DDR-Bürger zu sehen waren, sahen sie immer aus wie Rainer Werner Fassbinder, zumindest die Männer. So gesehen, hatte ich ein echtes Teenagerprivileg: Es gab einen gewaltigen Sachsen in meiner unmittelbaren Familienumgebung. Meinen Vater.

Seine Eltern waren schon während des Krieges aus Leipzig in die Nähe von Braunschweig gezogen. Dennoch war ein breiter Nachschub an Ostverwandtschaft sichergestellt. Und wenn nicht gerade mein Opa sein

Wunderköfferchen voller Schokolade, Kugelschreiber und Jeanshosen packte und sich als spendabler Westonkel drüben empfangen ließ, kamen die Menschen aus der Deutschen Demokratischen Republik ganz einfach zu uns. Auch schon in den 70ern und 80ern. Wenn sie alt genug waren und einen halbwegs guten Ausreisegrund nennen konnten.

Ein extrem beliebter Anlass waren Beerdigungen. Als meine arme, liebe Großmama 1984 kurz vor Weihnachten nicht mehr aus dem Krankenhaus nach Hause zurückkehrte, bekamen wir pünktlich zu Bestattung und Heiligabend Besuch aus Sachsen: ihren wirklich sehr, sehr alten Bruder Ernst und seine unwesentlich jüngere Ehefrau Friedel. Mein Opa hatte schon angekündigt, dass die Schwippschwägerin »eine Linientreue« sei. Friedel sah dem damaligen Staatsratsvorsitzenden der DDR, Erich Honecker, verblüffend ähnlich. Ob es Zufall war oder sie sich absichtlich so gestylt hatte, traute ich mich nicht zu fragen.

Es kann gut sein, dass es an unserer gestörten Wahrnehmung lag. Dass wir westarrogant davon ausgingen, das alte DDR-Ehepaar müsse demütig und dankbar dafür sein, dass wir ihm eine so selige schwäbische Weihnacht bereiteten. Es lief nicht so. Friedel und Ernst ließen sich von vorn bis hinten bedienen, stellten allerhand unverschämte Forderungen. Priesen in Tischgesprächen den Sozialismus und kosteten erstaunlicherweise trotzdem die staatlich tolerierte Westbesuchszeit bis zum letzten Hauch aus.

»Schmeckt gut«, sagte Friedel über das Festtagsessen meiner Mama. »Aber ich koch anders.«

1984 war im Übrigen auch das Jahr, in dem die erste

größere Welle an Botschaftsbesetzungen losging. Während wir uns heimlich im Zimmer meiner Schwester zum Familienrat trafen und mit gedämpfter Wut über Ernst und Friedel schimpften, waren in der ständigen bundesdeutschen Vertretung in Prag vierzig Ostflüchtlinge in den Hungerstreik getreten. Meine Mutter nahm die Tageszeitung vom Bett, las laut die Aufmacherzeile vor: »Genscher rät DDR-Bürgern zur Rückkehr«. Selten hatten wir alle eine Überschrift so von ganzem Herzen unterstützt.

Die Flüchtlinge von '84 mussten heimkehren. Friedel und Ernst am Ende auch. Knapp fünf Jahre sollte es noch bis zu Hans-Dietrich Genschers berühmter Balkonrede dauern, ebenda im Prager Palais Lobkowitz. Nacht, Blendlicht, Brillen, Megafon. »Wir sind heute zu Ihnen gekommen, um Ihnen mitzuteilen, dass heute Ihre Ausreise ...« Taumel. Freiheit für 4000 Wartende. Schon das hätte sich mein wackerer Landeskundelehrer im Traum nicht vorgestellt.

Warum sich Mauerfall, Wiedervereinigung und die Entgrenzung des Ostblocks wie ein solcher Weltbildersturm anfühlten, warum sie uns und unser ganzes gelerntes Verständnis von Geschichte einmal quer verknoteten? Genau deshalb – weil sie das faktisch Unmögliche von gestern auf heute möglich zu machen schienen. So einfach. Wie ein unfassbarer Plottwist gegen Ende einer tausendfach bekannten Handlung. Als ob auf Manfred Krugs Baustelle im Film »Spur der Steine« – dem großartigen DEFA-Spielfilm von 1966, der damals verboten wurde und erst 24 Jahre später, im Mai 1990, so richtig in die Kinos kam – in allerletzter Minute doch noch ein glänzender Coca-Cola-Truck voller Rohziegel, Fensterglas und Verbundschaum eingerollt wäre. Wie ein phänomenaler Endspurtsieg von Gerechtigkeit über Recht.

Natürlich musste schon damals jedem halbwegs Vernünftigen klar sein, dass die Ereignisse von 1989 bis 1991 nur als Melange aus stoischer, undankbarer Aktivistenarbeit und einer Menge machtpolitischem Herrschaftskalkül möglich waren. Als Ergebnis von Hinterbänklereien, vielen langen Staatsmännerspaziergängen in Strickjacken und symbolischen Opfergesten. Und dass es die Wiedervereinigung als den einen, weithin sichtbaren, historisch-dramatischen Wetterblitz niemals gab. Sondern nur als Summe aus Millionen individueller Geschichten. Von denen viele eben alles andere als euphorisch verliefen.

Und doch, trotzdem: Wer diese Tage hellwach erlebt hat, mit circa einer Revolution pro Minute, dem muss man rückblickend verzeihen, wenn es ihm kurz ein Flattern ins Herz setzte. Wenn er sich damals doch ein bisschen frühlingsfrisch, naiv und schlicht optimistisch fühlte.

Was macht der Leipziger im Sexshop? Beste Aussichten und schlechte Witze

Wenige Jahre zuvor hatten ja viele noch dieses Grummeln gefühlt. Die komische Ahnung, das Ende der Welt könnte nahe herbeigekommen sein. Der baldige Tod im atomaren Regen. Oder das ewige Leben mit altem Dosenglibberfleisch und noch älteren Fix-und-Foxi-Heften im Strahlenschutzbunker. Das Nuklearschlagsdrama »The Day After« von 1983 gilt mit über 100 Millionen Zuschauern noch heute als der erfolgreichste Fernsehfilm der amerikanischen Geschichte. Jedes Kind konnte damals mit Wachsmalkreiden Atompilze malen.

Jetzt, 1989 und danach, las man wieder die Zeichen der Zeit, die neuen Zeichen. Und konnte plötzlich ganz ernsthaft glauben, dass die Weltgeschichte knapp vor der Schlucht noch den entscheidenden Haken geschlagen habe und Richtung Sonne abgezischt sei. Dass sie im Großen und Ganzen eben doch auf eine Art von humanistischer Perfektion zulief, auf Demokratie, freie Marktwirtschaft, Freiheit, solches Zeug. Und dass die Botschaft früher oder später auch noch an den Orten ankommen würde, in Iran oder Nordkorea, die noch nicht so sonderlich erleuchtet wirkten. Eine flauschigere, T-Shirt-taugliche Version von dem, was der US-Politologe Francis Fukuyama mit seiner berühmten These vom »Ende der Geschichte« meinte.

Als Fukuyama den besagten Text für das Magazin *The National Interest* schrieb, stand am Ende des Titels noch ein Fragezeichen – im Sommer 1989 war er mit der Diagnose noch relativ früh dran gewesen. 1992 machte er dann ein ganzes Buch daraus, diesmal ohne Fragezeichen. Sein Argument, kurz zusammengefasst: Die fröhlichen Stürme in der Weltpolitik und das Ende des Ostblocks seien unter anderem ein Beleg dafür, dass sich die westliche Demokratie als praktikabelste, wirtschaftlichste und friedlichste Staatsform durchgesetzt habe. Womit die politische, soziokulturelle Evolution der Menschheit gewissermaßen an ihrem Ende angelangt sei.

Jacques Derrida, französischer Coolphilosoph und Widersacher Fukuyamas, hielt diese Analyse für brüllenden Blödsinn. Er unterstellte dem Autor unter anderem, er projiziere naiv die christliche Heilserzählung auf die Welthistorie und bejubele den Tod der Ideologie, während er doch selbst extrem ideologisch argumentiere. Kurvendiagramme des amerikanischen Center for Systemic Peace zeigen allerdings tatsächlich, wie nach 1990 die Zahl und Intensität globaler Kriege um bis zu 60 Prozent zurückging. »Die Kämpfe zwischen und innerhalb von Staaten reduzierten sich im ersten Jahrzehnt nach dem Kalten Krieg um fast die Hälfte«, schrieb der bekannte US-Politologe Ted Robert Gurr 2005, nachdem er mit einem Arbeitskreis an der Uni Maryland eine umfassende Datenbank zu bewaffneten Konflikten ausgewertet hatte – ein Ergebnis, das nicht nur mit dem Fall des Eisernen Vorhangs zusammenhing, sondern vor allem mit der globalisierten Wirtschaft. (Was Angriffe gegen Ausländer in Deutschland betraf, lief die Entwicklung etwas anders, aber dazu später mehr.)

»Alles wird gut«, sagte die Moderatorin Nina Ruge jeden Abend, wenn sie im ZDF ihre Starshow »Leute heute« abmoderierte. Die ging erst 1997 los, als vieles schon anders aussah, aber: »Alles wird gut«, das war einer der Sprüche des Jahrzehnts.

Eine Karenzzeit für die Spötter und Blasphemisten gab es in der historischen Stunde allerdings nicht. Das wäre auch schade gewesen, denn bei aller Brüder- und Schwesterlichkeit: In den Augen lebenserfahrener Bundesdeutscher waren sie einfach zu lustig, die Kapitalismusnovizen aus der DDR, wie sie in ihren 80er-Klamotten ums Begrüßungsgeld anstanden oder wie Babys die Arme nach Videorekordern und Barbiepuppen ausstreckten. Erst mal ging es ja nur um die Oberfläche. Um das naheliegend Groteske der Situation.

Der österreichische Karikaturist Manfred Deix zeichnete gleich für die Dezember-1989-Ausgabe des Magazins *Tempo* eine Westberliner Sexshopszene. Zwei Leipziger Jeansjackenjungs stehen vor der Pornoauslage und masturbieren. »Ick hab ja Verständnis für euch Jungs, awa gratis wichsen läuft hier nisch!«, herrscht der Verkäufer mit der blonden Vorne-kurz-hinten-lang-Frisur sie an. »Dat könnt ihr bei euch in der Zone machen, klaro?!?« Richtig berühmt wurde das Titelblatt der Satirezeitschrift *Titanic,* das bereits Anfang November 1989 erschienen war, also vor dem Mauerfall. »Zonen-Gaby (17) im Glück (BRD): Meine erste Banane« zeigte eine breit grinsende Frau im Stone-Washed-Hemd und mit Minipli-Frisur, offenbar Republikflüchtling, in der Hand eine sauber geschälte Salatgurke. Der Totschlaggag. Aber er musste gemacht werden, um die Rohre mal gründlich freizupusten.

Es war ein absurder Moment. Plötzlich sickerte ein seltsamer, klebriger Stolz durch die westdeutsche Gesellschaft. Ein Stolz auf Dinge und Errungenschaften, die man vorher als selbstverständlich gesehen hatte. Eine Nationalfeierlichkeit, wie man sie sonst höchstens bei der Fußball-WM erlebt hatte, also im chipsfrischen Ausnahmezustand. Wirklich überlegen hatte man sich den DDR-Menschen früher ja nie gefühlt, nicht mal dann, wenn man bei der Klassenfahrt am Alexanderplatz im Restaurant saß und die teuersten gemischten Mayonnaisewarenteller bestellen musste, um den Zwangsumtausch irgendwie loszuwerden. Selbst da hatten die Ostdeutschen in unseren Augen immer noch ihr Geheimnis bewahrt. Ihre Codes. Ihre rätselhafte letzte Straßenweisheit.

All das war jetzt weg. Jetzt waren sie da. Standen in Schlangen an Ladenkassen und Begrüßungsgeldschaltern. Sprachen Sächsisch. Und wir mussten die nötige Wessi-Überheblichkeit aufbringen, um ihnen alles schön erklären zu können, wie der Sprecher in der »Sendung mit der Maus«. Wir wussten, wie sehr sie uns heimlich dafür hassten.

Manchmal musste ich dabei an die angeheiratete Großtante Friedel von Weihnachten '84 denken. »Schmeckt gut, aber ich koch anders.« Der Satz zur Wiedervereinigung.

Zurück auf Los: Wie man aus Ex-Nazis und Ex-Kommunisten eine neue Nation bastelt

Als Anfang der 90er in Osteuropa und der Sowjetunion großflächig die Grenzen und Machtmodelle einstürzten, die Köpfe rollten und Parteibücher gen Himmel flackerten, war die DDR am Ende »das einzige Land, das sich im Zuge des Systemwechsels an ein anderes Land anschloss und damit sein politisches System nicht selbst finden musste oder durfte, sondern sich mit einem ›ready made state‹ in Form der BRD konfrontiert sah«, schrieb 2010 die Historikerin Nadine Freund. Sollte heißen: Die Ostbürger bekamen keine Chance, aus den Idealen ihrer Revolution irgendetwas Eigenes zu entwickeln. So als würde man im Restaurant erst mal einen vielversprechenden Vorspeisensalat bestellen, und der Kellner würde einem stattdessen gleich ein fettes Dessert mit Sahne und Kakaopulvermalereien hinstellen.

Die neue deutsche Einheit wurde am 3. Oktober 1990 gefeiert, nicht mal ganz elf Monate nach dem Mauerfall. Eine irre weltbürokratische Vollzugsgeschwindigkeit. So schnell werden sonst nicht einmal neue kommunale Grünflachenverordnungen verabschiedet.

In der Praxis war es natürlich alles andere als simpel, zwei Erinnerungskulturen zu einer einzigen neuen zusammenzupanschen. Auf der einen Seite: die alte BRD, die auch 45 Jahre nach dem Krieg weiter darum kämpfte, ihr Nazierbe vernünftig zu verarbeiten. Auf der anderen: die von Geburt an antifaschistische DDR, die wiederum vierzig Jahre kommunistischen Totalitarismus verdauen und irgendwie sinnstiftend ausscheiden musste. Obendrauf kamen noch mal vierzig Jahre bilaterale Vergangenheit, gemeinsame Ost-West-Geschichte. Erinnerungen an RAF-Terroristen, die von der Nationalen Volksarmee ausgebildet worden waren, und an Vögel wie den Westberliner Polizisten Karl-Heinz Kurras, der als zeitweise tätiger Stasispitzel 1967 den Studenten Benno Ohnesorg erschoss und damit quasi die deutsche 68er-Revolte auslöste.

Bei der Analyse all dieser Unstimmigkeiten waren die westlichen Geschichtswissenschaftler und Intellektuellen dann doch irgendwie lauter und dominanter als ihre Ostkollegen. Nur der sächsische Dramatiker Heiner Müller wurde, mit Hornbrille und Zigarre, in Talkshows gern genommen, bis zu seinem Tod 1995. Müller hätte die Mauer allerdings am liebsten gleich wieder aufgebaut, was als Option nicht wirklich im Raum stand.

1995 wurden neue und alte Bundesdeutsche im Rahmen einer Studie gefragt, wer beim Sieg über den Faschismus in den 40er-Jahren die entscheidende Rolle gespielt habe. 69 Prozent der Westdeutschen sagten: die USA. 87 Prozent der Ostdeutschen sagten: die Sowjetunion. Ähnlich uneins waren sich die Fraktionen dann auch bei der Frage, ob die Gründung der Bundesrepublik eine gute Idee gewesen sei. 91 Prozent der Wessis sagten Ja – bei den Ossis fanden das nur 43 Prozent. Simple regionale Unterschiede, könnte man denken. Oder aber: ein profundes Kommunikations- und Mentalitätsproblem. Das man leider erst anpacken konnte, als die strittigen Einheitstatsachen längst vollendet waren. Und die Parteien schon im selben Bett lagen, mehr oder weniger nackt und ohne Fluchtmöglichkeit.

Im September 2015, rund 26 Jahre nach dem Mauerfall, zeigte die Zeitschrift *Titanic* übrigens noch einmal dieselbe Gaby-Frau auf ihrem Cover. Hinter ihr stand ein lachender afrikanischer Mann im Camouflagehemd, die Zeile hieß: »Flüchtlings-Joe (52 cm) im Glück (Asyl): Meine erste Zonen-Gaby«. Wieder ging es um Flüchtlinge, um deutsche Willkommenskultur. Und schon wieder war alles anders.

Klappe, die zweite: Zwei Kinofilme schauen ins deutsch-deutsche Herz

Allererste Pflicht war nun die Völkerverständigung, und das meiste Talent dafür haben ja meistens die, die selbst einen Migrationshintergrund haben. Einen BRD-DDR-Hintergrund, so wie der Berliner Kinoregisseur Peter Timm. 1950 im Ostteil der Stadt geboren, mit neunzehn an der Humboldt-Universität in Mitte in den herrlichen DDR-Fächern Russisch und Geschichte eingeschrieben, gleichzeitig Regie- und Schauspielschüler. 1973, mit 23, wurde Timm wegen staatskritischer Umtriebe ausgebürgert. Ging nach Frankfurt am Main, machte dort Kabarett und Theater. Startete seine Kinokarriere mit der mehrfach prämierten, bestens informierten, ansonsten völlig vergessenen Sozialismusgroteske »Meier«.

1991, im ersten wiedervereinigten Jahr, gelang Peter Timm dann der filmische Doppelschlag. Mit zwei Werken, die zwar ins leichte, von Kritikern missachtete Klamottenfach zielten, dabei aber direkt ins Herz des neuen Deutschland trafen. Erstens: »Go Trabi Go«, im Kino gestartet am 17. Januar 1991, am Ende mit rund 1,5 Millionen Zuschauern auf Platz 18 der erfolgreichsten Filme des Jahres. Und danach, westdeutsch: »Manta – Der Film«, nur acht Monate später. Knapp 900 000 Besucher, Rang 35, vor Oliver Stones »The Doors«, nur knapp hinter »Thelma & Louise«. Zwei Kinohits, zwei Gesprächsthemen. Ein doppelköpfiger Filmversuch über das Wesen der Ost-West-Deutschen unter besonderer Berücksichtigung ihrer Lieblingsautos.

Fall Nummer eins: Der Trabant 601, zusammengebaut in den Automobilwerken Zwickau, war von 1964 bis zum Schluss das archetypische Fahrzeug der DDR gewesen. Auf dem Kinoplakat von »Go Trabi Go« durchbrach der Kleine mit der Plastikkarosserie sinnbildlich die Mauer, fast so, als könne er das Schicksal schon ahnen, das ihm bald als sogenanntes Kultaccessoire in diversen Ex-Todesstreifen-Cafés blühen sollte. Untertitel: »Die Sachsen kommen«. Schlaue merkten, dass Bitterfeld, die von den Resten der DDR-Chemieindustrie besonders angegiftete Heimat der Filmfamilie, gar nicht in Sachsen liegt, sondern in Sachsen-Anhalt. Aber man kam ja schnell durcheinander mit diesen fünf neuen Ländern.

Der Produzent: die Bavaria Film in München. Die Handlung: Vater, Mutter und Tochter brechen kurz nach der Grenzöffnung im hellblauen Trabant Richtung Westen auf, zum ersten großen Urlaub ihres Lebens. Mit absurd vollem Dachgepäckträger und Johann Wolfgang von Goethes »Italienischer Reise« von 1816 als praktischem Kompass fahren sie erst nach München, dann nach Rom und Neapel. Finden dabei komödiantisch zu sich selbst. Lernen, die neue Freiheit kritisch zu sehen, und so weiter. Die Hauptrollen hatten die mittelbekannten DDR-Schauspieler Wolfgang Stumph, damals 45, und Claudia Schmutzler, 25. Die Mutter wurde sächselnd von der Wuppertalerin Marie Gruber gespielt, und an den Reisestationen warteten genug bundesdeutsche Gaststars, um sicherzustellen, dass der Film in beiden deutsch-deutschen Regionen lief.

Mit Käsebrot und Hütchen lenkt Wolfgang Stumph den Trabi, bestaunt die gekachelte bayerische Autobahntoilette wie einen Inka-Hochaltar. Und ruft fast euphorisch bei der Einfahrt in Rom, als der erste Blick auf die Spanische Treppe fällt: »Dort sitz'mer morgen früh um elfe, bei Espresso und Hörnchen!«

Man musste nicht mal sonderlich frei assoziieren, um hier an die Zeit des deutschen Wirtschaftswunders zu denken. Schließlich war es ja keine vierzig Jahre her, dass frisch entnazifizierte und endlich wieder zu ein bisschen Geld gekommene Touristen aus Stuttgart oder Frankfurt in Italien ankamen, den deutschen Fremdenverkehr begründeten, mit ganz ähnlicher Demut und Heilserwartung. Sie probierten den ersten Espresso. Sie durften einen Brokkoli berühren. Dicker Pizzabelag stand für Nachkriegsluxus, Autowerbungen und ADAC-Zeitschriften wurden vor Gardaseekulisse fotografiert. Zum Üben gab es in den 50ern sogar ein deutsches Brettspiel namens »Italien-Reise«.

Verglichen mit diesen alten Bildern, erscheinen die soziale Cleverness und das DDR-geprüfte Improvisationstalent, das die 90er-Ost-Familie im Film praktiziert, eher überentwickelt. Immer wieder landen die drei im Lauf der Geschichte auf dem Schrottplatz, auf der Suche nach Teilen, die abgefallene Stücke des Trabis ersetzen sollen. Es wird dem Zwickauer Auto viel angetan in den 92 Minuten. »So wie die Ostdeutschen selbst«, schrieb Stephen Kinzer im März 1991 in der *New York Times* über das Fahrzeug in »Go Trabi Go«, »erträgt es alles und triumphiert am Schluss.«

Genau das scheint uns der ausgebürgerte Ex-Ossi Peter Timm mit diesem Film sagen zu wollen: Dellen, falsche Ersatzteile und Sich-Verfahren in verfitzelten Nebenstraßen rund ums Pantheon – das ist der Preis der Freiheit. Aber wer ihn bezahlt, verdient sich damit Erkenntnisse, die im großen, zufriedenen Rest der Welt längst schon verschüttet sind. Ein Märchen, aber ein schönes.

Die Welt, in der »Manta – Der Film« spielt, könnte nicht unterschiedlicher sein. Darum geht es hier: Tief im Westen, in einem Stadtteil von Essen, sitzt eine Meute von tendenziell undankbaren Kapitalistenkindern und ringt um den Lebensentwurf fürs Erwachsenenalter. Der Markt der Optionen und Identitäten ist offen, alles scheint möglich. Nichts davon wirkt wirklich vielversprechender als das jeweilige Konkurrenzmodell. Hauptfigur Manfred, Lehrling, hat sich für eine Clique aus eher schnöseligen, trendbewussten Mädchen und Jungs entschieden. Ihr Traumwagen ist der Golf GTI, die Autobahn-Renn-Freiheitsvariante des zuverlässig-spießigen Kompaktautos, das der (damals noch nicht, aber bald) sprichwörtlichen Generation Golf den Namen gab. Manfred will auch einen GTI.

Der Opel Manta, ein deutscher Coupé-Klassiker der 70er, galt damals längst als technisch überholt, als Ehrgeizauto für Hobbymechaniker, die über Tuning aus den alten Kisten noch das Beste herausholen wollten. Dann hatte sich, in den späten 80er-Jahren, das Genre der Mantawitze verbreitet. Woher es gekommen war, weiß keiner. Die später per Video verbreitete Theorie, Porsche habe den Komiker Karl Dall dafür bezahlt, hundert geschäftsschädigende Opel-Witze zu erfinden und in Umlauf zu bringen, entpuppte sich als Scherz zweier Filmschüler. Die Gags hatte das Volk sich selbst ausgedacht, und sie machten das Auto wieder zum Thema. Denn was macht der Mantafahrer, wenn ihm jemand auf die Motorhaube kackt? Er fährt zum TÜV und lässt die Scheiße eintragen.

Die Mantas im Film gehören einer anderen Clique, einer Art proletenhafter Geheimgesellschaft. Über diverse Verwicklungen gerät Hauptfigur Manfred in ihren Dunstkreis. Er lernt die No-Bullshit-Attitüde der Goldkettchen- und Cowboystiefelträger zu schätzen, den Stolz der Fuchsschwänze und Heckflossen. Er kämpft um das süße, aber stolze blonde Mädchen, das in der Mitte des Films noch zu ihm sagt: »Man beurteilt einen Menschen ja nicht nach seinem Auto. Außer er fährt einen Manta.«

Am Ende tritt Manfred im Renn-Opel zur alles entscheidenden Wettfahrt gegen das größte Maul des GTI-Clubs an. Und spätestens da beginnt man, auch in dieser grellen Komödie einen seltsamen, ziemlich alten Vibe zu spüren. Man denkt an Haarcreme-Rock-'n'-Roll, an Milkshakes und Halbstarke. Man erinnert sich an James Dean in »... denn sie wissen nicht, was sie tun« von 1955, das Hasenfußrennen an der Klippe. Auch der zweite Film von Peter Timm führt also, wie »Go Trabi Go«, an der Assoziationskette entlang in die 50er.

Es könnte an der persönlichen Perspektive des Regisseurs liegen, der in beiden Geschichten große, existenzielle Übergangsrituale zeigt, Befreiungen, Selbstfindungen. Allerdings ist es ja – ohne gleich eine zu steile These zimmern zu wollen – in der Tat ein bestechender Gedanke: Die frühen 90er waren, besonders im wiedervereinigten Deutschland, in der Tat so etwas wie die zweiten 50er. Der Neustart. Die Jahre nach dem Ende der Katastrophe, der Wiederbeginn der Zeitrechnung. Aufbruch, Neudefinition von Gut und Öde, Umverteilung der Stichkarten. Rock 'n' Roll. Nachkriegszeit, Klappe, die Zweite. Aber diesmal bitte richtig.

Ein Wunder, dass sie nicht übereinander herfallen: Der erste Kater nach der Wende

Natürlich inspirierte die Zeitenwende auch später noch eine Masse an Filmen und Büchern, Comicstrips, Gemeindehausmusicals und Marmeladesorten. Könnte man sich eine bessere historische Großdialektik vorstellen, die sich als Hintergrund und Klimax in alle Liebes- und andere Tragikgeschichten hineinziehen lässt? 2007 gewann Florian Henckel von Donnersmarck mit dem Stasidrama »Das Leben der Anderen« den Auslands-Oscar. Noch 2015 spielte der Mauerfall in Jonathan Franzens Roman »Unschuld« eine wichtige Rolle, 2017 im Spionage-Actionfilm »Atomic Blonde« mit Charlize Theron. Die drastischste, in dieser Hinsicht kaum überbietbare Fictionversion der Wende war allerdings noch schneller erzählt worden als die zwei Filme von Peter Timm. Christoph Schlingensief, der damals noch wenig bekannte Filmemacher, Spaßguerilla und große Realitätsdramaturg, brachte schon im Oktober 1990 zu den Hofer Filmtagen seine Blutspritzkomödie »Das deutsche Kettensägenmassaker« mit. Untertitel: »Die erste Stunde der Wiedervereinigung«.

Der Plot kam Schlingensief in den Kopf, als er im November 1989 die Fernsehberichte aus Berlin sah. Sein Eindruck, sinngemäß: Die Wiedervereinigung zweier vorher gewaltsam getrennter Staaten war in Wahrheit eine Einverleibung, ein großes, westdeutsch dominiertes Fressen. Kannibalismus. Angelehnt an den B-Movie-Klassiker »The Texas Chainsaw Massacre« von 1974, zeigt Schlingensiefs Film, wie eine manisch besessene, westdeutsche Metzgersfamilie verirrte DDR-Bürger einsammelt und zu Wurst verarbeitet. Als Schlingensief rund zehn Jahre später noch einmal zum Film interviewt wurde, war seine Sicht der Dinge nicht viel beruhigter als damals. »Wenn man sich jetzt mal anschaut, was aus dem Osten geworden ist, das ist ja weniger als Wurst«, sagte er da, im Hinterhof auf einem Bürostuhl sitzend. »Das ist ja noch nicht mal Grütze. Blühende Felder kann ich nicht erkennen. Aber Grützwurst.«

Mit den »blühenden Feldern« spielte Schlingensief auf den berühmten fatalen Helmut-Kohl-Spruch zur Währungsunion 1990 an. 1998 wurde die Phrase noch einmal für den CDU-Bundestagswahlkampf aufgewärmt (»Blühende Landschaften wählen!«), obwohl damals längst klar war, dass es mit dem Aufschwung Ost nicht so schnell klappen würde. Schon im Mai 1991 hatten Menschen in Halle mit Eier- und Tomatenwürfen gegen Kohl mitgeteilt, dass sie die Versprechen irgendwie irreführend und unseriös fanden. Es war wohl das Einzige, was bei der ansonsten gut imitierten geistig-moralischen Wirtschaftswunder-Aufbruchsstimmung im Vergleich zu den 50ern fehlte: das Wirtschaftswunder selbst.

Auch sonst zischten die Buzzwords und Wurfgeschosse, Abkommen und Debatten in den Jahren nur so durcheinander. Budapester Memorandum gegen Atomwaffen, Solidaritätszuschlag und Mauerschützenprozesse, Literaturstreit und Magdeburger Modell, nach dem 1994 in Sachsen-Anhalt SPD und Grüne eine Landesregierung aufstellten, die sich dauerhaft von der Zustimmung der SED-Nachfolgepartei PDS abhängig machte. Erich Honecker durfte im Januar 1993 wegen Krankheit raus aus der Untersuchungshaft, reiste nach Chile, starb dort dann am 29. Mai 1994. Viele fanden das schlimm, aus unterschiedlichen Gründen. Die einen, weil sie den früheren DDR-Staatschef gern als verurteilten Täter gesehen hätten. Die anderen, weil sie ihn sich als Chef zurückwünschten. Die gesamte freudentränige Brandenburger-Tor-bei-Nacht-PR sollte damals ja auch davon ablenken, dass die Wiedervereinigung einem großen Teil der Leute keinen puren Freiheitsspaß, sondern gewaltige Probleme bringen würde.

1993 hatte ich an der Uni in Schwaben eine bezaubernde Thüringerin kennengelernt. Sie hieß Cheryl – einer dieser im Westen ungewohnten Vornamen, die Ostkinder ab sofort zu Seminarlisten und Mannschaftsaufstellungen beitrugen. Bei Cheryl hatte die amerikanische Schauspielerin Cheryl Miller Pate gestanden, die in den 60ern in der TV-Serie »Daktari« mitspielte und im Vorspann auf einem Löwen ritt. 1969 war »Daktari« im ARD-Fernsehen gestartet, Cheryls Eltern hatten die Serie in Weimar heimlich gesehen. Bei der Namenswahl fürs erste Kind hatte niemanden gestört, dass die Mutter mit der englischen Aussprache Probleme hatte. »Scheryl« sagte sie grundsätzlich. Aber es klang nett, nicht dumm.

Bei den gemeinsamen Heimatbesuchen wurde ich praktisch in die Ostfamilie aufgenommen. So lernte ich viel Nützliches, unter anderem, dass es in der späten DDR eben nicht nur die linientreuen Antikapitalisten auf der einen Seite und die freiheitssüchtigen Rebellen auf der anderen gegeben hatte, sondern noch eine ganze Menge dazwischen. In dem wunderbaren alten Stadthaus mitten in Weimar saß ich in Cheryls altem Jugendzimmer, blickte auf den Kleiderschrank. An der Schranktür hing noch immer die Collage, die sie als Abiturientin angefertigt hatte, impulsiv, kurz vor dem Mauerfall. Die arme kleine DDR, ausgeschnitten aus einer Landkarte, drum herum die großen, bösen Bananen und Joghurtbecher. Die Bedrohung aus dem Westen.

Und das, obwohl Cheryl natürlich eine wilde, nicht konforme Jugend zwischen Weimarer Punkgruppen und aufmüpfigen Jungdichtern erlebt hatte. Sie erzählte vom Sohn eines bekannten lokalen Schriftstellers, der als

Sänger einer Band den Spruch »Wohnhaft DDR« an eine öffentliche Wand gesprüht hatte und dafür ins Erziehungslager kam. Einige der Recken lernte ich kennen. Sie berichteten von aufgemischten Partys und Hausdach-Verfolgungsjagden, von einer DDR als Jugendstreichparadies mit blöden Polizisten, die immer hinterherhechelten wie in Astrid-Lindgren-Verfilmungen. Und klangen dabei, obwohl sie Anfang, Mitte zwanzig waren, wie alte Männer.

Es heißt ja, dass jeder, dem eine Liebesbeziehung gekündigt wird, in der Regel vier Phasen durchmacht. Die erste: Man will es nicht wahrhaben, verleugnet die Realität. Die zweite, wenn der Partner trotz allem nicht zurückkehrt: Trauer. Phase drei: Wut, Hass, Rachegedanken. Zum Schluss: endlich die Akzeptanz, das Sich-Abfinden, der Blick nach vorn. Bevor man hier ankommt, muss man die anderen Phasen manchmal auch mehrfach durchlaufen.

Der Abschied von der DDR, der für rund sechzehn Millionen Menschen am Anfang der 90er-Jahre anstand, verlief für die meisten von ihnen nach einem ganz ähnlichen Muster. Aber die Wunden blieben auch hinterher noch. Die Traumatisierungen, die durch superautoritäre Erziehung oder Repressalien von Staat und Stasi entstanden waren oder einfach durch Selbstzermarterung. Durch die mitten in schlaflosen Nächten aufploppende Frage, warum man das alles überhaupt so lange mitgemacht hatte. Auch die Hausfrau Regina Zindler aus Auerbach in Sachsen, die 1999 vom Kölner Moderator Stefan Raab im Pro-Sieben-gesponserten Superhit »Maschen-Draht-Zaun« veräppelt wurde, konnte davon erzählen. Der störende Knallerbsenstrauch, um den es bei ihrem Maschendrahtproblem gegangen war, war ja auch schon lang vor der Wende gepflanzt worden.

»Das Wunder ist doch, dass nicht ständig einer über den anderen herfällt«, sagt die Romanfigur Lydia zu ihrem Freund in einem Kapitel von Ingo Schulzes Buch »Simple Storys«. Eben ist das Auto der beiden nachts auf einer sächsischen Landstraße von Unbekannten bedrängt und gerammt worden, ohne jeden ersichtlichen Grund. Ein Symptom für die Ungewissheit, das Schwimmen, die Schrecken der plötzlichen Systemlosigkeit. Wenn die Aggressoren plötzlich auftauchen, aus dem Nichts und ohne Motivation, und dann auf einmal wieder verschwinden – dann können sie jederzeit wiederkommen, wie verdrängte Schatten.

Das Buch des Dresdeners Schulze war 1998 erschienen, mit dem Untertitel »Ein Roman aus der ostdeutschen Provinz«. War einhellig als das erste große literarische Werk zur Wiedervereinigung gerühmt und von Hunderten dankbarer Deutschlehrer schachtelweise als Klassenlektüre bestellt worden. Wer wissen will, wie die Welt in den 90ern für die ungewarnt Entwurzelten aussah, kann es heute noch gut lesen. Wenn er das alles erträgt, die plattenbauharte Hoffnungslosigkeit mitten in der Aufbruchsrhetorik, das überall schwelende Misstrauen, die viel zu schnellen Autofahrten auf viel zu schlechten Straßen. Die ständigen Umzüge und Wegzüge. Das zerbröselte Grundvertrauen.

Als fröhliche Alternative kann man stattdessen auch das deutlich erfolgreichere, etwas heißer geliebte »Helden wie wir« von Thomas Brussig aus Berlin nehmen, das dieselben Kritiker unvorsichtigerweise schon 1995, drei Jahre vor Schulze, als den »großen deutschen Wenderoman« bezeichnet hatten. Der Held in »Helden wie wir« ist übrigens davon überzeugt, den Mauerfall irgendwie mit seinem Penis ausgelöst zu haben.

Helmut Kohl wäre diese Sichtweise sicher nicht recht gewesen. Aber bei einem derart umstrittenen Thema sind die steilsten, am härtesten erigierten Thesen am Ende ja nicht unbedingt die falschen.

»THIS ONE IS DEDICATED TO ALL THE RAVERS IN THE NATION.«

Outdoorpartys, Rave-Ekstase, der neue Berlin-Hype und die große Erleuchtung, die auch in Bad Honnef zu spüren war

Ein fratzenhaft schönes Gesicht bleibt stehen, mitten im Lichtblitz. Im nachfolgenden Dunkel sprenkelt sich irgendwas auf deinen nackten Arm, und es schmeckt nach Wodka Red Bull. Das Herz schlägt und schlägt und schlägt. Du trittst einmal fest in Richtung Bass, aber dein Fuß landet im Moos. Der Himmel vibriert, fast wie eine Lautsprechermembran. Und da, schaut mal alle hin: die Sonne! Rot-gold-gelb. Sie ist es wirklich.

Der erste Techno-Rave meines Lebens war keines der gängigen Leuchtturmevents. Es war nicht die Loveparade, nicht die Mayday, die Nature One oder das Sónar. Mein erster Rave fand irgendwo im Wald statt. Auf ungeheiligtem Niemandsland, zu Füßen des Schlosses Hohenentringen, eines wenig bedeutsamen schwäbischen Adelssitzes aus dem 12. Jahrhundert.

Von Tübingen aus brauchten wir gut zwanzig Minuten, um hinzukommen. Ein Samstag, wir hatten Flyer. Wir fuhren spät los, über gut befestigte Feldwege. Mein bester Freund Constantin, seine damalige Freundin Ute, ihr Mitbewohner Michalis und ich in Constantins rotem Ford Fiesta. Sommer 1994 oder '95 muss das gewesen sein (es ist das Einzige, was ich nicht mehr genau weiß). Eine herb-warme Nacht. Und so cool es auch wäre, das jetzt zu behaupten: Ich glaube nicht, dass es eine illegale Party war. Leider nicht, dazu war alles viel zu gut sichtbar, zu aufwendig produziert und zu gesittet. Vor allem: Wenn die Party illegal gewesen wäre, hätten wir in unseren Löchern ganz sicher nichts von ihr mitgekriegt.

Higher States of Consciousness: Den ersten Rave vergisst du nie

Das Tolle an den 90ern ist, dass die großen Momente der Ekstase, der Freiheit und Euphorie dringeblieben sind in unseren Köpfen. Fast alle, bei fast allen, die dabei waren (denn einige sind nicht mehr da). Man erinnert sich. Weil man in der Regel hellwach war. Weil die äußeren Umstände und die maßgeblichen Drogen und Drinks so konzipiert waren, dass nur wenig von dem im Nebel versickerte, was damals so alles durch die Körper und Synapsen floss. Und weil viele dieser Momente gar nicht im Dunkel der Nacht stattfanden. Sondern bei Tageslicht, draußen.

Wir waren in dem Alter, in dem man eh jeden Mist mitmacht. Ganz besonders den, der nach Kulturrevolution riecht, nach einer Bewegung. Constantin, Ute, Michalis und ich fanden einen Parkplatz im Wald am schon dicht mit Autos zugestellten Weg. Liefen den Lichtern, den komischen Luftspiegelungen und dem dumpfen Umm-Umm-Umm nach. Bis es nach und nach zu einem immer deutlicher schmatzenden Ummz-Ummz-Ummz wurde.

Wir waren eher unauffällig angezogen, und wir waren nicht allein. Es wurden immer mehr, ein paar hatten Taschenlampen. Und ein bisschen Schiss hatten sie auch, sie und wir. Respekt. Das war schließlich kein Besuch in der Großraumdisco, wo wir uns überlegen fühlten mit unserem angelesenen Zeug von der Uni. Das sollte ein Rave sein, die neue Regelhaftigkeit des Regellosen, und wir hatten viele Fragen.

Waren wir zu früh? Zu spät? Waren wir, überhaupt, historisch und auch im metaphorischen Sinn – waren wir richtig?

Die Nummernschilder in der langen Parade stammten aus dem großen, eher rustikalen Hinterland. Das Fastmetropolenvolk aus Stuttgart reiste traditionell noch etwas später an. In Stuttgart gab es ja selbst schon genügend Clubs, durch die man sich erst umständlich durchtanzen musste, das Oz, das Red Dog oder das Unbekannte Tier, bevor man in die Provinz starten konnte. Aber irgendwann trafen auch die Stuttgarter ein, jedes Mal. Meistens war einer von den Fantastischen Vier dabei. Manchmal sogar zwei.

Die Musik selbst war 1994 natürlich nichts Neues mehr. Schon Ende der 80er hatte man davon gehört, von Acid House und Frankfurt-Sound: Electrica Salsa, ba ba, ba ba. Damals konnte man noch glauben, dass der gelegentlich in Charts und Magazinen auftauchende Elektro-Knarz-Bums höchstens eine Modewelle wäre, zu der in Trendkellern in Detroit, im Club Omen in Frankfurt oder auf matschigen Kuhwiesen in Northumberland ein paar irre Kinder in Smiley-Hemden tanzten, einen Summer of Love lang.

Im Oktober 1991 schrieb dann *Der Spiegel* unter dem Titel »Fiese Töne« sehr geschäftig über die Trenddämmerung: »Berliner Nachtschwärmer haben einen neuen Rhythmus entdeckt – Tekkno, eine Art Marschmusik für Roboter.« Unter anderem stand da, es solle tatsächlich Menschen geben, die ganze Wochenenden durchgetanzt hätten. Drei Tage und drei Nächte! Ohne umzufallen.

»Warum machen die Leute das mit?«, klagte 1993 der Off-Sprecher einer Techno-TV-Reportage des SFB an, im ernsten Verbraucherschützerton. Und fasste zusammen: »Das sind Tanzrituale, die man sonst nur aus den Beschreibungen der Ethnologie kennt.«

Ethnologisch. Ja, genau, so fühlten wir uns: ethnologisch. Hauptsache, man kapierte das, was die Berichterstatter damals nicht sehen konnten. Dass es hier nicht um eine bestimmte, technisch beschreibbare Musikrichtung ging, um keinen Tanz, keine Fashion-Tendenz. Nein, es ging um ein völlig neues Konzept von Party. Um eine neue Art der Freizeit, der persönlichen Ausbreitung. Um die Idee einer nicht elitären Community. Um Körperpolitik. Um ein neues, ekstatisches Weltbild.

Wer drei Tage und drei Nächte allein oder mit anderen tanzte, machte in der Zeit ja auch wenig anderes mehr. Ging nicht zu Eintracht Braunschweig oder Frankfurt, nicht zum Einkaufen oder Essen, konsumierte keine Medien, fast keine Werbung. War unerreichbar für politische Propaganda (und auch für Anrufe vom Bewährungshelfer, vom Chef, von der Personalabteilung, vom Vorarbeiter oder sonstigen Vertretern der geregelten Außenwelt). Das könnte der Urknall für eine neue Gesellschaftsordnung sein, faszinierten und faselten viele damals, naiv und begeistert. Kurz gab es diese Illusion tatsächlich.

Weil gerade eh so viel in Bewegung war. Und weil das System Techno immerhin ein richtiges, trennscharfes, tragfähiges Konzept hatte. Manche zogen gleich ein in die Ravers' Nation. Einige leben sogar jetzt noch dort, 25 Jahre später oder mehr. Aber es gab ja noch so viele andere Sachen, die man machen konnte.

Die Warteschlange am Einlass war kurz, es gab wenig Getue. Die unangenehme, schnurrbärtige Laufkundschaft aus dem vorigen Jahrhundert kam hier draußen eh nicht vorbei, nachts, mitten im Märchenwald. Es gab keine Parole. Es waren die Jahre, in denen noch nicht so ausgesiebt wurde. Weil es gar nicht sein musste.

»Und? Merkst du's auch schon?«, fragte mich Constantin, neonviolett und scheinwerferblau im Gesicht und sperrangelweit grinsend, als wir zu viert den Zaun passiert hatten. Als uns der warme Lärm schon umschwappte und umschallerte.

»Was?«, fragte ich zurück. »Nee, noch nicht.« Und dann merkte ich's doch schon.

Techno, Herzschlag der neuen Kultur: Wir ziehen in die Ravers' Nation!

»Was heißt hier Untergrund?«, wurde DJ Westbam, einer der nachhaltig klügsten Köpfe der Bewegung, in dem frühen *Spiegel*-Artikel zitiert. »Wenn unsere Veranstaltungen bis zu 3000 Leute ziehen und die dann ausrasten zu einem Sound, der im populären Radioprogramm keine Chance hat, dann ist doch Tekkno zu einer abstrakten Form der Volksmusik geworden.«

1991 waren das große Worte. Westbam selbst schrieb bald die passenden Slogans dazu, die Songtitel, die nächtlichen Kurvendiskussionen, die Formelsammlung des Rave. No More Fucking Rock And Roll! Forward Ever Backward Never! We'll Never Stop Living This Way!

Volksmusik. Schon Mitte der 90er gab es dann keinen Werbespot, keine Wettervorhersage oder Programmvorschau mehr, die nicht mit einem pulsierenden Beat unterlegt war. Jeder Krimi, jede Komödie hatte eine Tanzclubsequenz, in der sich die Leute anschrien. Rave-Girl und Rave-Boy etablierten sich als soziokulturelle Typen, auch als Klischees. Einmal im Jahr kamen die Luftbilder von der Loveparade im Fernsehen. Das rauschende Meer aus Verrückten um die Berliner Siegessäule herum, aus Technotouristen, die auf Laternenpfählen saßen wie blond gefärbte Affen. Hinterher: die Geschichten über Müllberge im Tiergarten und vollgeschissene Parkbänke.

Der Raver war plötzlich ein veritables Mitglied der Gesellschaft, mit eigenen Rechten und Pflichten. 1997, beim Evangelischen Kirchentag in Leipzig, gab es sogar einen Trance-Rave-Gottesdienst. Motto: »In Techno Deo Gloria«.

Aber pardon, um all das ging es gar nicht. Nicht in dieser Sommernacht, die wir auf der Waldlichtung erlebten. Eine Menge, gemischt aus Oberschülern und Leuten Mitte zwanzig wie wir, aus ein paar vorbeiflackernden Bekannten, Studenten und Nichtsnutzen und denen, die wir damals selbst schon alt fanden. Die eher ballermannartigen Accessoires wie Schnuller, Nylonwesten, Trillerpfeifen, Staubsauger und bauchfreie Jägermeister-T-Shirts waren hier kaum zu sehen (aber unter der Woche im Cinderella gab es auch die). Hier im Wald dominierte die Outdoorausrüstung: Anorak, Mütze, Fellweste. Kapuzenpulli, die weiten Sweatshirts, die Cargohosen. Es gab ein paar Zelte, eine Chill-out-Area mit ruhiger Musik. Sogar ein Obstbüfett, ein bisschen improvisierten Service. Aber der wahre Zirkus war die große Wiese. Die Lichtung. Die Leute. Der Floor. Wir steckten uns supercool ein paar Kiwispalten in den Mund, und los ging's. Es war, als wären wir durch einen Spiegel hindurchgegangen.

»Opening to the higher states of consciousness«, sprach feierlich die Stimme aus den Boxen, fast bis zum Stillstand verlangsamt, im berühmten, gleichnamigen, unfassbar großartigen Track des DJs Josh Wink, der in jeder Nacht irgendwann gespielt wurde. Das abgehackte rhythmische Brummen wurde lauter und lauter, greller und schriller. Kletterte hoch über den Beat. Klappte sein Oberstübchen auf, öffnete sein Matschgehirn und brach, hoch über unseren Köpfen, in wildes, ekstatisches Zwitschern aus.

Genau in dem Moment kam der Bass zurück. Es war Wahnsinn.

Das Gefühl, in eine parallele Realität hinübergezogen

zu werden, ohne dabei die Kontrolle abgeben zu müssen. Der euphorische Push, der multiple Sozialorgasmus, erlebt im Wald mit 500 vollkommen unbekannten Menschen. Das Gefühl, plötzlich zu etwas Großem zu gehören, das weit über das hinausging, was sich hier auf dieser Wiese abspielte. Was die Insider, Clubgänger und Acid-Grinseköpfe schon vorher gewusst hatten, kam jetzt auch bei uns provinziellen Normalverbrauchern an. Dass das Prinzip Party so viel mehr bedeuten konnte, als mit einer sich langsam erwärmenden Bierflasche durch Räume mit niedrigen Decken zu gehen und Leute zu fragen, was sie denn studierten und wie viel ihr Zimmer monatlich kostete.

Natürlich gab es auch genug Leute, die Techno doof fanden. Natürlich gingen wir auch später noch öfter als nötig auf viele sehr schlechte Partys, und natürlich entpuppte sich eine Menge von dem, was im Namen des neuen Manifests philosophiert und versprochen wurde, als ziemlicher Mist. Nichts davon sprach ernsthaft gegen diesen Moment.

Und dann, im Wald, gegen sechs Uhr früh, die Zeit war so schnell vergangen: der Sonnenaufgang. Die Lichtbündel, warm und scharf. Liebe und Laser, unten leicht angeraut und angefusselt durch die Baumwipfel. Die Dämmerung einer neuen, noch wesentlich okayeren Welt, aus dem Beat heraus. Die Hüte leuchteten. Wir brüllten. Alle brüllten. Die Sonne.

Ich habe bis heute noch viele andere Partysonnenaufgänge erlebt, in der Panorama Bar oder der Bar 25 in Berlin, beim belgischen Dour Festival, bei der Fusion in Mecklenburg-Vorpommern oder dem Feel Festival am Bergheider See in Brandenburg. Doch keiner war so wie der eine, der erste, im Märchenwald bei der schwäbischen Niemandsburg.

Denn auch das war ja so toll an der großen Partykulturdämmerung: dass sie so durch und durch dezentral funktionierte. Dass man am Ende überall mitmachen konnte, auch wenn die Rave-Nächte in Rosenheim oder Krakau oder Gary, Indiana eventuell nicht ganz so exquisit waren wie die in Frankfurt, Manchester und Detroit. Selbst in die provinzbiederen, möbelhausartigen Großraumtempel und Eventdiscos wie das Hippodrome in Hennef oder das Extra in Koblenz brachten die berittenen Technoboten einen ganz neuen Durchzug. Sogar in die mit Schwarzlicht beleuchteten Fetenzelte vor den Stadttoren, in denen mancher Pärchenabend trotzdem gar schrecklich endete, weil die Liebenden sich im Glibber der Schaumparty verloren und nie mehr wiederfanden.

Leistungsschau oder Befreiungsschlag? Der Streit um die Loveparade

Wenn man den Aufbruch auf statistisch belastbaren Grund stellen will, kommt man allerdings an den offiziellen Besucherzahlen der Berliner Loveparade nicht vorbei. Der Loveparade, dieser Beat-und-Sonnenschein-Demo, die viel zu oft als Karneval bezeichnet wurde, aber natürlich immer ein völlig anderes Saisonfest war. Karneval bedeutet ja, einmal im Jahr ganz ausnahmsweise die Sau rauszulassen, bis alles Unterdrückte aus den Körpern herausgequollen ist. Die Loveparade dagegen sollte die Feier einer ständigen Lebenshaltung sein, eines kollektiven Zustandes. So wie der Slogan von Westbam: We'll Never Stop Living This Way. Auch wenn das auf Dauer wirklich nicht zu schaffen war. Nicht mal mit der besten Kondition und den allerreichsten Eltern.

Im Sommer 1989 war die Parade legendär gestartet, mit 150 Teilnehmern am Kurfürstendamm in Charlottenburg, als chaotische, verregnete Geburtstagspolonaise für den DJ und Aktivisten Dr. Motte. In den folgenden Jahren stiegen Quote und Signalwirkung aufs Gewaltigste. 1990 kamen schon 2000 Leute, 1991 waren es 6000, darunter auch viele, die mitsamt Party-Lkw aus anderen Untermetropolen angereist kamen, an entgeisterten Fernfahrern und deutschen Raststätten-Filterkaffeetrinkern vorbei. Der Jahrgang '91 gilt als historische Geburtsstunde des deutschen Techno-Netzwerkgeistes.

Nachdem 1995 eine halbe Million Menschen den Ku'damm und die Nebenstraßen zum Platzen gebracht hatte, musste die Route geändert werden. Es ging auf die Straße des 17. Juni, bis zur Siegessäule und dann zum Brandenburger Tor, von den Nazis ihrerzeit als zentrale Achse für Hitlers Welthauptstadt Germania eingeplant, ab sofort die hochoffizielle Prunkstraße von Partyhausen. 1999, im letzten Jahr der 90er, war mit 1,5 Millionen Tänzern der Höhe- und Sättigungspunkt erreicht. Danach sanken die Zahlen erst mal wieder.

Dass man heute beim Thema Loveparade fast reflexhaft an das Unglück von 2010 denkt, als der Umzug von einem Billigfitnessunternehmer in Duisburg ausgerichtet wurde und im Gedränge 21 Raver getötet, rund 500 verletzt wurden – das verzerrt den Gedanken an die Ursprungsidee brutal. Es hätte nicht passieren müssen, trotz aller Kommerz- und Ausbeutungsvorwürfe, die der Veranstaltung auch vorher schon häufig gemacht wurden. Aber am Ende passierte es doch.

»Die Loveparade ist eine Leistungsschau der Wiedervereinigung, ein Triumphmarsch für Helmut Kohl«, schrieb im Juli 1996 ätzend der *Spiegel*-Autor Cordt Schnibben, in dessen Augen sich hier eine zutiefst unpolitische, trotzdem systemerhaltende Deutschlandbewegung selbst bejubelte. In den 60ern, rechnete Schnibben zynisch vor, hätten die Aufsässigen wenigstens noch Molotowcocktails geworfen. Dagegen: »Wer in den 90ern jung ist und ein besseres Leben will, läuft zuckend hinter lärmenden Tiefladern her.«

Ein Jahr später berichtete der Schriftsteller Rainald Goetz, damals 43, für die Wochenzeitung *Die Zeit* von der Parade. Und sah etwas grundlegend anderes. »Keiner kennt sie nicht: die unglücklichen Kreaturen, all die Mühseligen und Beladenen«, schrieb Goetz, der mit Anfang dreißig, also spät, durch die Acid-House-Welle zum Feierleben bekehrt worden war. »Die massenhaft Stumpfen, Trostlosen, Kaputten und Verblödeten, die auch mitstampfen dürfen, wie fucking jeder, der will, zu dem einen Beat.«

Ein völlig anderer Blick auf mehr oder weniger die gleichen Leute. Goetz empfand die Party als einen Akt der Selbstermächtigung, erst recht und ganz besonders für die vorläufigen Verlierertypen der deutsch-deutschen Wende. Vom verkappten Nationalstolz, den *Spiegel*-Autor Schnibben den Techno-Jubilanten unterstellte, sah Goetz nichts, im Gegenteil: Diese Community, die war so oder so ein ganz anderes Land. 1998 veröffentlichte er dann die fast 300-seitige Erzählung »Rave«, die blitzinspirierte, verlaberte, geniale Mutter aller Technotexte. Eine Studie über die Politik der Nacht, Musikekstase, die Cliquenarchitekturen und neuen Sinnsysteme, die in der Weltliteratur noch immer einzigartig ist. Und vor allem dem glücklichen Moment entsprang, in dem es zu Rainald Goetz' grundsätzlich manisch-analytischem Blick auf die Wirklichkeit endlich, endlich auch die passende Realität gab.

»Ich tanzte mit und fühlte mich nicht gestört von den gleichzeitig mitlaufenden Reflexionen«, schreibt Goetz in »Rave« auf Seite 80 des berühmten orange-roten Suhrkamp-Bändchens. »Stimmt: Deshalb geht man aus. Weil man diese Musik manchmal auch SO hören muss, weil sie so gehört gehört, genau so, nicht anders. Brülllaut, hyperklar.«

Für alle anderen war es so: hinfahren, nach Berlin. Sich in ein Hostel am Rosa-Luxemburg-Platz einmieten, im Massenbettzimmer. Oder raufsteigen zu den WGs der alten Freunde von früher, in vierte oder fünfte Altbaustöcke, in die man durch versteckte Hinterhaustüren kam und über endlose, komisch knarrende Treppenhäuser. Viele waren ja schon raufgezogen, mit Köfferchen und Seesäcken.

Typischer Dialog damals:

»Hey, was macht denn eigentlich Julia? Ich hab sie seit zwei Wochen nicht gesehen.«

»Och, die ist nach Berlin gezogen. Die ist da jetzt DJ/studiert an der Filmhochschule Drehbuchschreiben/arbeitet jetzt bei der *taz*.« (Unzutreffendes bitte streichen)

»Echt? Die auch? Wahnsinn.« (»Krass« sagte man noch nicht.)

»Ja. Sie wohnt in Friedrichshain. Sie meint, wir sollen sie mal besuchen. Eine Pizza kostet da nur vier Mark.«

Glotzen. Staunen. Wach bleiben. Feiern. So erlebte man als junger Mensch in der Regel die neue, wie eine riesige goldene Wundernuss aufgeknackte Hauptstadt Berlin. Viele blieben gleich da. Manche eh schon angeknackste Existenzen verkrachten sich in Mitte und Friedrichshain nach allen Regeln der Kunst, total und für immer.

In Berlin ist alles möglich: Die Stadt wird zum Abenteuerspielplatz

Die einen gingen in Berlin erst mal auf die Loveparade. Die anderen gingen einfach so aus, um zu Hause erzählen zu können, dass sie ausgegangen waren. Standen in Höfen, streiften durch die Müllhalden hinter besetzten Häusern, für die sich die Stadtreinigung nicht zuständig fühlte. Tranken auf Brachland Kioskbier oder billigen Caipirinha. Nahmen die erste Pille. Legten sich am früheren Todesstreifen flach auf die Straße und atmeten langsam ein und aus.

Andere ließen sich beklauen. Balancierten Bunkertreppen hinunter oder kletterten durch Mauerdurchbrüche. Fraßen die unfassbar billige Vier-Mark-Pizza in Friedrichshain und pullerten nebenan beim Vietnamesen. Stiegen ins Taxi und fuhren irgendwohin, von wo aus sie nie wieder allein zurückgefunden hätten. Schauten in die blinden Fenster von Ruinen oder alten Kaufhäusern, Brot- und Seifenfabriken und entdeckten im Untergeschoss dann leuchtende, schmatzende, von wenigen jungen Göttern spontan und ohne Budget in sieben Stunden erschaffene Paradiese.

Es gab Mitte der 90er einen bundesweit ausgestrahlten TV-Werbespot, den man mit relativ wenig Fantasie als biestiges, neidisches Anti-Berlin-Statement wahrnehmen konnte. Da sieht man eine Clique aus jungen Leuten. Bei Sonnenwetter feiern sie mit Hund und Luftmatratze eine vorstädtisch-provinzielle Poolparty, trinken Fanta dazu. »Wir haben laute Musik gehört und jede Menge Spaß gehabt«, erzählt einer aus dem Off. »Bis irgendjemand sagte: Die wirklich angesagten Partys feiert man heute in stillgelegten U-Bahn-Schächten.« Schnitt: ein niedriges, beklemmendes Gewölbe, Typ Industrieruine, kotzgrünes Licht, nervenzehrende Musik. Etwas offenbar Giftiges fällt von der Decke und landet in einem Trinkbecher. Klar zu erkennen: Es ist die uninformierte Horrorkarikatur einer typisch nächtlichen, sich selbst für ultracool haltenden Berlinszenerie. Die Freunde finden es nicht gut.

Wieder Schnitt: Im nächsten Moment sind sie zurück in der sicheren Idylle ihres womöglich schwäbischen Gartens. Alles ist wieder super. Der Produktslogan, am Ende: »Bleib dudu. Fanta.« Bleib dudu. Mit anderen Worten: Bleib zu Hause! Geh nicht in die Stadt. Schon gar nicht heut Nacht.

Überhaupt kein Vergleich zu der anderen berühmten Limonadenwerbung, die ab 1995 die Fernsehzuschauer verstörte: der Bluna-Clip. Er kam in mehreren Varianten. Hauptdarsteller war immer ein dürrer, namenloser Mann mit kurzem blonden Haar und grünem Satinanzug. Ganz deutlich: ein Raver, derbe verstrahlt, der wie das Männlein im Walde in unterschiedlichen Landschaften stand. Grell verfremdet durch Farbfilter, überlagert von murmelnden oder kreischenden Stimmen und Bildeffekten, hibbelig geschnitten, wie zwanzig Sekunden aus einem LSD- oder Magic-Mushroom-Trip. Eine Feier der transgressiven Erfahrung, auch wenn es im Prinzip – wie bei der psychedelischen Afri-Cola-Werbung in den 60ern – nur um den Zuckerschock ging.

Der Claim, mit Heliumstimme deklamiert, ohne Umweg zitierfähig: »Sind wir nicht alle ein bisschen – Bluna?« Die erst 1991 gegründete Hamburger Werbeagentur Jung von Matt, von der der Spruch kam, hatte erstaunlich viel von den Visionen und Hoffnungen, vom göttlichen Blabla-Ethos der Zeitphase kapiert und bei ihrem Limo-Kunden durchgesetzt. Bluna: die ganze erste Hälfte der 90er. In einem einzigen Miniclip.

Die Stadt Berlin wuchs in dieser Zeit nicht nur für Deutschland zum Techno-Keimgewebe. Auch in Chicago und Detroit, London und Rom wurden die Kulturtechniken aus den Berliner Kellern imitiert, also an den Orten, aus denen ein Großteil der Musik ursprünglich stammte. Zwar hatte sich in Frankfurt schon in den späten 80ern ein ansatzweise ähnlicher Partystil entwickelt. Doch in Berlin ging alles noch weiter ins Extrem, schon vor dem Mauerfall. Es waren zuerst noch Insiderveranstaltungen, aber sie waren grenzenloser und anschlussfähiger, sexuell mehrdeutiger und viel weiter entfernt von allem anderen, was man als heterosexuelle Ausgehnorm kannte. Der Westberliner Club Ufo war früh dran. Dann kam die Wende, und in Ostberlin gab es Läden wie Tresor, Bunker, Planet und WMF, Veranstaltungsserien wie Tekknozid und Cyberspace.

Die brennende Euphorie der befreiten, seit dem Mauerfall urplötzlich vor allen denkbaren Möglichkeiten stehenden Ost-Raver machte den großen Unterschied. Sicher nicht als einziger Faktor, aber als wesentlicher, singulärer: Eine in der historischen Neuzeit absolut einzigartige Stadtsituation brachte hier – gewissermaßen vor den Augen der internationalen Öffentlichkeit – ihre ebenso außerordentliche Party zur Welt. Mitten im ordnungspolitischen Machtvakuum, in den Häusern und auf den Sofas fremder Leute. Mit schwarz gezapftem Strom, mit bei McDonald's geholten Eiswürfeln. Eine Party, die weit, sehr weit ausstrahlte.

»Kein Mensch hatte Zentralheizung. Deshalb waren auch die Bars und Clubs so voll«, erzählte mir viel, viel später in einem Interview der Barkeeper und Wirt Heinz Gindullis, der bis 2014 in Mitte den legendären Club Cookies betrieb. »Zu Hause war es kalt, drinnen war es warm. Und es gab Toiletten.« Zwar auch nicht immer, aber man hatte Chancen.

Die Behörden hatte nach der Wiedervereinigung und Hauptstadtwerdung 1990 ja wirklich andere Sachen zu tun, als jeder Hausbesetzung, jedem Bruch der Schanklizenzen und jeder nächtlichen Ruhestörung hinterherzufahren. Unter anderem fiel durch den politischen Umbruch ein Großteil der alten Bundeshilfen weg, die die Mauerstadt genossen hatte: Mehr als 17 Milliarden D-Mark waren es noch 1991, 1995 kamen (via Länderfinanzausgleich) nur noch knapp 8 Milliarden staatliche Förderung an. Obwohl es ausgerechnet in Berlin ja nun extraviel zu sanieren und zu integrieren gab. Und, aus Westsicht, praktisch über Nacht 1,3 Millionen neue Einwohner dazugekommen waren.

Der berühmt gewordene Spruch des späteren Bürgermeisters Klaus Wowereit, die Stadt sei »arm, aber sexy«, stammt von 2003 – die Grundwurzeln dieser Armut und dieser Sexyness stecken natürlich in den Wendejahren. Um rechtzeitig zu bremsen, bevor der endgültige regionalwirtschaftliche Ruin drohte, und um die explosiv wuchernden Schulden tilgen zu können, wurden hektisch Liegenschaften verkauft, städtische Wohnungs- und Versorgungsfirmen privatisiert. Für den erwarteten Ansturm von Industrie aller Art, Bundestagsmitarbeitern und internationalen Glücksrittern sollten genug Gewerbe- und Wohnbauprogramme vorhanden sein. Und für sehr viel Geld wurde dann erst einmal gigantisch viel Leerstand produziert.

Mitte der 90er gab es in Berlin zeitweise 20 000 neue Wohnungen pro Jahr, während gleichzeitig Jobs verschwanden und die Einwohnerzahl effektiv schrumpfte. Wolfgang Nagel, SPD-Bausenator von 1989 bis 1996, ging als »Herr der Kräne« in die Geschichte ein. Und wenn es regnete, brauchte man rund um den Potsdamer Platz die besten Gummistiefel, um nicht in irgendeiner Baugrube zu versinken.

Was damals keiner in den Planungsbüros und Krisenstäben geahnt hätte: Am Ende wurde man tatsächlich von all den jungen Irren gerettet, die man zähneknirschend hatte gewähren lassen. Von den Party-Hinbiegern und DJs, den Abbruchgaleristen, Tapetentisch-Barkeepern und Start-up-Spinnern. Sie waren es letztendlich, die dem neuen Berlin sein verzweifelt gesuchtes Weltmetropolen- und Magnetpunktimage gaben. Allein aus der Kraft des kalkulierten Citymarketings heraus hätte das niemals geklappt.

Der Ruf und Marktwert als Kreativstandort, Touristenpark und weltweites Vorzeigetablett löste die finanziellen Probleme zwar nicht schnell, im Gegenteil. Aber er lockte bald genau die Leute, Biotopgestalter, Einkommens- und Gewerbesteuerzahler an, die man für diese Aufgabe brauchen konnte. Auch längerfristig. Und ja, bald stiegen die Mieten, ganz besonders im Billig-Osten. Dass im Lauf der Erfolgsgeschichte Berlins auch die paradiesischen Zwischenzustände zu Ende gehen mussten, war paradox und völlig klar.

»Die Jedermann-Boheme wuchs über sich hinaus, um nach ein paar Jahren, zurückgestutzt auf ihr angeborenes Maß, ein gewöhnliches Leben zu bevorzugen. Im Hintergrund des Undergrounds lauerte schon der Verrat, der Goldrausch«, schrieb die Berliner Journalistin Jutta Voigt 2016 in ihrem Buch »Stierblutjahre. Die Boheme des Ostens«. Und zitierte dazu einen Ausspruch der Künstlerin Natascha Sadr Haghighian: »Während die einen bis zur nächsten Party weiterschliefen, waren andere, mit denen man nachts noch getanzt hatte, womöglich schon dabei, das Gebäude zu kaufen, in dem die Party stattgefunden hatte.«

Die sprichwörtlichen Leute mit den Geldkoffern. Wer damals in Berlin lebte, sah sie plötzlich an jeder Straßenecke. Bis dann auch im großen Stil die jugendlichen easyJet-Partytouristen aus Spanien oder Großbritannien kamen, dauerte es noch ein wenig länger. Die Billigfluglinie easyJet wurde ja erst 1995 gegründet.

Mayday, Mayday: Techno wird Overground (und es war gut so)

War die Rave-Kultur der 90er im Kern nicht mehr als ein Frischaufguss der leicht angeranzten, hippiesken, rauschgetriebenen Sixties? Das wurde der alte englische Underground-Aktivist Nicholas Saunders 1995 im Interview mit dem Magazin *The Face* gefragt. Saunders hatte kurz davor über die maßgebliche Technodroge das Standardwerk »E for Ecstasy« veröffentlicht. Kurz darauf richtete er die heute noch sehr aufschlussreiche Infowebsite ecstasy.org ein.

»Vom heutigen Standpunkt aus gab es in den Sixties viel Überheblichkeit«, antwortete er auf die Frage. »Unsere Haltung war damals ja: Wir sind die Vorreiter dieser neuen, fantastischen Bewegung, und alle anderen können uns mal am Arsch lecken, weil sie nichts kapieren. Raver sind überhaupt nicht so, oder?«

Nun ja, bei entsprechender Provokation vielleicht doch. Als im Dezember 1991 in Berlin-Weißensee vom Organisationskreis um das Plattenlabel Low Spirit das erste Mayday-Partygroßevent veranstaltet wurde und rund 5000 Leute kamen, schnaubten einige Berlinpioniere deutlich hörbar. Viele erkannten erst jetzt die unvermeidliche Gefahr: Als teuer produzierte, überdimensionierte, finanziell einträgliche Arenashow konnte auch der größte Blödmann das Techno-Eventprinzip nachbasteln, das am Anfang legendäre Partys wie Tekknozid ausgezeichnet hatte. Netzwerkkontakt und ein tieferes Verständnis für die Feinmotorik des Feierns waren dafür überhaupt nicht notwendig. Nur Geld. »Skalierung« nennt man das in der Wirtschaft.

Und während die Frühjahrsausgabe der Mayday dann ab 1993 mit 25000 zahlenden Gästen in der Dortmunder Westfalenhalle rumste und bumste, führte die lange rote Linie von dort aus direkt bis zu TV-tauglichen Riesenschlumpfformaten wie »The Dome« oder den eigenartigen Veranstaltungen, von denen sich in der VIVA-TV-Reihe »Club Rotation« immer die leicht hysterische Moderatorin Daisy Dee meldete, laut und auch sonst schwer verständlich gegen die Musik anbrüllend. Die Art von grellbunter Happy-Hausparty, auf der auch »Tears Don't Lie« von Mark 'Oh, »Wonderful Days« von Charly Lownoise & Mental Theo oder »Hardcore Vibes« von Dune gespielt werden konnten. Letzteres das Stück mit der einladenden Widmung, von einem Kleinkind seriös am Anfang gesprochen: »This one is dedicated to all the ravers in the nation!«

Die Raver der Nation. Sie freuten sich. Sie fühlten sich angesprochen, fühlten sich gemeint. In ihren kleinen Provinzen, weit weg von Berlin. Über die schamlos massentauglichen Turnhallenextravaganzen, nicht die klandestinen Nachtschattenorte. Bei aller Liebe: Das hier war genau die Art von Party, über die am Ende wohl 80 Prozent der jungen Technofreunde jeglicher Herkunft und sexueller Couleur überhaupt erst davon erfuhren, dass die große Lebensrhythmusmaschine wirklich existierte. Und davon, was das werden sollte, wenn es irgendwann, irgendwo vielleicht mal fertig war.

»MISTSTÜCK. EGOIST. NERVENSÄGE.«

Eine Jugend in den 90ern: VIVA, das Lifestyle-Füllhorn und die Geburt des Slackers aus dem Geist der Generation X

Zwischen 15 und 18 Uhr machen Schulkinder die Hausaufgaben. Deshalb ist es vom Schüler- und Teenagersender VIVA richtig fies, exakt zu dieser Zeit die Show auszustrahlen, bei der alle mitmachen dürfen.

Sie dürfen nicht nur, sie sollen unbedingt. Alle, die vor den sprichwörtlichen Bildschirmen sitzen oder liegen. Die VIVA-Sendung »Interaktiv« läuft von 1993 an unter der Woche jeden Nachmittag, eine Studiosause mit Pop, Gästen, Popgästen, Interviews. Mit andauernden, ungewöhnlichen, bisweilen schwindsüchtigen Kameraschwenks und, wie der Showtitel schon sagt: mit mehreren Möglichkeiten, im Lauf der drei Stunden vom Sofa oder der Jugendbettkante aus ins Geschehen einzugreifen. Wie, das wird noch verraten.

Freitags, direkt vor dem Wochenende, muss kein

Schüler Hausaufgaben machen. Ich, der Student, habe im Wintersemester 1996/97 allerdings an Freitag zwischen 15 und 18 Uhr Anglistikseminar, und als für die Freitagssendung von »Interaktiv« im März 1997 ein Interview mit der Kölner Band Ralley angekündigt wird, bekomme ich ein kleines, popkulturelles Problem. Ich will dieses Interview sehen, von dem keiner sagen kann, wann es exakt gesendet wird. Ich lege also eine 240-Minuten-VHS-Kassette in den Rekorder und drücke auf Aufnahme, als ich das Haus verlasse. Ich werde den Auftritt von Ralley schon erwischen. Damals bin ich 26. Eigentlich viel zu alt für VIVA. Aber egal.

Spice Girls, Fanta, Speeddating: Ein Freitagnachmittag mit VIVA

Das VHS-Tape von damals gibt es noch, heute ist es ein wertvolles Zeitdokument. Denn abgesehen davon ist – ähnlich wie aus der Zeit des altbabylonischen Reiches, 1830 vor Christus – nicht so wahnsinnig viel überliefert aus der großen VIVA-Periode. Zumindest nicht öffentlich. Ein paar kleinere Szenen sieht man auf der Videoplattform YouTube, die selbst erst 2005 gegründet wurde, als die goldenen VIVA-Jahre längst vorbei waren. Erhalten geblieben ist das charakterprägende Programm der 90er nur indirekt. Als Spurenelement in den Charakteren, die es damals so heftig geprägt hat.

Also, Fingerkuppe auf Play: der Märznachmittag '97, 2018 wiedergesehen. Es laufen Videos von Edwyn Collins, Stefan Raab (der damals, mit 30, selbst die Sendung »Vivasion« moderiert), Foxy Brown und Jay Z, den Spice

Girls, Rammstein, Tic Tac Toe, den Fugees und den Bandits, der Schauspielerinnenband aus dem Film von Katja von Garnier. Es kommen Werbespots für Pringles-Chips, Impulse-Deodorant, Stabilo-Filzstifte, Gilette-Damenrasierer, ORWO-Kamerafilm und Fanta-Limonade, etwas mit Skateboards, nicht der Spot mit der Party im U-Bahn-Schacht. Außerdem läuft erstaunlich viel Werbung für amüsante Techno- und Rap-CDs, unter anderem von den Schlümpfen und dem Wu-Tang Clan.

Im Kurzporträt wird ein VIVA-Fan aus Köln-Kerpen vorgestellt, der Hip-Hop, Basketball und Akira-Comics mag. Dann verliest Nachrichtensprecher René Le Riche die Meldung, dass ein Mitglied der Elektropop-Gruppe Sqeezer Selbstmord begangen hat. Außerdem: Ein Mädchen aus Bremen hat beim Michael-Jackson-Konzert den Beweis dafür entdeckt, dass Jackson auf der Bühne gar nicht richtig singt, sondern nur die Lippen zum Playback bewegt.

Heute wären das typische Internetnews, kleine Snacks zum Zeittotschlagen an der Bushaltestelle. Mitte der 90er fand die Verbreitung solcher essenzieller Botschaften, die öffentliche Multiplikation der ganzen neuen Musik und der Trendchroniken und Infos über die besten Mützen-, Schuh- und Skateboardmodelle noch zum Großteil über analoge Medien statt. Obwohl es das Internet ja schon gab. Zeitschriften wurden gelesen. Die *Bravo* verkaufte 1995 rund 1,4 Millionen Hefte pro Woche (und 22 Jahre später nur noch alle zwei Wochen 125000 Hefte). Fernsehen wurde immer wichtiger, wegen der vielen neuen Boulevard- und Society-Sendungen, wegen der Spartenkanäle, die zur praktischeren Vermarktung das Programm übersichtlich portionierten.

Music Television, kurz MTV, der Prototyp des neuzeitlichen, spätkapitalistischen Jugendsenders, war 1987 endlich auch in einer europäischen Version sichtbar geworden, vom Standort Amsterdam aus. Sechs Jahre nach dem Sendestart in den USA, aber immerhin noch volle fünf Jahre vor MTV Japan. Die deutsche Musikindustrie sah im zentralistischen, irgendwie mulmig von Amerika aus gesteuerten Kanal ein größeres strategisches Problem. Was sollte MTV mit den genuin deutschen Produkten anfangen? Sendeplätze und Werbeumfelder gab es für Popprodukte eh immer weniger. Obwohl das Privatfernsehen blitzte und blühte.

Die auf den ersten Blick irre, wettbewerbsrechtlich windige, aber im Grunde grandiose Idee der Plattenfirmen: Sie gründeten einfach ihren eigenen Sender. Einen Kanal, auf dem sie ungehindert und ganz nach aktueller Marktlage jedes Produkt ins Programm holen konnten, das gerade verkloppt werden sollte. 1993 taten sich Time Warner, mehrere TV-Produktionen sowie die Plattenfirmen Sony, PolyGram und EMI zur VIVA Medien GmbH zusammen. Jeder der vier Musikkonzerne war mit rund 20 Prozent an der Unternehmung beteiligt. Nur Bertelsmann lehnte ab, um den direkten Konkurrenten MTV nicht zu vergrätzen. Der schien aus damaliger Perspektive ja doch das nachhaltigere Konzept zu haben.

VIVA Television: 100 Millionen Mark Startkapital, 35 Millionen Jahresetat für 1994, fünfzig Mitarbeiter. Nur unwesentliche Kleinteile der Öffentlichkeit nahmen den neuen Kanal halbwegs ernst, als er, via Kabel und Eutelsat-Satellit, am 1. Dezember 1993 von Köln-Ossendorf aus den Betrieb aufnahm. Die 24-Stunden-Rund-um-Kulturversorgung für deutsche Schüler.

Die Szenerie zum Sendestart: ein von der Ausstattung kunstvoll verrümpeltes Dachgeschoss mit Hängematte und Fensterbank, ein Kollegstufenzimmer des Pop. »Wir sind VIVA«, sagte Premierenmoderatorin Heike Makatsch, 22, mit rötlichen Zöpfen, weißem Bauchfrei-T-Shirt, Jeansweste. »Und wir sind mehr als nur ein Fernsehsender. Wir sind euer ...« An dieser Stelle machte Heike Makatsch ein lang gezogenes Entenquakgeräusch, simulierte mit den Händen eine Flüstertüte. »... euer Sprachrohr, euer Freund. Und ab heute bleiben wir für immer zusammen, okay?«

Die zwei Co-Präsentatoren nickten dazu, mit täuschend echtem, gut gespieltem Street-Style-Selbstbewusstsein. Mola Adebisi, 20, der mit Dreadlock-Pferdeschwanz und Pseudo-American-Football-Outfit im Hintergrund lümmelte. Und Nils Bokelberg, 17, mit einer wolkenkratzerhohen, gestreiften Beanie-Mütze auf dem Kopf, ein süßer, filzhaariger Hip-Hop-Grunger. VIVA war noch keine zwanzig Sekunden auf Sendung, und schon hatte jeder Zuschauer seinen Lieblings-Videojockey.

Erst dann kam das erste Video. 1981, beim Start von MTV, war es »Video Killed The Radio Star« von den Buggles gewesen. 1993, bei VIVA, kamen die Fantastischen Vier. »Zu geil für diese Welt«.

Das war der Anspruch. Eine glucksende, blinkende, sich selbst immer wieder her- und wegzoomende Grundidee, aber ganz klar und unmissverständlich formuliert. VIVA handelte davon, zu geil für diese Welt zu sein. In diesen Jahren war der Sender nicht nur dazu gut, um auch dem bedeutungslosesten Techno-Frosch einen Auftritt zu verschaffen und den Talkshowmoderator Harald Schmidt mit einem endlosen Strom an hübschen, jungen VJs als Studiogäste zu versorgen, die auf Befehl kicherten. Was VIVA auszeichnete, was der Sender so sorglos kalkuliert zelebrierte, das war die Fußgängerzonen-Discounter-Hipness. Das Provinzielle, reell Erreichbare, das am Ende so viel mehr Teenagerleben bestimmte als der hohe Ton der Metropolen.

Bei VIVA ging es um die ständige Spiegelung des Kleinstädtischen im Glamour. Um die dauerhaft spürbare Möglichkeit, jede Sendung könne in jeder Sekunde auch überschäumend grandios in die Hose gehen. Um die Strategie, das Publikum ab und zu durchaus auch an die schlimmen Dinge des Lebens zu erinnern. Aber eben nicht öfter als nötig. Was die Mayday-Party für den Techno war, das war VIVA für den Rest des Pop.

In den besten Momenten entstand auf diese Art zwischen VIVA und seiner Zielgruppe eine Intimität, wie es sie rein medial schon lange nicht mehr gegeben hatte. Man regte sich darüber auf. Man schaute es trotzdem.

Man schaute es gerade deshalb. Zum Beispiel an besagtem Freitagnachmittag im März 1997. Im »Interaktiv«-Studio moderiert Nadine Krüger. Krüger, seinerzeit neunzehn, ist eine blonde Ostberlinerin, trägt ein türkisenes Leinensakko, Leggings mit aufgedrucktem Landschaftsmalereimuster, giftneongrüne Plateausandalen und eine G-Shock-Uhr. Von der syndromatischen Hysterie, die VIVA-Präsentatoren oft nachgesagt wird, ist bei ihr nichts zu spüren. Sie improvisiert gelassen, manchmal ein bisschen tapsig, aber okay. An einer Stelle rutscht ihr im Überschwang die Information heraus, dass sie gerade endlich ihr Abi bestanden habe. Weil alle still sitzen, Nadine Krüger und die Studiokinder, bewegt sich die Kamera ohne Pause. Als würde ein einradfahrender, außerordentlich talentierter Zwergpudel Regie führen.

Das Thema der Sendung: Partnersuche. Eine dreizehnjährige Zuschauerin namens Janina ruft an, erzählt von einem Jungen namens Boris, der eine Frisur wie Nick Carter von den Backstreet Boys habe. Janina hat Boris einen Liebesbrief geschrieben, aber es kam keine Antwort. Die Studioaktion dazu: Moderatorin Nadine ruft Boris an, will ihn live auf VIVA zur Rede stellen. Es klappt nicht. Bei Boris geht nur das Faxgerät ran, »Didelidididididiiiii«, das uralte, archetypische Geräusch der scheiternden Verbindungssuche. Schade. Nadine rät Janina, doch einfach selbst noch mal bei Boris nachzufragen. Dann kommt ein Trailer mit VJ Mola.

Gleichzeitig treffen Faxe am Moderationssitzwürfel ein. Freitagnachmittags um drei schicken TV-Zuschauer aus ganz Deutschland Nachrichten an die Mädchen und Jungs, die als Studiopublikum bei Nadine sitzen. Wen findet ihr gut, wen wollt ihr kennenlernen? Die in der letzten Reihe mit der Brille heißt Annika, wie sich herausstellt. Alex übergibt ihr die Telefonnummer ihres Verehrers, Annika kommentiert blass, reflexhaft und wenig enthusiastisch: Ja, sie werde es sicher mal bei ihm probieren. Ein blonder Junge namens André aus Köln kriegt fünf Faxe, ist angeblich überrascht. Eine Liebesnachricht wird von Moderatorin Nadine leider – die Zeitlupe bestätigt es – an die falsche Person übergeben. In der Spontanhektik hat sie links und rechts verwechselt.

Was an diesem Nachmittag im Frühjahr 1997 im »Interaktiv«-Studio gespielt wird, das ist eine analoge, fast vollständig funktionstüchtige, ziemlich exakt vorhergesagte Faxgerätversion von Internetdating. Schon inklusive aller später denkbaren Onlinepeinlichkeiten, Fantasmen und Distanzmissverständnisse, die man knapp zwanzig Jahre später mit Apps wie Tinder und Grindr erleben würde. Match oder Katastrophe (oder beides gleichzeitig). Wenn man es heute sieht und plötzlich die Parallelen erkennt, ist es zutiefst erstaunlich.

Das Interview mit der Band Ralley kommt am Schluss tatsächlich. Leider ist es albern, aber ich mag sie trotzdem noch. Später, in den Nullerjahren, werden sie sich umbenennen und unter dem Namen Klee ein bisschen Erfolg haben.

Der kleinste Nenner nützt nichts mehr – jeder will sein eigenes Entertainment

Interaktivität war in den 90ern ja meistens mit extrem viel Umständlichkeit verbunden. Mit toten Leitungen, mit schwer verständlichen Erklärungen zum Einsatz von Telefontasten-Wahltönen. Mit Diagrammen, in denen die einen Balken langsam wuchsen und die anderen nicht. Letztendlich dann eben doch wieder mit dem Schreiben von Postkarten. Aber egal, denn es funktionierte. Interaktivität, die Livebeeinflussung der Ereignisse, die größte Unmittelbarkeit, die ein allgemeingültiges Medienerlebnis bieten konnte. Mit diesen Grundansätzen gelang es VIVA dann tatsächlich, einen Teil seines Gründungsversprechens einzulösen.

Wie hatte Heike es am Anfang gesagt? »Wir sind euer Sprachrohr, euer Freund.« Der Sender nutzte den direkten Standortvorteil, den MTV damals nicht hatte, um seinen jungen Kunden näherzukommen, als es im Rundfunkstaatsvertrag eigentlich vorgesehen war. So hieß lange Zeit der Werbeclaim: »VIVA liebt dich«.

Während an anderen Orten die Globalisierung alle Weltströme zusammenschaltete, lief beim Entertainment in den 90er-Jahren alles auf die größtmögliche Individualität hinaus. Auf das Customizing von Momenten, auch wenn man den Begriff damals noch nicht verwendete. In einer Welt, in der sich das Publikum immer mehr an den Modus und den Luxus des Interaktiven gewöhnte, war mit dem kleinsten gemeinsamen Popkulturnenner nichts mehr zu gewinnen. Der Konsens war plötzlich suspekt. Die Zeit des Pauschalen war vorbei. In den 90ern war VIVA für seine Zuschauer nichts anderes als eine Art buntes, diskursfähiges Analoginternet. Ein Medium, dem es zumindest halbwegs gelang, die irre Gleichzeitigkeit der sich überstürzenden Ereignisse abzubilden.

Nach den ersten drei Monaten auf Sendung lag VIVA schon knapp 50 Prozent über dem kalkulierten Einnahmenplan. Nach rund zwei Jahren schrieb man schwarze Zahlen. Im Juni 1996 hatte der Sender bei den zehn- bis achtzehnjährigen Zuschauern vorübergehend eine Einschaltquote von unglaublichen 31,2 Prozent. Der Konkurrent MTV musste reagieren, startete 1997 das eigene, deutschsprachige Programmfenster MTV Germany. Und begann in parallelen Zügen, MTV Europe in diverse, extra produzierte regionale Stationen zu spalten.

Am Ende war es nur ein kurzer Triumph für VIVA. 2004 wurde der Sender vom US-Medienkonzern Viacom aufgekauft, zu dem auch MTV gehört. Von 2014 an war das arme, bedeutungslose VIVA nur noch nachts und vormittags zu sehen. Im Juni 2018 kam die Nachricht, dass VIVATV zum Jahreswechsel komplett abgeschaltet wird.

Die Premieren-VJ Heike Makatsch ist rund 25 Jahre nach dem VIVA-Start als Film- und Fernsehschauspielerin etabliert, war in »Tatsächlich ... Liebe«, dem Hildegard-Knef-Film »Hilde« oder als »Tatort«-Kommissarin zu sehen.

Nils Bokelberg ist als Schriftsteller, Internetmoderator, Podcaster und Social-Media-Persönlichkeit sehr präsent.

Mola Adebisi arbeitete weiter als Moderator, TV-Produzent und Autorennfahrer, brachte eine eigene Unterwäschekollektion heraus. 2012 spielte er bei den Karl-May-Festspielen in Bad Segeberg eine Rolle. 2014 kam Adebisi im RTL-Dschungelcamp auf den achten Platz.

»Der Erfolg ist gewachsen wie meine Körbchengröße«: Blümchen, die virtuelle Sängerin

Als im Frühjahr 1996 trotz einer Rekordernte in Äthiopien drei Millionen Menschen hungerten, weil sie sich die geernteten Nahrungsmittel selbst nicht leisten konnten, startete VIVA eine prominent platzierte »Aktion Äthiopien«. Die Moderatoren riefen das junge, auf völlig andere Lebensbaustellen konzentrierte Publikum auf, für eine Hilfsinitiative der Vereinten Nationen zu spenden. Als Paten der Aktion traten bekannte Stars auf. Unter anderem kam die Technopop-Sängerin Jasmin Wagner ins Studio. Jasmin Wagner, genannt Blümchen, war fünfzehn und zu der Zeit mit ihrem zweiten Hit »Kleiner Satellit (Piep, piep)« in der VIVA-Rotation. Im Interview erzählte sie der Moderatorin Aleksandra Bechtel vom politischen Bewusstsein an ihrem Gymnasium. Von den »Fuck Chirac«-Demos gegen die französischen Atomtests, die die Schüler organisiert hätten.

»Sind das Modeerscheinungen, dass die Leute jetzt auch so 'n bisschen bei Äthiopien mitmachen?«, fragte Bechtel.

»Glaube ich nicht«, antwortete schlagfertig die junge Sängerin, die das natürlich auch nicht wissen konnte. »Wenn viele sich darum kümmern, werden die anderen einfach mitgerissen.«

Es wirkt vielleicht seltsam, wenn man aus all den VIVA-Jahren ausgerechnet Blümchen heraushebt. Ihre Schlager-Rave-Amalgam-Songs »Herz an Herz«, »Boomerang« oder »Ich bin wieder hier« waren zwar gigantisch erfolgreich und alltagspräsent, wurden aber schon damals von Leuten, die auch nur ein Jahr älter als die Sängerin selbst waren, wenig ernst genommen. Eine Mischung aus Rave-Sirenentönen, wilder Abzählreimlyrik und Kindermelodienstimme. Man konnte nicht mal wirklich dazu tanzen. Weil Blümchens Musik an Orten, wo man tanzen konnte, nicht gespielt wurde. Drei Millionen CDs weltweit verkaufte Blümchen in den großen fünf Jahren ihrer Karriere. Wo diese CDs wohl heute alle sind?

Das eigentlich Interessante am Star Blümchen ist etwas völlig anderes. Man muss die Jahre nur noch einmal durchblättern, um es zu erkennen. Von Anfang bis Ende. Die Kinderbluse und die mit falschen Blüten abgebundenen Haarzöpfe, die sie mit fünfzehn trug. Das psyche delische, außerirdische Rave-Outfit im »Satellit«-Video. Die Cheerleader-Uniform in »Du und ich«, mittlerweile war sie sechzehn. Die komplette Inlineskateausrüstung in »Boomerang«. Das nachtschwule Schwarzlederoutfit im Stil von Freddie Mercury in ihrer Version des Queen-Songs »Bicycle Race«.

Im Herbst 1997, mit siebzehn, stand Blümchen, wie Audrey Hepburn am Schluss von »Frühstück bei Tiffany«, im schwarzen Bustier pittoresk im Regen, sang die Ballade »Gib mir noch Zeit«, in der es ums Herauszögern des ersten Geschlechtsverkehrs ging. Und musste sich anschließend von VIVA-Moderator Tobi Schlegl lahmarschig fragen lassen, ob dieses Lied eigentlich auf einer persönlichen Erfahrung basiere.

Man konnte nicht ernsthaft in Blümchen verknallt sein. Dazu war sie nicht nur zu jung, sondern eine insgesamt viel zu unwirkliche Person. Im Frühjahr 1998, kurz nach ihrem achtzehnten Geburtstag, kam sie dann in orange meliertem T-Shirt und schlabbriger Jeansträgerhose ins »Interaktiv«-Studio. Interviewer Daniel Hartwig (es war wirklich jedes Mal ein anderer) fragte sie gleich nach der Begrüßung, warum sie eigentlich so oft ihren Look ändere.

»Es macht mir einfach Spaß«, antwortete Blümchen. »Jedes Mädchen hier wird es, glaube ich, nachfühlen können. Man mag immer was anderes machen.«

Cheerleader, wie im »Du und ich«-Video, war Jasmin Wagner während ihrer Hamburger Schulzeit übrigens wirklich. Sie wuchs im eher proletarischen Stadtteil Jenfeld auf, wurde 1995 von ihren Produzenten bei einer Neue-Deutsche-Welle-Party entdeckt. Das besagt zumindest die offizielle Geschichte. In Wahrheit kam der

Kontakt wohl durch Vermittlung ihrer Gesangslehrerin zustande. Ein Studioteam war auf der Suche nach der passenden Stimme für einen Dance-Song gewesen. Ganz sicher ging es beim Projekt Blümchen am Anfang nicht um den Aufbau einer nachhaltigen Personality-Karriere, eher um ein einmaliges Ding. Worauf schon der Umstand hindeutet, dass auf der ersten Version der »Herz an Herz«-CD-Single ein völlig anderes Mädchengesicht abgebildet war. Das Cover wurde eilig geändert, nachdem VIVA das Video mit der jungen Jasmin und ihren überdimensionalen Zöpfen in Großrotation geschickt hatte. Und damit die Laufbahn einer vielköpfigen, sehr gutmütigen 90er-Pop-Medusa startete, deren Blick keine Erstarrung auslöste, sondern eher so etwas wie Drive. Und Selbsterkenntnis. Wenn VIVA die ganze Schaumspitze der 90er-Jugendkultur war, konzentriert in einem TV-Programm, dann war Blümchen das gesamte VIVA in einer einzigen Person.

Gut zehn Jahre sollte es noch dauern, bis 2007 von Japan aus der erste virtuelle, nur als Computeranimation existierende Popstar Hatsune Miku online ging. Miku sah dem frühen Blümchen sogar entfernt ähnlich: ein dünnes, dem Kindchenschema treues Mädchen mit langen türkisfarbenen Zöpfen. Irgendwann gab es als Hologramm sogar eigene Konzerte, für die echte Menschen eine Halle besuchten. Ein Avatar für das Zeitalter, in dem die Projektions- und Identifikationsmöglichkeiten von Teenagern wirklich keine Grenzen mehr hatten. Höchstens noch WLAN-technische.

Man könnte sagen: Die Figur Blümchen hat einen sehr ähnlichen Job – auf wesentlich humanoidere Art – schon in den 90ern bestens besorgt. Mit ihrer Gesangs stimme, die durch Filter, Verfremdungen und Effekte oft schon eine artifizielle, transzendente Aura hatte, fast mit der ultra-elektrisierten Musik verschmolz. Mit ihren Fotos und Videos, aus denen die geballte Fantasie aller verfügbaren Bildbearbeitungsprogramme strahlte, von CorelDraw bis Photoshop. Und mit einer multiplen, jederzeit morphfähigen Identität, die nicht nur den diversen Mode- und Trendströmungen folgte, sondern auch fast allen Lebensphasen, die in den 90ern typisch waren für das pubertäre Aufwachsen in Westeuropa. In einem irren Tempo, das selbst die wandlungsfähigen Glam-Stars der 70er und die Madonna der 80er direkt in die Schnappatmung gestürzt hätte.

Direkt lesbisch, dirty, politisch rechts oder links war sie natürlich nie, abgesehen vom frühen »Fuck Chirac«. Und höheres Kunst- oder Erkenntnisinteresse stand auch nicht hinter den Absichten ihrer Produzenten. Aber manchmal ist ja sogar das von den niedersten Verkaufsabsichten getriebene Artefakt entschieden intelligenter als die, die es in die Welt gebracht hatten.

2000, als sie gerade den Abschied vom Blümchen-Pseudonym angekündigt hatte, konnte ich Jasmin Wagner für die schwäbische Lokalzeitung interviewen, für die ich schrieb. Ich fragte sie genau das: wie das denn gewesen sei, jeden Schritt ihres Teenagerlebens fast zeitgleich in einer VIVA-Videoinszenierung nachzuspielen. »Stimmt, im ersten Video war ich das niedliche Mädchen mit Zöpfen, die ich echt gut fand. Später kamen dann die ersten *Bravo*-Artikel, in denen meine Brust thematisiert wurde«, antwortete Jasmin Wagner. »Im Endeffekt ist der Erfolg gewachsen wie meine Körbchengröße.« So soll es gewesen sein.

2010 erzählte mir ein Hamburger Musikproduzent bei einer Tasse Kaffee, Jasmin Wagner habe auf keiner einzigen Blümchen-Studioaufnahme selbst gesungen. Ein Gerücht, das falsch oder wahr sein kann. Das Schönste daran: Es macht keinen Unterschied. Im Gegenteil. Wenn Blümchen wirklich auf keiner ihrer Platten gesungen hätte, wäre ihre Geschichte als virtuelle, multifunktionale Popkulturblume sogar noch ein bisschen perfekter.

Alles geht, nichts muss: Wie man sich seine Szeneidentität selbst basteln kann

Ich weiß noch, was wir damals immer sagten, als es in den 90ern an die ersten historischen Rückblicke auf die 80er ging. Wir sagten: »Die 80er waren das Jahrzehnt des ›anything goes‹.« Also: die Zeit, in der eine breite Auswahl an Lebensstilformen und Subkulturen, Lieblingssportarten und sexuellen Wärme- und Kältegraden, Haarsprays und Stiefelabsatzmodellen sichtbar wurde. In der viel Neues auch auf Kleinstadtpausenhöfen so weit tolerierbar erschien, dass es plötzlich als ernsthafte Option für die eigene Biografie zur Verfügung stand. Theoretisch für jeden. In der Praxis natürlich nur für die, die sich derart selbstständige Entscheidungen leisten konnten.

Es gab Mode. Es gab verschiedene Attitüden. Es gab eine Mobilität der Styles und Lifestyles, gesendet über vermeintlich kurze Drähte aus Brooklyn, London, Paris, Tokio. Es gab die Punks, die Ökos, die Breakdancer, die Gruftis. Es gab die Zecken, die Skater, die Rastas, die Popper und die Rocker. Manche waren sogar echte Feinde und Opponenten, wie Road Runner und Karl der Kojote im Cartoon, sehr aufregend. Es gab Schwule und Lesben, die nicht mehr nur als schwerstproblematische Jugendliche oder Sketchfiguren zu sehen waren, sondern als lustvolle Besitzer und Nutzer ihrer eigenen, coolen Zeichensysteme. Es gab Haargel. Es gab Sprühdosen. Es gab BMX-Räder. Es gab Jugendgangs wie die Kneipenterroristen, die Blue Brothers, Tigers und Mad Dogs aus Kiel, die 1991 im berühmten Dokumentarfilm »Youth Wars« gezeigt wurden.

Über die 90er sagten wir in den 90ern natürlich noch nichts, denn wir waren mittendrin. Doch man spürte es schon: Die Phasen hatten sich verschoben. Schon wieder. Das reine »anything goes« war vorbei. Wenn, dann waren die 90er die Dekade des »everything goes«. Alles ging, gleichzeitig.

»Grunge, Punk, Hip Hop, Rap, Rave und Reggae sind bereits heute nicht nur Musikrichtungen, sondern Lebensstile«, leitete die *Bravo* im Frühjahr 1994 einen doppelseitigen Trendreport ein. »Immer mehr Fans stylen sich total – das Outfit wird zur Botschaft und zum Erkennungszeichen.« Daneben ein Foto, auf dem sechs Teenager im Fotostudio als lustige Nach-Schulschluss-Clique posierten: die Grungerin Pizzy (15, Karohemd und Löcherjeans), der Punk Marcel (13, Ananasfrisur und schwarzer Müllhaldenpullover), der Reggae-Typ Tobias (13, Dreadlocks und Militärjacke), das Rave-Girl Micha (17, weiße Trägerhose und Red-Bull-Dose), der Rapper Wayne (17, Baseballkappe und Dr.-Dre-Pullover) und der Hip-Hopper Marc (17, Basketball und Ringelhemd), ein Typ, den man heute wohl eher schräg um die Ecke der Skater einordnen würde.

Kulturell einigermaßen verständige Eltern und Lehrer hatten spätestens jetzt gelernt, die Stammeszugehörigkeiten ihrer Kinder zu dulden. Auch untereinander schlugen die Vertreter der verschiedenen Tribes sich nicht mehr die Köpfe und Nasenscheidewände ein. Man war informiert. Man kannte die Codes, ohne sie studiert zu haben. Man musste nicht extra nach Manchester oder San Francisco ziehen, um das alles zu kapieren. Vor allem: Man konnte sich immer wieder neu und unter ganz unterschiedlichen Vorzeichen überlegen, was man sich aus der großen Auswahl nahm. Was einem passte, was man sein wollte. Fast so frei wie die Sängerin Blümchen in ihren Videos und Photoshop-Inkarnationen.

Man konnte einen solchen Trendbericht der *Bravo,* die neuesten Outfitvarianten eines Popstars oder eine Mayday-Reportage gern als direkte Aufforderung verstehen, als Appell. Als elaborierte Bastelanleitung für die eigene Identität, als Fingerzeig. Wenn du sein kannst, was du willst – dann sei es gefälligst auch, verdammt.

Susanne aus der Oberpfalz, die Freundin, die 1989 an der DDR-Grenze die Rübermacher begrüßt hatte, erzählte später immer wieder von ihrer vorübergehenden Rave-Phase. Von ihrer Hip-Hop-Zeit, ihren Britpop- und Indie-Jahren. Zeigte Fotos von ihrem Bruder, der sich für zwei wie im Flug vergangene Jahre seine schwarzen Haare im Sven-Väth-Modus neonblond färbte. Und dann wieder zurück. Falsche Nasenpiercings zum Anstecken wurden für ein paar Saisonschleifen beliebt. Weil man sie verlustfrei entfernen konnte, wenn sich der Wind der individuellen Mode wieder drehte.

Manche kamen später allen Ernstes noch in eine Schlager- oder 70er-Phase. Fielen in irgendeines der Revival-Schlaglöcher, die sich über Nacht auf den Innenstadtstraßen auftaten. Schauten 1995 den Hollywood-Highschool-Film »Clueless« mit der achtzehnjährigen Alicia Silverstone, der – angelehnt an die klassische Gesellschaftsprosa von Jane Austen – das Prinzip des viktorianischen Society-Matchmakings in die Multiidentitätengegenwart holte. Manche schlüpften am Wochenende in Kostüme, gingen als Pokémon-Monster oder Usagi Tsukino aus der Trickserie »Sailor Moon«. Manche wurden Hacker, Edel-Nerds, Cyberkids. Wieder andere, ganz andere, besorgten sich Bundeswehrstiefel und wurden Neonazis. Dass auch das für einige im allerersten Moment vor allem eine Trendentscheidung war, verharmlost ja nichts von dem, was dann passierte. Wir kommen noch dazu.

Es waren die letzten nicht völlig vernetzten Jahre der Weltkulturgeschichte, in denen man trotzdem, wenn man ansatzweise engagiert war, keine neue Strömung verpasste. Einerseits gab es noch ernst zu nehmende Trends, die länger als zehn Tage hielten. Andererseits bekam man ungefähr 35 Satellitensender rein, die fast in Echtzeit darüber berichteten.

Als Werbekampagne für MTV fotografierte der sagenhafte Hamburger Fotograf Daniel Josefsohn 1995 die Plakatreihe, die diesen schwirrenden Geist am besten abbildete, mitsamt seinen Augen, Haaren und Wangenknochen. Sie schauen einen an, auch heute noch, wenn man die ikonisch gewordenen Bilder des 2016 verstorbenen Künstlers Josefsohn in Bildbänden oder Ausstellungen sieht: multiple Charaktere, am schönsten Punkt ihrer Metamorphosen blitzlichtartig eingefangen. Frontal, groß, auf den Mauern der Städte und den ganzseitigen Printanzeigen. In einem leicht patinierten Sepia-Schwarz-Weiß, das der Reihe schon 1995, im Moment ihrer heißesten Aktualität, die Aura einer antiken Ahnengalerie gab. Das Personal, unter anderem: die junge schwarzhaarige Schöne, deutlich vom Wirbelsturm der letzten Nacht gezeichnet, mit hochgeknotetem Oberteil. Slogan: »Miststück«. Der Kerl, nackt im Pelz, geschoren, stilsicher: »Egoist«. Die knuffige Lebenstüchtige mit den Zöpfen und der Jeanslatzhose: »Nervensäge«. Der blondmähnige Süße, Trainingsjacke, Wicked-T-Shirt: »Traumtänzer«. Und so weiter. Selbst dann, wenn man gar nicht wirklich irgendwas Bestimmtes war – selbst dann gab es ein Wort dafür. Sind wir nicht alle ein bisschen alles Mögliche?

Oder so: »Während das Subjekt der klassischen Moderne noch glaubte, eine Versöhnung der unterschiedlichen lebensweltlichen Rationalitäten erwarten zu können, ist ihm in der Spätmoderne diese Hoffnung abhandengekommen.« Das schrieb 1999 der Münchener Sozialpsychologieprofessor Heiner Keupp. Es sollte heißen: Die Idee, wir alle könnten von Geburt an stabile, halbwegs organisierbare Charaktere sein, war spätestens seit Beginn des Informationszeitalters als lustige Illusion entlarvt. Keupp erklärte das im Standardwerk »Identitätskonstruktionen«: Bis zur Mitte des 19. Jahrhunderts waren Rolle und Persönlichkeit des Menschen gar kein Thema für Debatten, weil sie durch die Regeln von Mythen und Religion streng fixiert waren. Mit dem Anbruch der sogenannten Moderne änderte sich das.

Das Bröckeln der Ordnungen befreite den Einzelnen aber nicht nur dazu, mit Kreativität und Entscheidungsgewalt die eigene Rolle selbst zu bestimmen – es zwang ihn praktisch dazu, ob er wollte oder nicht. Die Konstruktion der eigenen Identität, ein oft schweißtreibender und verstörender Prozess, wurde seit Mitte der 70er-Jahre für die Menschen immer arbeitsintensiver und einsamer. »Patchwork-Identität« nannte Forscher Keupp die Modellbeschreibung. Dass er damit den Überbau für die hektisch und heftig oszillierenden Raver und Hip-Hopper, Miststücke, Egoisten und Traumtänzer geschaffen hatte, war ihm sicher nicht klar.

Was es natürlich auch bedeutet, wenn man all diese Lebenswürfe als vorübergehende Zustände relativiert: Man spricht ihnen die Verbindlichkeit ab. Man saugt ihnen den politischen Gehalt aus, von dem sie als Subkulturen in der Regel mal bis zum Platzen voll waren. Man hält sie für folgenlos, austauschbar. Im schlimmsten Fall: für irreführend.

»The Kids Are Not Alright« nannte 1992 der Journalist und akademisch fundierte Popanalytiker Diedrich Diederichsen den berühmt gewordenen Text, in dem er – in Anspielung auf die Teenagereuphorie der 60er und den The-Who-Song »The Kids Are Alright« – einen Abgesang auf die gute, progressiv umstürzlerische Kraft der Jugendkultur formulierte. Der Anlass: Bei den Ausländerhasspogromen in Rostock-Lichtenhagen im Sommer 1992 hatten die teilweise jungen Angreifer nicht nur leicht identifizierbare Neonaziinsignien getragen, sondern auch alte Erkennungszeichen linker Tribes. Band-T-Shirts und Kappen mit großem X-Emblem, Verweise auf den 1965 ermordeten afroamerikanischen Bürgerrechtler Malcolm X und den Kampf der Black Community gegen die Geschichtslosigkeit. Er könne in den Rotten vor den Asylbewerberheimen »einen repräsentativen

Querschnitt der bekannten jugendkulturellen Typen erkennen«, schrieb Diederichsen, »kurz all die, für und über die ich seit Jahren schreibe, in der mal mehr, mal weniger angezweifelten Vorstellung, sie seien entweder so etwas wie Subjekte korrekter politischer Kämpfe oder Symptome des jeweils neusten Stands der Dinge.« Der Dresscode allein, der irgendwann als klares, fast verschwörerisches Erkennungszeichen begründet wurde, war spätestens jetzt kein Indiz mehr dafür, dass sein Träger auf der richtigen Seite stand.

»Ich möchte Teil einer Jugendbewegung sein«, sang 1995 die junge Hamburger Rockband Tocotronic in einer fast mitleiderregenden Mischung aus Ironie und verzweifelter Sehnsucht. »Ich möcht' mich auf euch verlassen können.«

»Von Älteren abgetan als politische Weicheier, wissen die heute 18- bis 35-Jährigen genau, was richtig ist. Sie haben aber kein Problem, sich auch ganz anders zu verhalten«, erörterte im September 1997 Frank Schüre in der Wochenzeitung *Die Zeit*. »Sie sind voll engagiert und zugleich hundert Prozent politikverdrossen. Sie sind überall – und fühlen sich dort bestens aufgehoben.«

Alles ist denkbar, aber nichts muss sein. Das Einzige, was man sicher sagen kann: Die Jugend der 90er-Jahre war die bislang am häufigsten, tiefsten und penetrantesten zum Analyseobjekt erklärte Jugend aller Zeiten.

I'm a loser, baby, so why don't you kill me? Slacker und Millennials haben's nicht leicht

Andere, neue Szene. Frühjahr 1994, Houston, Texas. Das Mädchen Lelaina Pierce, 22, Scheidungskind der oberen Mittelklasse, hat gerade erfolgreich das College abgeschlossen. Das sicher geglaubte, mittelmotiviert angepackte Praktikum bei einem Fernsehsender geht allerdings sehr, sehr schief. Nun sucht sie einen Job.

Die Mutter will ihr kein Geld leihen. »Die Zeiten sind schlecht«, sagt Mama, eher moralisch argumentierend, nicht ökonomisch. »Du darfst nicht so hohe Ansprüche stellen.« Dass Lelaina seinerzeit zu Hause den Laden schmiss, als nach dem Weggang des Vaters in der Familie alles zusammenbrach, zählt nicht mehr.

Das Dilemma: Als bestens ausgebildete Collegeabsolventin will Lelaina natürlich einen entsprechenden Beruf haben. Sie bewirbt sich bei einer Videoproduktionsfirma, die sich aber als schmierige Bude entpuppt. Sie blitzt bei Radio- und Tageszeitungsredaktionen ab, weil sie keine Joberfahrung vorweisen kann. »Definieren Sie: Ironie!«, fordert die Chefredakteurin sie am Ende des Bewerbungsgesprächs höhnisch auf, kurz bevor sich vor der atemlos überforderten Lelaina die Tür schließt und der Personenaufzug sie – hoch symbolisch – im Schnellgang nach unten transportiert.

Als sie in ihrer Verzweiflung dann doch bei einem Hähnchenrestaurant vorspricht, dem letzten Stopp vor der Kapitulation, an dem es um den zeittypischen, sprichwörtlichen McJob geht, scheitert sie auch dort. Kulleräugig, an einem einfachen, lebenspraktischen Kopfrechentest. »Ich arbeite nicht ohne Grund schon sechs Monate hier!«, gibt ihr der schnurrbärtige Schichtleiter, die Finger tief im Bratfettschmodder, triumphierend mit auf den Heimweg.

Die albtraumhafte, symptomatische Episode stammt aus einem Kinofilm. »Reality Bites«, die Geschichte einer Vierer-WG, die auf ihrer Identitätssuche gelähmt vor den tausendundnull Optionen steht, trug im amerikanischen Original sogar schon den Meta-Untertitel »A Comedy About Love in the 90s« (die deutsche Fassung wurde grenzdämlich mit der Phrase »Voll das Leben« ergänzt). Im Jahr 1994 eine vorschnelle Ankündigung. Aber typisch für den neuen Selbstanalysewahn, für das heraufbrodelnde Generation-Irgendwas-Tamtam.

Für Ben Stiller, den 28-jährigen, vor allem TV-erfahrenen Comedy-Regisseur, war »Reality Bites« der erste Kinofilm überhaupt. Zum Glück bekam er für die Hauptrolle die Schauspielerin Winona Ryder, Herzensbrecherin und Gesicht der Stunde. Unter den Marken, die im konsumkritischen Ambiente des Films handlungstragend platziert wurden, sind BMW, Snickers, Diät-Coca-Cola, Pizza Hut, Evian, 7-Eleven sowie die Bekleidungskette GAP. Als strenge Zeitungsredakteurin, die die legendäre, existenzielle, fast existenzialistische Ironiefrage stellt, besetzte Stiller seine eigene Mutter Anne Meara.

Bei der Kritik galt »Reality Bites« 1994 als seichtes Lustspiel. Der Film zeige »unreif und oberflächlich agierende Kids, die einem kein einziges Argument dafür liefern, dass man sie besser kennenlernen sollte«, schrieb der Großkritiker Roger Ebert. Erst aus der Distanz erkennt man, wie treffend Regisseur Stiller den Ennui seiner Figuren einfing, ihre Selbstmitleidig-, Hasenfüßig-

und Schlumpfigkeit, das angemaßte Heroische. Sie und ihr zwanghaft anmutendes Dilemma, theoretisch zwar alle Möglichkeiten zu haben, aber trotzdem nichts Verbindliches zu finden. Stecken zu bleiben im eigenen, mitunter jämmerlichen Einsamer-Jäger-Klischee. Es gab einen Modebegriff für diese Heranwachsenden, die Figuren und potenziellen Zuschauer, in den USA, im Rest der Welt: Generation X.

Übrigens trifft Lelaina direkt nach ihrem Bewerbungsmarathon im Café auf ihren Mitbewohner Troy (Ethan Hawke, noch so ein Held der Zeit). Troy spielt im Charakterpanorama den zelebriert Unambitionierten, quasi die Rolle der Grungerin Pizzy aus dem *Bravo*-Trendreport, nur schicker: einen bekennenden Arbeitslosen, der sich an fremden Couchtischen durchfrisst, einen Schlafzimmerphilosophen. An der Cafétheke klappt Troy die Ausgabe von Heideggers »Sein und Zeit« zu, in der er zuvor offenbar gelesen hat (vielleicht auch nicht wirklich), will gehen. Ob es ihm peinlich sei, fragt Lelaina, dass sie kürzlich seinen Knutschversuch abgewehrt habe. Nein, erwidert Troy: »Deine gespielte Tapferkeit ist peinlich.«

Der Dialog, den zwei fiktive junge Amerikaner im Jahr 1994 in einem ebenso fiktiven Café in Houston, Texas führen, zeigt vor allem an, wie sogar die Generationen selbst begonnen hatten, Generationenforschung zu betreiben. Ein Kronjuwelenfach seit den 90er-Jahren: Neben der »Prozac Nation« (Elizabeth Wurtzel, 1994), der »Tugend der Orientierungslosigkeit« (Johannes Goebel und Christoph Clermont, 1997) oder der »Generation Golf« (Florian Illies, 2000) sind es vor allem zwei große Verallgemeinerungen, die den Befindlichkeitsdiskurs über die Zeit prägen. Generation X, wie schon genannt, und, jünger, die Millennials. Zwei benachbarte Schicksalsgemeinschaften, die sich in der Mitte des Jahrzehnts wie auf einer Aschenrennbahn gegenseitig den Stab übergaben. Den Stab, der darüber entschied, wer die beste Werbezielgruppe und zugleich die ärmste Sau der Welt sein würde.

»Einige Erfahrungen kamen wieder und wieder: die Unfähigkeit, Restaurants zu finden, die nach 11 Uhr morgens noch gutes Frühstück servierten; Kopfschmerzen vom Koffeinentzug, wenn zwischendurch mal eine innere Reinigung anstand«, schrieb 1992 der kanadische Schriftsteller Douglas Coupland. Nicht in seinem weltberühmten Roman »Generation X. Geschichten für eine immer schneller werdende Kultur«, sondern im Vorwort zu »Slacker«, dem Begleitbuch zu Richard Linklaters gleichnamigem, ebenso weltberühmtem und ausgesucht großartigem Episodenfilm über driftende Charaktere auf den Straßen der Studentenstadt Austin, Texas, Ufo-Freaks und akademische Freigeister, nette Faulpelze und eine Frau, die versucht, Passanten ein Schraubglas mit einem Originalvaginalabstrich von Madonna zu verkaufen. »Ein Gefühl der Distanz, die sich zwischen mir und dem Teil meines Freundeskreises auftat, der sich für die eher Eisenhower-hafte Version von Lebensrealität entschieden hatte«, zählte Coupland weiter die Erfahrungen auf. »Jedes erdenkliche Spezialwissen zum Thema Schlaf; die Unfähigkeit, Wochentage von Wochenenden zu unterscheiden.« Und so weiter.

Generell wird die Generation X in den Geburtsjahrgängen zwischen 1965 und 1980 angesiedelt, im ersten Knick nach dem Nachkriegsbabyboom. Weil die Scheidungsraten stiegen und auch immer mehr Mütter arbeiten gingen, bekam die Jugend beim Aufwachsen viel weniger elterliche Aufmerksamkeit als ihre Vorgängerkohorte. Sie erfuhr das langsame Verschwinden der Ordnungssysteme am eigenen Leib. Fand im eigenen Leben die Ideale nicht mehr wieder, die von den Happy Families in den 80er-Schulbüchern noch aufdringlich behauptet wurden.

So sagte man es damals: Die Generation X, das war der erste Schub Kinder, die einerseits in friedlichen Verhältnissen und andererseits in der deprimierenden Ahnung aufwuchsen, dass es ihnen später mal nicht besser, sondern schlechter gehen würde als ihren Eltern. Junge Leute in Pristina, dem Los-Angeles-Vorort Compton oder Kigali in Ruanda hätten die Dimensionen damals womöglich etwas anders angesetzt. Über so viel Melancholie, angeboren oder nicht, hätten sie herzlich gelacht. Vielleicht sogar schallend.

1993 brachte der Coca-Cola-Konzern in den USA sogar, wie zum zusätzlichen Hohn, ein eigenes Generation-X-Getränk auf den Markt: OK Soda, in grauen Dosen mit mies gelaunten Comicgesichtern und Sprüchen wie: »Welchen Sinn hat OK Soda? Welchen Sinn hat das alles hier überhaupt?« Das Produkt wurde passenderweise ein Misserfolg.

Im August 1998 stellten dann Eric Rice und David Grusky, zwei Soziologen der kalifornischen Stanford-Universität, ihre akademische Antwort auf die Frage vor. Sie hatten Daten des General Social Survey ausgewertet, einer seit den frühen 70ern regelmäßig stattfindenden amerikanischen Volksbefragung. Ergebnis ihrer Studie: Tatsächlich hatten die Mitglieder der Generation X, die damals zwischen 18 und 29 Jahre alten Teilnehmer, in den Interviews deutlich mehr Zynismus, Unzufriedenheit und Pessimismus gezeigt als die gleichen Altersgruppen früherer Jahrgänge. Junge und typische Probleme wie der Zerfall der Familien, wachsender Rassismus, schlechtere Berufsoptionen und Aidsgefahr hätten offensichtlich ihre Spuren hinterlassen, meinte Forscher Rice: »Signifikant viele junge Erwachsene können die alten Institutionen nicht mehr ernst nehmen, sehen pessimistisch in die Zukunft und sind insgesamt unzufrieden mit ihren Lebenssituationen.« Das Grunge-Klischee, wissenschaftlich belegt. Endlich.

Aber das war nicht alles, was die zwei Soziologen herausfanden. Als sie ihren Fokus noch einen Tick erweiterten, stießen sie auf ein ganz überraschendes Resultat: Es waren nicht nur die Twentysomethings der Zeit, die das traurige Bild abgaben. Auch Menschen weit über dreißig zeigten laut Umfrage zunehmend Null-Bock-Attitüde und Defätismus. Also doch weniger eine Generationenfrage, mehr ein übergreifendes Zeichen der Zeit.

Das Ende der Geschichte, das der Politologe Fukuyama festgestellt hatte, bedeutete in einem bizarren Umkehrschluss auch das Ende der alten, wohlig beschränkten Gemeinschaften. Die Erkenntnis war längst durchgesickert, von unten nach oben, von jung nach älter. Es gab plötzlich so viele Möglichkeiten. So viele, dass einem ganz schlecht und gruselig werden konnte.

Zumindest die typischen VIVA-Gucker waren für das alles zu jung, für die Depri-Spätschicht und den Heile-Welt-Phantomschmerz. Knapp am Geburtsjahr 1980 vorbei verlief die gestrichelte Trennungslinie: Die sogenannten Millennials, geboren zwischen 1980 und 2000, die letzten im 20. Jahrhundert zur Welt gekommenen Kinder, sind zwar enge Nachbarn der Generation X, fraßen teilweise von genau denselben Tellern – dennoch ist der sinnstiftende Gedanke bei ihnen ein völlig anderer.

Die Geburtsraten waren inzwischen wieder gestiegen, denn die Babyboomer kamen ins zeugungsfähige Alter. Sogenannte Helikoptereltern tendierten zur Überbetreuung ihrer Kleinen. MTV konnte man (zumindest in den USA) schon vom Wickeltisch aus sehen. Die mobile Kommunikation, die Computer, Flachbildschirme und Netzwerke entwickelten sich, während staunende Kinderaugen live dabei zuguckten. Und alles gleich lernten und ausprobierten.

Dass es eine Berliner Mauer und eine kaltkriegerische Atombombenangst gegeben hatte, erfuhren die meisten der Kleinen erst im Geschichtsunterricht (wenn der nicht wegen Lehrermangels ausfiel). Die Millennials, von vielen auch alphabetisch konsequent Generation Y genannt, gelten als optimistisch und kreativ, aber auch als tendenziell selbstverliebt, narzisstisch, wenig interessiert an dem Teil des Weltgeschehens, in dem es nicht direkt um sie geht. Die natürlichen Herausforderungen fehlten. Erwachsen zu werden schien immer mehr aus der Mode zu kommen, je weiter die Dekade voranschritt.

2015 erstellte das Magazin *Vanity Fair* einen praktischen Generationenführer für die Neuzeit. Eine Seite Tabelle reichte dafür aus: Als »lebensveränderndes Ereignis« wurde bei den Babyboomern der erste Joint angegeben, bei der Generation X die Anschläge vom 11. September (da wären viele schon über dreißig gewesen), bei den Millennials die Erfindung des Gratis-WLAN. Wofür sie am meisten Geld verjubeln: Zweitwohnung (Babyboomer), Superheldenfiguren auf eBay (Generation X), Nike-Turnschuhe in Limited Edition (Millennials). Und die größte, existenzbestimmende Frage? »Wo ist das Viagra?« (Babyboomer). »Was soll das alles?« (Generation X). Und: »Was ist eine Berufskarriere?« (Millennials).

Am Ende lief eben alles darauf hinaus, wie jeder Einzelne mit einer Realität klarkam, die sich immer komplexer ausziselierte. Wie er es schaffte, die ständig wachsende Zahl an Möglichkeiten hin und her zu jonglieren, die wie im Videospiel aufploppten. Wie er den Abschied von jahrhundertealten Gewissheiten feierte. Und wie er die Wirklichkeit zu einer durchgängigen Erzählung zurechtbiegen konnte, die selbst große Regisseure nur noch zu Episodenfilmen inspirierte.

So extrem fühlte sich für viele der Umbruch, so gewaltig die Menge der Ereignisse an, dass sich irgendwann sogar eine spezielle Protestgruppe bildete: die 90er-Kids, die sich zu jung und zu wenig zynisch für die Generation X fühlten, aber gleichzeitig zu alt und zu verbittert für die Millennials-Kohorte. Noch ohne digitale Kommunikation aufgewachsen, aber als frühe Twentysomethings unvorbereitet mit Internet und Mobiltelefon konfrontiert. Wo gehörten diese armen Seelen hin? Dan Woodman, Soziologe an der University of Melbourne, lieferte 2017 die Antwort: Sie sind, ganz einfach – die Xennials.

Der größte, cleverste Jungunternehmer der Neuzeit ist dafür ein eindeutiger Millennial. Mark Zuckerberg, 1984 im Bundesstaat New York geboren, Gründer und Vorstandsvorsitzender des Internetunternehmens Facebook, das im Frühjahr 2018 einen Börsenwert von über

400 Milliarden Dollar hatte. Sein wirtschaftlicher Eigensinn, seine Eitel- und gelegentliche Rücksichtslosigkeit werden oft als typische Generationsqualitäten ausgelegt. Als er 2012 den Kauf der Fotoplattform Instagram mehr oder weniger am Vorstand seines Megakonzerns vorbei arrangierte, sahen die Autoren des *Wall Street Journal* darin klare Indizien für einen neuen, insgesamt eher kindischen als patriarchalisch-herrischen Geist: »Fürsprecher sagen, solche eigensinnigen Manieren seien in der Onlinedienst- und Social-Network-Industrie eher ein Vorteil, weil der dortige Wettbewerb oft blitzschnelle Aktionen forderte.«

Millennials neigen zur Selbstausbeutung, stärker als die älteren Semester. Falls sie sich das Ideal nicht selbst zusammengereimt haben, mussten sie es in schmerzhaften Praktikumsjahren lernen. Und trotzdem stützt sich natürlich auch Mark Zuckerberg auf die Arbeit, die Verhandlungstalente und die Teamplayer-Qualitäten seiner Geschäftsführerin Sheryl Sandberg, Jahrgang 1969, eindeutig Generation X. 2007 holte er sie ins Unternehmen. Fünf Jahre später baldowerte sie mit ihm den Börsengang aus. Hätte er alleine sicher nicht geschafft, der kleine Internet-Peter-Pan.

»Als ich aufwuchs, hatte ich noch ständig dieses Gefühl, dass mein Erfolg nicht wirklich mir selbst gehörte«, sagte Sheryl Sandberg bei einer Rede, die sie 2011 bei der Semesterschlussfeier der freien New Yorker Frauenuni Barnard College hielt. Und appellierte im neuen, aus den Nullerjahren schlau gewordenen Geist an die Studentinnen: »An sich selbst zu glauben ist der wichtigste erste Schritt, um dem eigenen Potenzial auch nur nahezukommen.«

Hätte Winona Ryder diese prophetische Erkenntnis etwas genutzt, als sie sich in »Reality Bites« 1994 für all die miesen Jobs bewarb? Oder, anders gefragt, mit den Worten, die die Sängerin Alanis Morissette 1995 im Radio sang: Isn't it ironic?

»MEIN SOHN, EIN NEONAZI? ICH HÄTTE IHM EINE GESCHMIERT.«

Wutbürger treffen Skinheads, Hitler kommt in die Talkshow, und Pop wird böse: die rechtsextremen Katastrophen der 90er

Die meisten denken an Rostock-Lichtenhagen, Hoyerswerda, Mölln und Solingen, wenn es um die Druckwelle von ausländerfeindlichen Angriffen geht, die sich Anfang der 90er durch Deutschland schob. Wenige denken an Mannheim. Weil nur wenige mitgekriegt haben, dass da etwas war. Und selbst die haben es vielleicht schon fast vergessen.

Also, jetzt, genau deshalb: eine Geschichte aus Deutschland. Eine schreckliche Geschichte. Eine, die man etwas ausführlicher erzählen muss.

Mannheim-Schönau: Die Flüchtlingswelle erreicht einen badischen Stadtteil

Die Zeit: knapp nach der Jahrzehntwende. Der Ort: Mannheim, drittgrößte Stadt im wirtschaftlich starken Musterland Baden-Württemberg. Verkrampfte Berichterstatter nennen sie »die Quadratestadt«, weil die Mannheimer City in so schöne, gleichschenklige Blocks geteilt ist. Im nördlichen Vorort Schönau liegen die Dinge anders. Quadratisch ist hier nichts, das meiste eher kreuz und quer. Die rund 15 000 Menschen sind großteils Working Class. In den Wohntürmen im Norden des Bezirks steht der Anteil der Sozialhilfeempfänger bei rund 10 Prozent. Der Anfang der 90er ist für viele eine besonders schlechte Zeit. Umso stärker ist der fast dorfartige Community-Geist, der in den Straßen herrscht. Ein Bollwerk der Mentalität. Wehrhaft. Nur bedingt integrationsfähig.

Der Vorort gilt als rot. Sogar die ultrakommunistische KPD hat hier früher Erfolge gefeiert. Auch bei der baden-württembergischen Landtagswahl im April 1992 kriegt die SPD mehr als 48 Prozent der Stimmen. Der eigentliche Gewinner des Sonntags ist jedoch die ultrarechte Partei Die Republikaner. Ihr Wahlkampfslogan, unter anderem: »Deutschland zuerst«. In Schönau erreichen die REPs massive 17 Prozent, mehr als 6 Prozent über dem Landesdurchschnitt. Unscharfe Wählerverzweiflung, die sich in einem demokratisch unscharfen Protestergebnis ausdrückt. Internetkommentarspalten gibt es ja noch keine.

Das ist sicher nicht das Umfeld, das man Asylbewerbern, die sich aus Krisengebieten nach Deutschland gerettet haben, als Standort für ihr Übergangswohnheim wünscht. Allerdings kommen zu der Zeit immer mehr von ihnen über die Grenzen. Bürgerkriegsopfer aus Jugoslawien, politisch Verfolgte und wild Entschlossene aus Rumänien, Kurden aus der Türkei und dem Irak.

1970 haben die UN die Zahl der weltweit Flüchtigen auf 2,5 Millionen geschätzt. 1992 sind es schon über

18 Millionen. Allein in Deutschland gibt es 1992 über 400 000 Asylbewerber, das sind viermal so viele wie noch Ende der 80er. Die Zahlenexplosion hat auch bürokratische Hintergrunde: Viele Stadtbeamte, die die Budgets ihrer Kommunen schützen wollen, drängen die Ankömmlinge in Asylverfahren hinein, die diese eigentlich gar nicht wollen. Weil für Asylbewerber der Staat bezahlt, nicht die Städte. Entsprechend hoch ist später die Quote der Abgelehnten. Das wird schlechte Presse geben.

»233 000 Asylbewerber in den ersten 7 Monaten, wahrscheinlich eine halbe Million im ganzen Jahr. Kosten: 10 Milliarden Mark. Jetzt will auch die SPD das Asylrecht ändern«, schreibt die *Bild*-Zeitung am 24. August 1992. Es ist der dritte Punkt einer To-do-Liste, die die Redaktion für den Kanzler Helmut Kohl zusammenstellt, der nach dem stilprägenden Wolfgangsee-Sommerurlaub seinen ersten Arbeitstag hat. Aber die Flüchtlinge sind da, zweifellos. Traumatisierte, Vertriebene, Überlebende, Glücksritter. Und im Norden von Mannheim-Schönau ist noch Platz für sie. Im November 1991 gibt die US-Armee, die seit der West-Ost-Entspannung langsam die Truppen aus Deutschland abzieht, die Gendarmeriekaserne am Ende der Schönauer Lilienthalstraße auf. Eigentlich hatte die Stadt Mannheim versprochen, das Gebäude in eine soziale Begegnungsstätte, ein Aktionshaus für Jugendliche oder etwas ähnlich Gemeinnütziges zu verwandeln. Die Not macht alles anders. Ende der Vorgeschichte.

Januar 1992. In Schönau kommen die ersten Flüchtlinge an. Aus dem brutal umkämpften Jugoslawien, dem türkischen Kurdistan, Ghana, Albanien, weiteren Ländern. Sie sind gerädert und eingeschüchtert. Im April ist die Unterkunft, die in der besagten Kaserne eingerichtet wurde, mit mehr als 200 Personen belegt. Das sind jetzt schon zu viele. Bis zu acht Menschen bewohnen ein Zimmer, es gibt keine Gemeinschaftsräume, Kühlschränke, Telefone. Essen wird in Warmhaltetöpfen angeliefert, 100 Kilometer weit, aus Heilbronn. Die Flüchtlinge leben wie im Wartezimmer, und keiner kapiert, was das soll. Weder sie selbst noch die Schönauer. Unverständnis und Unverstand steigen. Wirre Wut.

Der einzige in der Unterkunft tätige Sozialarbeiter fragt an: Könnten die Gäste ab und zu die Sporthalle des örtlichen Jugendfreizeitheims mitbenutzen, um gegen die Ödnis anzuboxen? Die dortigen Betreuer lehnen ab. Die Afrikaner hätten ja bekanntlich Drogenkontakte, könnten den Jugendlichen Hasch verkaufen. Es wird von Ladendieben und Schwarzfahrern berichtet. Es gibt Beschwerden über den Lärm, den alleinstehende, männliche Ausländer beim Kicken auf dem Kasernengelände machen.

Den Stacheldrahtverhau der US Army haben die Landesverantwortlichen an der Kaserne gleich stehen gelassen. Die Botschaft ist wohl nicht direkt Absicht, aber selbst der dümmste Nachbar erkennt sie: Hier steht weiterhin ein fremdes, potenziell feindliches Lager.

RTL berichtet in den Regionalnachrichten über eine Schlägerei, die zur Mittagszeit in der Unterkunft stattfindet. Im Film sieht man, wie Schnitzel auf dem Fußboden liegen. Viele TV-Zuschauer fühlen sich provoziert, denn wer kann sich schon Schnitzel leisten? Dann passiert der schreckliche Vorfall. Ein sechzehnjähriges Mädchen wird in Schönau vergewaltigt. Später kommt heraus, dass der Täter ihr Boyfriend war, ein amerikanischer Soldat. Er und zeitweise das Mädchen selbst lenken den Verdacht jedoch auf einen der Flüchtlinge aus Ghana. Das passt für die schon sinnlos und bodenlos wütenden Weitererzähler so gut ins Bild, dass sie kaum nachfragen. Es war einer der Schnitzelesser aus der Kaserne.

In Schönau wird die Geschichte über den angeblichen Vergewaltiger immer weitererzählt – und so zum Steinchen, das die drohende Lawine endgültig auslöst. In der Woche vor Pfingsten, in der Nacht von Dienstag auf Mittwoch, kommen zum ersten Mal rund 150 Schönauer vor der Gendarmeriekaserne zusammen. Vor allem junge Männer, wie drinnen in der Unterkunft. Viele sicher auch alleinstehend. Sie grölen, drohen. Schleudern den Hass in Richtung der Kasernenfenster, den sie bisher nur bei Zimmerlautstärke vor sich hinfluchen konnten. Noch bleibt es dabei. Noch.

Aber selbst eine solche aggressive Schmähdemonstration wirkt damals wie ein Wahrnehmungsschock. Wer in den 70ern oder 80ern aufgewachsen ist, kannte diese Art von übergriffigem Ausländerhass im besten Fall nur aus Lektionen im Religionsunterricht und aus Filmen à la Fassbinders »Angst essen Seele auf«, in denen die Leute Ali hießen. Als Ausgrenzungsproblem im privaten Mikrokosmos, in dem oft schon das Auftreten eines latzhosigen Schlichters genügte, um die Dinge zu richten. Öffentliche Gefahr und Mordbrennerei vermutete man eher bei langhaarigen Bombenlegern, bei den RAF-Terroristen, die man gruselig-cool und hochgefährlich auf den berühmten Panini-Album-artigen Fahndungsplakaten in den Postämtern gesehen hatte und mit Namen kannte. Mit sieben fand ich den gesuchten Terroristen

Willy Peter Stoll irgendwie lustig, weil er genau so hieß wie meine Lieblingsfigur Willi aus der Lieblingstrickserie »Biene Maja«. Bis meine Mama mir erklärte, was Terrorismus ist. Ich schwöre, dass dies damals ihre Worte waren: »Terroristen sind Menschen, die anderen zeigen wollen, dass der Staat sie nicht schützen kann.«

Als sich das Anfang der 90er änderte, als man entsetzt ins Fernsehen starrte und die bei Nacht brennenden Häuser sah, gebrochen von den Schatten der davorstehenden Menschenmengen, da etablierten sich vor allem zwei Klischeereflexe. Nummer eins: Das Problem sei vor allem ein Problem der neuen, aus der zusammengefalteten DDR eingemeindeten Bundesländer. Klischee zwei: Die Täter seien in erster Linie weltanschaulich entschiedene, ohnehin verdorbene Neonazis und Skinheads, braun überbackener Mob. Nichts davon greift übrigens bei dem, was in Mannheim-Schönau passiert.

Laut Bericht des Verfassungsschutzes waren im Jahr 1990 noch 309 politisch motivierte rechte Gewalttaten in Deutschland verübt worden. 1991 waren es 1492. 1992: schon 2639. Fast neunmal so viele wie zwei Jahre vorher.

Gewalttätiger Rassismus war natürlich auch nach Ende des »Dritten Reiches« immer alltagspräsent geblieben. In allen Abstufungen, Härte- und Dummheitsgraden, mehr oder weniger verborgen, häufiger von rechts, auch von links. Unter anderem 1969 beim versuchten Anschlag auf das Jüdische Gemeindehaus in Berlin-Charlottenburg durch Dieter Kunzelmanns linksradikale Tupamaros Westberlin. In den frühen 80ern durch die Taten der rechten Deutschen Aktionsgruppen. Natürlich nicht nur in Deutschland, auch in Frankreich oder Großbritannien waren Banden und Skinheads unterwegs. In den USA löste die Nachricht über die rigorose, ungesühnte Polizeiaktion gegen den Afroamerikaner Rodney King 1992 in Los Angeles eine irre Gewalt- und Krawallwelle aus, aber das war natürlich eine andere Geschichte.

Die Zeichen, die deutsche Rundum- oder Teilzeitfaschisten in den 90ern aussendeten, hatten allerdings eine neue Qualität. Ihr massives, öffentlichkeitswirksames Auftreten, ihre Häme, Dominanz und Medienkompetenz, der ganze Lifestyleanspruch, den sie für sich einklagten – all das schien aus der Annahme herauszufließen, ihre verwirrte Weltanschauung könnte rund sechzig Jahre nach dem »Dritten Reich« wieder irgendeine repräsentative Funktion erfüllen. Und womöglich sogar eine bizarre, menschenhassende Form von Pop sein.

Andersrum galt das ganz ähnlich. Die Aufmerksamkeit, die der große Rest der Welt ihnen schenkte, war nie zuvor so hoch und so billig zu haben gewesen. Das Dilemma ergab sich daraus ganz logisch und scharf: Wie sollte man die Hetzer einerseits angemessen wahrnehmen – und sie gleichzeitig mit Verachtung strafen? Wie konnte man öffentlich mit ihnen streiten – und gleichzeitig vermeiden, ihre Botschaft damit nur zu vervielfältigen und tiefer ins Land zu tragen? Unlösbar. Wer rund 25 Jahre später mit der Partei Alternative für Deutschland, der Bürgerbewegung Pegida und vergleichbaren europäischen Neunationalen jonglieren und argumentieren muss, der erkennt die Probleme wieder. Manche kommunikativen Tabus waren schon 1990 gebrochen worden, praktisch für immer. Jede Grenze, die fallen kann, fällt irgendwann, und was öffentlich gesagt werden kann, wird irgendwann auch gesagt. Bekanntlich braucht man dazu gar keine Neonazis. Fette Stammtischfaschisten und mit Testosteron vollgeballerte Jungmänner reichen oft.

Viel wichtiger ist, wie und was man darauf antwortet. Besser, man ist vorbereitet. In den 90ern waren es die wenigsten. »Mein Sohn, ein Neonazi?«, wird die *Bild*-Zeitung im November 1992 eine Mutter zitieren, die hört, dass ihr Kind den Mordanschlag auf eine türkische Familie in Mölln mitbegangen hat. »Davon weiß ich nichts, ich hätte ihm eine geschmiert.«

Vom Kasernenmob bis zur Hetzjagd auf Nazis: Eine ganze Menge verschiedener Positionen

28. Mai 1992, Donnerstag. Christi Himmelfahrt, Vater- oder Herrentag, ein klassischer Saufanlass. Am Abend eskaliert im Käfertaler Wald, einem Freizeitgebiet, das Fest der Siedlergemeinschaft. Es gibt eine Schlägerei, die Leute werden heimgeschickt. Die Schönauer Kaserne liegt auf dem Weg. Gegen 19 Uhr haben sich dort schon knapp 150 Menschen angesammelt, die aus ganz unterschiedlichen Gründen aufgebracht sind. Diesmal ist es keine reine Drohgebärde mehr. An diesem Abend schnappt die Lage zum ersten Mal wirklich über.

Je dunkler es wird, desto größer wächst die Menge. Am Ende sind es zwischen 300 und 400 Menschen, Eltern mit Kindern, junge Leute. Manche schauen zu, wie Gaffer, die im Ring um eine Schlägerei stehen und mal reinschnuppern. Es sind Anwohner dabei, die selbst aus fremden Ländern kommen, türkische und griechische

Schönauer – die, die im Ort ohnehin einen schweren Stand haben, formieren sich gegen die noch Schwächeren. Hüpfen in Gruppen auf und ab, brüllen und skandieren gegen die Schmarotzer in der Festung. Werfen Scheiben kaputt, zünden Böller.

»Die Straßen gehören uns!«, geifert wie im Fieberhass ein vielleicht Siebzehnjähriger mit badischem Akzent und lustig gestreiftem T-Shirt ins Mikro eines Fernsehreporters. »Die sterben alle! Und wenn die Bullen mit draufgehen!« Die Polizei ist von Anfang an da, drängt die Krawallanten zurück, verhindert den Sturm aufs Gebäude. Übertönt die Schlachtgesänge mit Megafonansagen, schleift Menschen weg. Bierflaschen fliegen, ein Polizist wird verletzt, ein paar besonders Aggressive werden festgenommen, vorübergehend. Einigen scheint an diesem Punkt der Geschichte überhaupt nicht klar zu sein, welches Zeichen sie hier setzen. Viele denken, sie demonstrieren einfach für ihre Selbstbestimmung. Reißen damit ein Loch immer größer und größer, durch das Gift in die Gesellschaft spritzt. Man kriegt es nicht mehr zu.

Am Tag darauf schreibt der Mannheimer SPD-Oberbürgermeister Gerhard Widder einen offenen Brief, der als Postwurfsendung in alle Kästen geht. »Lassen Sie sich keinesfalls zu unüberlegten Handlungen provozieren oder gar mitreißen«, empfiehlt er freundlich. Vielleicht soll es geschickte Deeskalation sein. Man könnte es auch so lesen, dass der Bürgermeister für die Ausfälle Verständnis hat.

Als etwas überraschender Gast auf einem CDU-Parteitag hatte SPD-Mann Widder schon im Januar 1992 dafür geworben, das im Grundgesetz verankerte Asylrecht zu revidieren, einzuschränken. Im Brief an die Bürger kündigt er an, die Stadt werde ab sofort verstärkt Familien mit Kindern in die Unterkunft holen, weniger alleinreisende Männer. Die Straßenmenge kann sich schon mal beglückwünschen. Offenbar hat sie etwas ausgerichtet.

Und am Freitag geht es weiter. Eine Belagerung, polizeilich überwacht, mitten in der Stadt. Natürlich sind die Kasernentore zu. Parolen wie »Totschlagen, das Pack!«, »Die Drecksäcke gehören aufgehängt!« oder »Macht sie nieder!« werden gerufen, natürlich nicht von allen der 200. Nachts um drei fliegen zwei Molotowcocktails über den Zaun. Sie landen im Gras, machen nichts kaputt. Ansonsten hält die Polizei die Leute in Schach. Lässt sie ungehindert ihre Meinung sagen. Schützt sie anscheinend vor sich selbst.

Am Samstag müssen die Polizisten dann zum ersten Mal auch eine größere Gegendemonstration im Auge behalten. Das »Mannheimer Aktionsbündnis gegen Rassismus« hat rund 150 Menschen aktiviert. Nun entzündet sich die Situation auch direkt zwischen Bürgern und Bürgern. In den vernetzten Szenen, links und rechts, erscheint Schönau plötzlich auf dem Radar der Schlachtenbummlerziele, zu denen man anreisen kann.

Nur die Flüchtlinge aus Jugoslawien, der Türkei oder Afrika sagen nichts dazu. Sie sitzen eingesperrt hinter Stacheldraht. Sie können nicht raus. Wenn sie etwas einkaufen müssen, nehmen sie Baseballschläger mit und beeilen sich. Sie können keine Kommentare abgeben.

Die linke Seite der Gegenprotestler ist sich derweil uneinig in einer wichtigen Einzelheit: Wer sind hier eigentlich die Bösen? Die eine Fraktion sagt sinngemäß: Man kann den aggressiven Bürgern ihre Wut nicht ernsthaft vorwerfen – die wahre Schuld an den Frustzuständen in Schönau trägt die spätkapitalistische, antisoziale Politik. »Es bieten sich viele Ziele an: Makler, Chefs, Politiker, Banken, Bullen etc.«, schlägt eine klassenkämpferische Gruppe auf ihrem Demo-Flyer vor. »Es ist nachvollziehbar, wenn es zu Problemen zwischen den Flüchtlingen und der Bevölkerung kommt. Aber das entschuldigt gar nichts!«

Der andere Teil der Gruppe findet dagegen den faschistoiden Impuls entscheidend: Die angeblichen Mannheimer Volksrebellen würden vor allem ihre Übermacht zementieren, sich wie Herrenmenschen aufführen – und werden daran von Politik, Polizei und Öffentlichkeit nicht wirklich gehindert. »Es muss deutlich werden, dass Rassismus nicht mehr ohne persönliche Risiken ausgelebt werden kann!«, steht am Schluss eines Aktionsflugblatts aus dem Kreis Frankfurter Antirassisten als Drohung. Titel des Flugblatts: »Aufruf zur Vertreibung des deutschen Mobs aus den Straßen von Schönau«.

»Hetzjagd auf Nazis« nennt die Berliner Techno-Krawallband Atari Teenage Riot damals ein Stück, das beim Rave-Publikum super ankommt. Am Anfang des Tracks hört man einen Nachrichtensprechersatz, aus einem obskurem Hörspiel gesampelt: »Der neunte Schuss ging sauber durch die Stirn.«

Das vorläufige, ekstatisch-bizarre Ende der Geschichte naht. Freitag vor Pfingsten, 5. Juni 1992. Nach einer gesamten Woche der Eskalation, der Straßensperren und Versammlungsverbote, der Festnahmen und Prügeleien zwischen Fremdenfeinden und -freunden, der Vor-Ort-Besuche durch rheinhessische Autonome sowie durch

Günter Deckert, den Bundesvorsitzenden der rechtsradikalen NPD – nach all den Ereignissen verbietet Bürgermeister Widder die für Samstag angemeldete Antirassistendemonstration in Schönau. Grund: zu gefährlich für die Öffentlichkeit.

Pfingstsamstag, 6. Juni, Innenstadt Mannheim, die Quadrate. Es gibt rauchende, kreischende Jagdszenen. Nicht zwischen Flüchtlingen und Rassisten. Nicht zwischen den gegnerischen Gegnern untereinander. Nein. Jetzt kracht es zwischen Linken und Polizei, und zwar richtig. Nachdem die Antifa-Kundgebung in Schönau verboten wurde, haben die Organisatoren sie kurzfristig ins große Mannheim verlegt. Auf den Paradeplatz, in die Mitte zwischen Sparkasse Rhein Neckar Nord, C&A, Galeria Kaufhof, Hauptpostamt und Stadthaus. Es ist verkaufsoffener Samstag, die Straßen sind belebt.

Gegen 18:30 Uhr: Knapp 300 Pro-Asyl-Demonstranten haben sich mit Transparenten auf dem Platz versammelt. Viele sind mit dem Zug angereist. Es ist mehr eine Art Mahnwache. Nichts geschieht.

19:15 Uhr: Die Polizei hat die Gruppe mit Mannschaftswagen, Hunde- und Reiterstaffeln zugeparkt. Eine Durchsage: Diese Demonstration ist illegal. Alle sollen heimgehen. Fünf Minuten Frist.

Fünf Minuten. Vier. Drei, zwei, eins. Um 19:20 stürmt die Polizei den Platz.

Natürlich unterscheiden und überschneiden sich die Berichte über die Schlacht von Mannheim, aber ein verwackeltes Bild entsteht trotzdem. Die Knüppel kommen raus, auf beiden Seiten. Leute werden geschnappt, von Hunden gebissen, weggezogen. Eine Hälfte flieht in die belebte Fußgängerzone. Späthippies, Autonome, engagierte Bürger in Outdoorjacken. Polizei hinterher. Cafégestühle kippen um, Passanten brüllen. Auf einmal sind alle betroffen von der Flüchtlingssache.

»In den Hauseingängen der Seitenstraßen schlugen Polizisten vor laufenden Fernsehkameras auf bereits am Boden liegende Frauen ein, die sich nicht wehrten«, schreibt am Dienstag die *Frankfurter Rundschau*. Ein Lkw wird kontrolliert. Fünfzehn Demonstranten mit Schlagstöcken springen ab, greifen die Polizisten an. Eine andere Splittergruppe flieht ins Jugendzentrum in der Käthe-Kollwitz-Straße. Die Polizei kommt mit dem Rammbock. Es gibt insgesamt 138 vorübergehende Festnahmen. Zu den Verletzten ist keine seriöse Zahl dokumentiert.

»Das ist absurd!«, sagt zu dieser Zeit der Mannheimer Kommissar Holger Ohm. »Wir Polizeibeamten schützen die Asylbewerber vor Übergriffen. Dann kommen Leute, die dasselbe zu wollen vorgeben, und werden gewalttätig – gegen uns!« Der frühere Mannheimer Grünen-Stadtrat Günter Urbanczyk stellt nach der Innenstadtjagd ein paar Strafanzeigen. Vorwurf: Körperverletzung im Amt, Freiheitsberaubung. Beschuldigte: Polizeidirektor Rudolf Gentrup, diverse Einsatzbeamte. Und: Oberbürgermeister Widder.

Am Ende wird niemand verurteilt, gar niemand. Es gibt noch eine Demo für die Flüchtlinge in Mannheim, eine Woche nach der ersten, mit 2500 Teilnehmern. Es gibt noch ein paar kleinere Aufmärsche der Flüchtlingsgegner vor der Kaserne. Zur Schlussbilanz der Schönauer Hasstage gehören immerhin 150 Verfahren gegen linke Demonstranten. Alle werden eingestellt. Die Teilnehmer der Hetzversammlungen vor der Unterkunft kommen noch zeitsparender davon. Gegen keinen von ihnen wird ermittelt.

»Es war nicht die Absicht, betrunkene, aber nicht kriminelle Bürger mit Strafverfahren zu überziehen«, erklärt der Polizeisprecher Volker Dressler dazu, nicht mal ihre Daten habe man aufbewahrt. Der Kulturwissenschaftler Matthias Möller kommt in seiner Studie 2004 unter anderem zum Ergebnis, dass »ein Zusammenspiel von Polizei, Stadtverwaltung und lokaler Zeitung bemüht war, die Ereignisse als unpolitisches und überbewertetes Ereignis darzustellen«.

Mannheim-Schönau machte keine größeren bundesweiten Schlagzeilen, vermutlich, weil es keine Toten gab. Trotzdem zeigen die Ereignisse wie im Lehrstück alle Flecken, aus denen in dieser Zeit die überbordende Gewalt herauskochte. Die üblen Rahmenbedingungen. Den Neid. Das mangelnde Verständnis zwischen den sich gegenüberstehenden Lagern. Der Streit, der auch innerhalb der Fraktionen stürmte. Die Autoritäten, die alle in Schutz nehmen wollten. Die viel zu unklaren Zeichen, die nach den Katastrophen gesetzt wurden.

Die Flüchtlinge in der Gendarmeriekaserne bekamen infolge der üblen Ereignisse auch Zuwendung, echte und symbolische, hilflose und engagierte. Schönauer brachten Kleidung und Spielzeug, ein integrativer Arbeitskreis formierte sich für einige Zeit. Zwei zusätzliche Betreuungsstellen wurden bewilligt. Der allergrößte Teil der Menschen aus der Unterkunft war zwei Monate nach Ende des Aufruhrs eh nicht mehr da. Abgeschoben oder verlegt.

Ein knappes Jahr nach Beginn der Schönau-Geschichte, am 26. Mai 1993, beschloss der Deutsche Bundestag dann die lange diskutierte, hin- und hergeworfene Änderung des Grundrechts auf Asyl. Neben Union und FDP stimmte auch die oppositionelle SPD zu, sicherte die Zweidrittelmehrheit, die zur Grundgesetzänderung nötig war. Neu: Wer über einen sogenannten sicheren Drittstaat nach Deutschland einreist, für den gilt in Zukunft das Asylrecht nicht mehr. Alle Länder, die um die Bundesrepublik herum liegen, gelten als sichere Drittstaaten.

Die Zahl der rechtsextremen Gewalttaten in Deutschland pendelte sich in der zweiten Hälfte der 90er dann auf 700 bis 800 pro Jahr ein. Einen neuen Höchststand erreichte sie erst wieder 2015. Mehr als 1400, zu einer Zeit, als längst von einer neuen Flüchtlingskrise die Rede war.

Im März 2016 verlor die Mannheim-Schönauer SPD bei der Landtagswahl doch noch ihre historisch eingemeißelte Mehrheit. Die ultrarechtskonservative Partei Alternative für Deutschland holte im Wahlkreis Schönau eines der insgesamt zwei Direktmandate, die sie in Baden-Württemberg gewinnen konnte. Mit 34 Prozent aller abgegebenen Stimmen. Die Gendarmeriekaserne gab es da längst nicht mehr. An ihrer Stelle steht mittlerweile ein großer Lidl-Supermarkt. Ein komisches Mahnmal.

»An der Nordseeküste, am arischen Strand«: Wie rechts kann Pop werden?

Was haben all die angeblich so unbeteiligten, im Kern friedlichen Jugendlichen von 1992 später gemacht, in West und Ost? Die jungen Leute, die sich in Mannheim und an anderen Orten – laut offizieller Sicht nur betrunken, also nicht kriminell – von falschen Gerüchten zu kindischen Dummheiten anstacheln ließen? Anfang der 90er lag ja immerhin noch fast ein ganzes, langes, eventuell ödes Jahrzehnt vor ihnen.

Vielleicht studierten sie Jura, wurden Anwälte, gründeten Firmen. Einige machten Urlaub in La Gomera, entdeckten Yoga und Trance-Techno, fingen ein neues Leben an. Kann sein, dass sie in den Klein- oder Mittelgroßstädten blieben, die Familienbetriebe übernahmen und ihre Eltern pflegten, Hass anhäuften und halt alle paar Jahre zur Wahl gingen. Noch andere loggten sich im Internet ins Thule-Netz ein, das frühe rechtsextreme Mailbox-Nachrichtensystem. Kauften sich Lonsdale-Boxerklamotten, zogen sich die Jacke so drüber, dass sich der Brustschriftzug wie NSDAP las. Und waren begeistert, als der Schriftsteller Martin Walser im Oktober 1998 stehende Ovationen für seine Paulskirchenrede bekam, in der er sagte: »Auschwitz eignet sich nicht dafür, Drohroutine zu werden, jederzeit einsetzbares Einschüchterungsmittel oder Moralkeule oder auch nur Pflichtübung.« Wo auch immer es diese Jugendlichen hin verschlug, womöglich bekamen sie dort im weiteren Verlauf des Jahrzehnts irgendwann auch diese Musik-CD in die Finger. Und vielleicht fanden sie sie gut.

Die CD, um die es geht: ein offensichtliches Do-it-yourself-Ding, punkige Anmutung. Auf dem Cover ein Foto aus dem Januar 1943, eine Szene vom deutschen Russlandfeldzug, die Hinrichtung sowjetischer Partisanen. Für die CD-Hülle waren die Köpfe von drei am Strang baumelnden Russen mit prominenten Gesichtern überklebt worden, aus Zeitschriften ausgeschnitten: Farin Urlaub, Mitglied der Band Die Ärzte, die 1993 mit »Schrei nach Liebe« ein heute geflügeltes Spottlied über Neonazis gemacht hatten. Campino, Sänger der Toten Hosen, die schon Ende 1992 mit dem Song »Sascha ... ein aufrechter Deutscher« Ähnliches versucht hatten. Und, als Dritter, VIVA-Moderator Mola Adebisi. Der die rechte Szene allerhöchstens dadurch provoziert haben konnte, dass er von Geburt an dunkle Haut hat.

Die Gruppe nennt sich Die Zillertaler Türkenjäger, das in der zweiten 90er-Hälfte viel beachtete Album heißt »12 doitsche Stimmungshits«, eine Sammlung von umgetexteten Versionen bekannter Schlager. Hergestellt von der rechtsradikalen dänischen Plattenfirma NS 88, dann vermutlich in diversen Kofferräumen nach Deutschland geschmuggelt. Ein Song darauf richtet sich direkt an den abgebildeten Adebisi: »Er ist ein Mohr (Käpt'n Mola)«. Zum Orchesterplayback von Wencke Myhres 1969er-Fußballspielerfrauen-Hit »Er steht im Tor« singen zwei Jungmänner den naheliegenden Schmährefrain »Er ist ein Mohr, ein Mohr, ein Mohr, und muss verschwinden«, und sie kommen gleich noch den vernünftigen Einwänden zuvor: »Mag er hier geboren sein, bleibt er doch ein Negerlein.« Erstaunlich, wie die zwei Schiefsänger dem VIVA-Moderator neben seiner Hautfarbe ernsthaft mangelnde Fähigkeiten vorwerfen (»So was wie Talent und Können, nein, das hat er nicht.«). Logisch wiederum, dass sie – zum Bums des Mitklatschschlagers – auch noch gegen zweifellos deutschstämmige, aber multikulturell verdächtige Hip-Hop-Fans austeilen: »Nimm White Nigger Bokelberg gleich mit!«

Außer der Identität der Macher, die bis heute nicht geklärt ist, wird nichts versteckt auf dieser CD: aggressivster Ausländerhass (»An der Nordseeküste, am arischen Strand«), simples Lob aufs »Dritte Reich« (»SS, SA, Germania, Front Heil!« zur Melodie von »Frankreich, Frankreich« von der Karnevalsgruppe Bläck Fööss), Schwulenhetze (»Eiermann«). Ein Stück greift namentlich Stephan Weidner an, eines der Gründungsmitglieder der Rockband Böhse Onkelz, einer früheren rechten Skinheadband aus Frankfurt, die in der Zwischenzeit öffentlich vom Glauben abgefallen war. In einer Version von Klaus Lages »1000 und 1 Nacht (Zoom!)« wird Weidner als homosexueller Kinderpornofan geschildert, der den entsetzten Protagonisten am Ende nur deshalb nicht vergewaltigt, weil er zusätzlich auch noch impotent ist. Manchmal annullieren sich gehässige Schmähungen auf ganz merkwürdige Art gegenseitig.

CDs mit Nazimusik waren in den 90ern das, was in den 80ern die VHS-Videokassetten mit blutfleischigen Horrorfilmen gewesen waren: die offizielle Jugendgefahr der Stunde, die in den TV-Nachrichten mit oft voyeuristischer Empörung angeprangert wurde und daher umso begehrter war. Natürlich wurde das Zillertaler-Produkt 1997 schnell polizeilich beschlagnahmt und verboten. Natürlich verbreitete es sich zu einer Zeit, in der das Internet zwar noch quälend langsam, aber die CD-Brenner schon relativ fix liefen, trotzdem immer weiter.

Das wahrhaft Perfide an der Platte liegt in einem anderen Punkt. Sie ist nämlich nicht nur ein Indiz dafür, wie selbstbewusst sich die Vertreter der Neonaziparallelwelt Mitte der 90er um den direkten Anschluss an die allgemeingültige Popkultur bemühten, mit welcher Bedeutungsgier sie aus ihrer stinkigen Nische heraustraten.

Viel mehr wirken die Texte, die ganzen Signalwörter und die plakativ gegrölte Darbietung so, als hätten die Macher hier mit voller Absicht alle gängigen Ultrarechtsklischees angewandt, verwurstet, verstärkt. Als hätten sie – auf einer Art von Metaebene – extra eine Platte gemacht, die genau so klingt, wie sich ein Staatsanwalt 1997 die Musik dummdeutscher Neonazis vorstellte.

Und das war schlau. So wie sich Ärzte und Tote Hosen über die Neonazis lustig gemacht hatten, veräppelten die nun, schwitzig lachend, sich selbst. Als wäre nicht alles schon übel genug: Jetzt war nicht mal mehr Ironie ein Privileg der guten Seite.

Das 90er-Symbolbild des Rechtsnationalisten wurde zunächst ja aus einer ganz anderen Ecke heraus besetzt. Ein arbeitsloser Bauarbeiter namens Harald Ewert, damals 38, schnauzbärtig, hatte im August 1992 als Claqueur die Brandanschläge in Rostock beobachtet. War vor dem belagerten Asylbewerberheim vom Pressefotografen Martin Langer äußerst unvorteilhaft eingefangen worden: im Deutschlandtrikot, mit nackten Füßen in Sandalen, Jogginghose und einem verräterisch aussehenden Inselfleck in der Schrittgegend, den rechten Arm zum Hitlergruß erhoben. Ewert beteuerte später immer wieder, es habe sich beim Fleck um verschüttetes Bier, nicht um Urin gehandelt. Offenbar sein größtes Problem mit dem ganzen Arrangement. Ewert starb 2006, das berühmte Foto blieb aufs Ekligste im kollektiven Gedächtnis hängen, als Sinnbild für dumpfes, sauerkrautsaures Deutschtum. Also genau für das Gegenteil von dem, was sich die lokalen Anführer von rechten Zirkeln und Bruderschaften wünschten, um neue, junge Mitglieder zu begeistern.

Der Drall hin zur Jugendkultur, zur Lifestylewelt im weitesten Sinn und zur Öffnung in andere Szenen hinein begann in den braunen Communities schon in den 80ern. So pervers es klingt: Die rechten Skinheads brachten damals frischen Wind in die deutsche Ultrarechtscommunity. Die Manieren und Outfits der britischen Vorbilder sickerten immer stärker ein, impften den zuvor als Negermusik verpönten Rock 'n' Roll in den Kosmos der hemdtragenden Volkslied-, Marschmusik- und »Mein Kampf«-Gruppen. Freilich entstanden so auch fließende Sumpflandübergänge zwischen feurigem Neonazismus und der Welt der weniger politisierten, mehr an Bier und Metallmuskelspielen interessierten Glatzköpfe. Spätestens in den 90ern wurde immer deutlicher, dass auch das Verweigern einer klaren politischen Positionierung oft eine klare Position sein kann.

»Es soll keinen mehr interessieren, zu welcher Szene man gehört, sondern was er für uns, unsere Art und unsere Heimat tut«, schrieb ein Autor der Neonazizeitschrift *Der Ruf nach Freiheit* im April 2001. Die internen Debatten stoppte er damit natürlich nicht: Black-Metal- und Dunkel-Folk-Fans hatten sich an die Zirkel angenähert, plötzlich gab es gepiercte und dekorativ tätowierte Hitler- und Walhalla-Freunde. Manche Kreise, die sich später in Gruppen wie den Autonomen Nationalisten oder der Berliner Kameradschaft Tor auskristallisierten, zitierten bei Demos den gängigen Freizeitpop aus den Frühstücksradios. Das braune Musikmagazin *Rock Nord* menetekelte sogar über eine feindliche Übernahme des ultimativen Black-Power-Genres: »Hip-Hop wird schneller weiß, als man denkt.« Woraus dann aber doch nichts wurde.

Alte Kader schäumten vorsorglich. Strategen zerbrachen sich die rigide gescheitelten Köpfe, wie man Reinheit und arische Kulturbegriffe predigen konnte, während sich draußen in der Welt die neuen Lebensoptionen täglich überschlugen. Dabei ging es den Nazinachwüchslern nicht etwa darum, die tradierten rechten Positionen zu verwässern. Sie wollten »einfach mehrere Identitäten ausleben«, wie 2005 im Rückblick ein ungenannter Autor im *Antifaschistischen Infoblatt* analysierte: »Zum einen die Identität als Neonazi und zum anderen die Identität als urban geprägter Jugendlicher im Zeitalter von Markenfetischismus und MTV. Zwischen diesen Identitäten wird je nach Alltagssituation und momentaner Lebensweise hin- und hergewechselt, auch wenn sie zueinander offen im Widerspruch stehen.«

Die Gesellschaft der vielen Möglichkeiten, nicht nur drüben bei VIVA und den lustigen Millennials. Bei Naziaufmärschen konnte man plötzlich auch Palästinensertücher und Che-Guevara-T-Shirts tragen, linke Insignien. Warum? Weil es möglich war. Es wurde kompliziert, richtig kompliziert. In alle Richtungen.

Politisch schwer unkorrekt: Warum es immer komplizierter wurde, mit Rechten übers Rechtssein zu sprechen

Je komplexer sich die Diskussionen verzweigten, desto gröber schienen bei vielen die Wahrnehmungsraster zu werden. Wer rechte Hetzer auch nur andeutungsweise in Schutz nahm, wer behauptete, man könne durchaus auch in Deutschland stolz auf seine Herkunft sein, wenn man dafür die richtigen Gründe habe – der wurde oft selbst sehr eilig als Nazi bezeichnet. Seit den 60ern hatten Friedensaktivisten, wursthaarige Demonstranten oder marxistisch angehauchte Lehrer sich allzu häufig gegen Terrorismus- und Verschwörungsvorwürfe verteidigen müssen. Entsprechend niedrig war auch bei ihnen die Toleranz. Die Frage nach dem richtigen Leben wurde oft genug zum Streit um die richtigen Begriffe. Zum Kampf um die Macht der Sprache.

Auf der rechten Gegenseite begann dafür die verbale Entschuldigungs- und Verschleierungskultur umso irrer zu blühen. Die bis in die Gegenwart notorische Relativierungssatzkonstruktion »Ich bin zwar kein Nazi, aber …« hat ihre Wurzeln in den deutschen Fußgängerzoneninterviews der frühen 90er: »Ich bin zwar kein Nazi, aber man muss mal was gegen die Überfremdung tun«, »Ich bin zwar kein Nazi, aber es kann nicht sein, dass im Osten die Leute arbeitslos werden und die Flüchtlinge alles in den Hintern geschoben kriegen« und so weiter.

Die Mitglieder der Böhsen Onkelz saßen 1992 fast wöchentlich in irgendwelchen Talkshows und mussten immer wieder ihr Sprüchlein aufsagen, sie hätten sich längst von ihren national-aggressiven Ursprüngen entfernt – woraufhin ein Moderator dann standardmäßig zurückfragte, warum sie dann nicht ihren Gruppennamen geändert hätten und ob sie auf einem Antinazifestival spielen würden. Als ich 1998 als Lokalzeitungsreporter ein Ska-Konzert besuchte und dort Interviews mit dem Skinheadpublikum führen wollte, verweigerten alle, die ich ansprach, jegliche Aussage. Sie meinten, ich solle das Buch »Skinhead« von Nick Knight lesen. Da stehe alles drin.

Echte, textsichere Neonazis waren in der Regel mitteilsamer. »Die Nazi-Kids: Was Kinder in den Terror treibt« schrieb *Der Spiegel* im Dezember auf sein Titelblatt, das die Karikatur eines jungen Glatzkopfs mit hölzernem Hakenkreuz vor der Stirn zeigte. Im Heft kam unter anderem ein Siebzehnjähriger aus Dresden-Radebeul zu Wort, Deckname Franz, der zu einer Ortsgruppe der überregionalen Neonaziorganisation Nationale Offensive gehörte. »Die Jungen Pioniere wie auch die Hitlerjugend haben es geschafft, die heranwachsenden Jugendlichen von der Straße wegzubekommen«, lobte Franz die überwundenen Totalitärstaaten DDR und »Drittes Reich«. Und sparte nicht mit Kritik am real existierenden Spätkapitalismus: »Jeder ist bestrebt, sich Geld und damit dicke Autos, Designerklamotten oder teure Wohnungen zu beschaffen. Das kann nicht so weitergehen und nicht der Sinn des Lebens sein. Kameradschaft und Zusammengehörigkeit sind uns dagegen wichtiger.«

Eine Vision. Es war auch dieses vage Versprechen, das so gut zog. Seit dem Ende des Ostblocks herrschte nun mal ein Vakuum, in dem die einen zwar die Befreiung von allen alten Ideologien feierten, die anderen aber den unscharfen Phantomschmerz spürten, den Verlust. So wurde ja oft erklärt, warum die Ostbundesländer ein so besonders großes Jungnaziproblem hatten: Die Repressalien und das sozialistische Society-Grundrauschen der DDR waren so schockartig weggefallen, dass im Alltag eine akute Lücke entstanden war. Zu viel Freiheit und Zeit, zu wenig Ideale, von heute auf morgen. Es ist Küchenpsychologie. Aber sie liegt sicher nicht ganz daneben.

Dass zeitgleich die Westkinder überrascht bemerkten,

wie die lebenslang glorifizierte Schulbildung, die ganzen Lehrstellen oder Studienplätze ihnen plötzlich auch keine Zukunft mehr sicherten, machte alles noch massiver. Von den rund 2000 rechten Gewalttaten aus der Statistik, die dem *Spiegel* 1992 vorlag, waren rund 70 Prozent von Tätern verübt worden, die zwischen 16 und 21 Jahre alt waren. Nur rund 10 Prozent konnte man zu organisierten Extremisten zurückverfolgen.

Gottschalk gegen Schönhuber: Ein Duell kurz vor Mitternacht

Donnerstag, 26. November 1992. Thomas Gottschalk, Fernsehentertainer aus Bayern, in den 80ern als lockerer, blonder, jungspontaner Superwuschel bekannt geworden, hat sich die Konfrontation in seine Sendung eingeladen. Freiwillig. Vor einem halben Jahr hat er den Moderatorenposten bei »Wetten, dass ...?« aufgegeben, seit zwei Monaten ist er beim Sender RTL der Gastgeber der Pioniersendung »Gottschalk Late Night«. Die Show läuft an allen Wochentagen ab 23:15 Uhr, ein erster Versuch, das supersmarte amerikanische Late-Night-Prinzip auch in Deutschland nachzuempfinden. Harald Schmidt wird erst zwei Jahre später auf Nachtsendung gehen.

Drei Tage vorher, am 23. November, sind im schleswig-holsteinischen Mölln zwei Mädchen, zehn und vierzehn, und ihre 51-jährige Großmutter von jungen westdeutschen Neonazis umgebracht worden. Die zwei Männer hatten Wohnhäuser türkischer Familien in Brand gesetzt, für einige gab es kein Entkommen. Die Redaktion von »Gottschalk Late Night« will das grässliche Ereignis in der ansonsten eher glamourös positionierten Show platzieren, Wachsamkeit und Relevanz beweisen. Deshalb schickt sie eine Talkgasteinladung an Franz Schönhuber, Mitgründer und Bundesvorsitzender der ultranationalen Partei Die Republikaner. Die Gruppe, für die Franz Josef Strauß 1986 seinen berühmten, aber vergeblichen Satz gesagt hat: »Rechts von der CSU darf es keine demokratisch legitimierte Partei geben.«

Schönhuber, damals 69, mindestens so bayerisch wie Gottschalk, gilt 1992 als Emblemfigur des neurechten Rucks in Deutschland. Mit Krawatte, Anzug und sonorem Ton macht er viele der fremdenfeindlichen, antidemokratischen, die alte Schuld relativierenden Positionen salonfähig, scheinbar seriös, direkt wählbar. Andererseits dient er den Medien als leidlich kontroverser Interviewopa zum Reizthema Nummer eins, der immer maliziös lächelnd antwortet, wenn man ihn fragt. Hätte man denn Günter Deckert, den NPD-Vorsitzenden und Holocaust-Leugner, in eine Talkshow laden sollen?

Die Republikaner hat Schönhuber 1983 mit zwei CSU-Überläufern gegründet. Schon sechs Jahre später ist die Partei ins Europaparlament und ins Abgeordnetenhaus von Berlin gewählt worden. Letzteres begleitet von TV-Spots, in denen – abgesegnet vom Berliner Verwaltungsgericht – Bilder von Kreuzberger Türken mit der Musik »Spiel mir das Lied vom Tod« unterlegt werden. Im April 1992 ziehen Die Republikaner mit fünfzehn Abgeordneten in den Landtag von Baden-Württemberg ein, ein gefühlter Dammbruch, auch wenn sie zwei Jahre später bei der Bundestagswahl unter 2 Prozent bleiben werden. Ab Dezember 1992 werden sie bundesweit vom Verfassungsschutz beobachtet.

»Bei aller Verneinung der Gewalt, die wahren Schuldigen sitzen in Bonn«, spricht Schönhuber nach den Angriffen von Rostock-Lichtenhagen im Sommer '92 in die Mikrofone, stilisiert Die Republikaner zur letzten Partei, die das nach Wahrheit hungernde, zu Unrecht beschuldigte Volk wirklich repräsentiert: »Wir sind vielleicht noch das einzige Bollwerk.«

Im Juni 1990 wird das Bremer Studio der TV-Show »3 nach 9« am Abend seiner Teilnahme von Demonstranten belagert. Während der Sendung prasseln von außen Steine gegen die Fenster und Wände. Die anderen Talkgäste fürchten sichtbar um ihr Leben. Franz Schönhuber lehnt sich behaglich im Talksessel zurück und verurteilt die linke Aggression aufs Entschiedenste.

Und jetzt, im Winter 1992, sitzt er nachts in Köln bei Gottschalk, dem Gute-Laune-Monument. RTL hat Schönhuber extra aus Brüssel eingeflogen. Gottschalks einzig denkbare Marschroute ist klar: So, wie man es eher von den als intellektuell geltenden Talkmastern Roger Willemsen oder Joachim Fuchsberger kennt, will er den alten Nationalisten aufs Terrain der Nachdenklichkeit schubsen, hin zum Gefühl. Und dabei gleichzeitig vom speziellen Gottschalk-Clownbonus profitieren, der es ihm erlaubt, auch die dümmsten Fragen zu stellen. Ganz menschlich und ganz lausbübisch, so müsste es gehen.

1,6 Millionen schauen zu, vierzehn lange Minuten dauert der Auftritt. »Wenn wir solche Leute nicht mehr ins Fernsehen lassen, dann ist irgendetwas faul in diesem Land«, sagt Gottschalk zur Begrüßung. Und spricht damit gleich selbst das Totschlagargument aus, mit dem Extremparteien gern ihr vermeintliches Recht auf Sendezeit unterlegen. Es geht gleich um die Brandmorde von Mölln, und Gottschalk fragt Schönhuber: »Was haben Sie dabei empfunden, gefühlt?«

Wird der REP-Vorsitzende in Tränen ausbrechen? Wird er sich menschlich ertappt fühlen, kapitulieren? Gottschalk scheint nicht damit gerechnet zu haben, aber Schönhuber erklärt, dass er die Untaten verurteile. Und dass diese Empörung bei ihm im Übrigen nicht davon abhänge, ob Ausländer oder Deutsche die Opfer seien. Zynismus scheint bei dem Thema erlaubt zu sein, Witze sind es nicht. Gottschalk macht zum Glück auch keinen.

Ein höfliches Streitgespräch – es geht einfach nicht. Der alte Populist zieht den Talkmaster auf seine Seite, nutzt bis zum Letzten die Unschuldsvermutung, die er hier als Ehrengast genießt, in der roten Sitzgarnitur vor der Kölner Skyline aus Pappe. Als er die deutschen Lichterkettenteilnehmer als Heuchler bezeichnet und behauptet, in seiner Partei würde jede antisemitische Äußerung eines Mitglieds zum Rausschmiss führen, entgegnet Gesprächsführer Gottschalk kalt schwitzend: »Wir wollen doch hier nicht politisch diskutieren.« Darauf Schönhuber: »Wollen wir doch!«

Das Hauptproblem bei diesem Donnerstagabendgespräch: Im Gottschalk-Kosmos ist es, bei allem Relevanzgehuber, am Ende halt doch nur Entertainment. Für Schönhuber ist es eine ernsthafte Schlacht gegen einen kaum vorbereiteten Gegner. Fast so wie beim Fußballbolzen am Sonntagnachmittag, wenn einer ganz plötzlich ehrgeizig wird, richtig krass dribbelt und foult, während die anderen nicht hinterherkommen und Käsekuchen rülpsen. Man merkt Schönhuber an, wie er die Situation genießt. Wie er genau weiß, dass das gesamte linksliberale TV-Publikum ihn anstarren muss, atemlos. Dass keiner wegschauen oder umschalten darf. Dass er, Schönhuber, die deutschen Gerechtigkeitsbürger hier noch einmal quälen kann. Allein durch seine Anwesenheit.

»Sie sind ein Mensch, der gewählt wird, dem die Bürger offensichtlich folgen«, appelliert Gottschalk im vorletzten Versuch ans Gewissen des Politikers. »Ist es nicht Ihre Pflicht, sich gegen Gewalt zu bekennen?«

Schönhuber, dankbar fürs Stichwort, verwandelt wohlfeil. »Es ist ein Glücksfall für mich, dass ich hier die Möglichkeit habe zu erklären, dass Gewalt zur Durchsetzung politischer Ziele verbrecherisch ist.« Stimmt doch, oder?

»Schönhuber redete Gottschalk platt«, überschreibt die *Bild* zwei Tage später einen (relativ kleinen) Artikel zur Show. Interessant an der nächtlichen Talkkatastrophe ist rückblickend vor allem die ganz grundsätzliche Haltung, mit der RTL hier der raffinierten, nicht ganz so leicht fassbaren Figur Schönhuber begegnet ist. Der Glaube – und der ist zu dieser Zeit auch bei den öffentlich-rechtlichen Sendern zu beobachten –, man könne die organisierte Menschenfeindschaft durch simple Anständigkeit und Betroffenheit entlarven. Die Annahme, die Lüge ließe sich allein durch Wahrhaftigkeit besiegen, die Unlogik durch Logik. Die Zuversicht, man könne das Feuer durch Lichterketten löschen.

Wer rund 23 Jahre später Björn Höcke in der Günther-Jauch-Talkshow gesehen hat, der als damaliger Thüringer AfD-Fraktionschef an seinem Sessel eine kleine Deutschlandflagge hisste, oder die Vorsitzende Frauke Petry, die sich 2016 im Kreuzverhörinterview mit dem englischen Journalisten Tim Sebastian gar nicht mal so schlecht schlug –, der wird über Gottschalk, Schönhuber und die Kreidezeit des rudimentären, tendenziell höflichen Mit-Rechten-Redens nur lachen können. In der Gegenwart sind die rhetorischen Strategien auf beiden Seiten ausgefuchster. Die Betriebstemperatur der Diskussionen hat sich entschieden erhöht. Mit einer kurzen, auf dem Klo geschriebenen Twitter-Nachricht lassen sich die Schlagzeilen tagelang regieren. Auch dieses Wissen verändert vieles.

Schon im Juni 1992 hatte übrigens der Journalist und Interviewkünstler André Müller für *Die Zeit* ein Gespräch mit Schönhuber geführt. Müller beschränkte sich dabei über lange Strecken darauf, dem REP-Vorsitzenden einfach kurze Passagen aus dessen Autobiografie sowie widersprüchliche Interviewaussagen vorzulesen. »Ich zitiere Sätze von Ihnen und vergleiche sie miteinander«, entgegnete Müller sonnenklar, als Schönhuber irgendwann zu protestieren begann.

»Das ist doch Sophisterei«, antwortete der entnervte Alte. »Sie leben in einer völlig anderen Welt.« Da gingen ihm tatsächlich die Worte aus.

Rio Reiser macht noch eine blöde Bemerkung, und sie ist großartig

Wenn André Müllers Welt die andere ist, dann würde einen doch brennend interessieren, wie die erste eigentlich aussieht, also die Welt der versammelten Schönhubers. Und man bedauert es plötzlich sehr, im Nachhinein, dass all die eifrigen, beherzten und verzweifelten Interviewer in den Überdutzenden Früh-90er-Talkshows zum Thema Neonationalismus nicht genau das getan haben. Dass sie ihre braunen oder zumindest bräunlichen Gäste nicht öfter genau das gefragt haben: Was für eine Welt soll das eigentlich werden, von der ihr da ständig redet? Diese Vision, die ihr uns Konformbürgern und Kerzenhaltern angeblich voraushabt – wie könnte die denn aussehen? Erzählt doch mal!

Der Berliner Sänger Rio Reiser, der mit seiner Band Ton Steine Scherben in den 70er-Jahren selbst oft platte Slogans zum linken Häuserkampf gedichtet hatte, sorgte in einer der besagten Sendungen für einen solchen Moment, wenn auch nur einen kurzen, ungeplanten Augenblick lang. »Ulrich Meyer: Einspruch!« hieß die Debattenrunde auf Sat.1, in der Reiser im Herbst 1992 auf Mitglieder der ultraexpliziten Skinheadband Störkraft aus Düsseldorf traf. An einer Stelle, an der es um Stolz, Entscheidungsfreiheit und die angeblich neue Generation der jungen Deutschen ging, unterbrach Reiser die anderen. »Ich möchte mal gern von euch wissen: Was ist deutsch?«, fragte er. »Was ist das überhaupt?«

Die Störkraft-Musiker gerieten ins Schwimmen. Ehrlich, frei und tapfer seien die Deutschen, meinte der Bassist Stefan Rasche. Und eben, ääh, deutschstämmig.

»Ist er denn deutschstämmig?«, fragte Reiser zurück. »Mit dem Namen?« Er zeigte auf Störkraft-Sänger Jörg Petritsch. Eine eher alberne, unsachliche Replik. Aber nach zwanzig Minuten grimmigem Kreuzverhörsperrfeuer war das Publikum im Studio derart froh über einen solchen Comicrelief, dass es lustig applaudierte.

Jörg Petritsch musste selbst ein bisschen lachen, das konnte man sehen. Und dann meinte er: »Also, für mich sind diejenigen Faschisten, die jetzt noch dabei klatschen.«

Noch mal in Zeitlupe. Ein rechter Skinhead beschuldigt im Jahr 1992 einen Saal voller Menschen als Faschisten, weil sie es für möglich halten, er könne slawische Wurzeln haben. Faschisten. Es ist, wie gesagt, nur ein Moment. Aber aufregend verdrehter wurden die politischen Argumentationsketten in den 90er-Jahren dann doch nicht mehr.

»SIE HAT EIN WEISSES GESICHT UND WUSCHLIGE BEINE«

Was wir nicht vergessen dürfen: neun wirklich gute Nachrichten aus den 90er-Jahren (und eine schlimme)

Gute Nachricht 1: *Wir müssen nie wieder Geld wechseln*

Cheryl und ich nutzten die Reisefreiheit. Cheryl, die Freundin aus Thüringen, die seit Beginn der 90er keine der alten Grenzen mehr allzu persönlich nehmen musste. Ich, der mit Anfang zwanzig endlich Zeit, Entscheidungsfreiheit und sogar ein bisschen Geld hatte, um alle typischen Studentenurlaube zu machen. Im sozialromantischen Märchenbuch hätte ich, der West-Boy, meinem Ost-Girl jetzt erst mal die Welt gezeigt. Mein London, mein Stockholm, mein Lloret de Mar. Aber ich hatte bisher ja auch nichts gesehen.

Wir kauften uns zwei Euro-Domino-Tickets, so etwas Ähnliches wie InterRail, mit denen man nach einem komplizierten, klein gedruckten System innerhalb von vier Wochen drei Bahnreisen quer durch Europa machen konnte. Wir fuhren mit dem Zweimannzelt nach Frankreich. Wir campten in der Bretagne auf einer menschenleeren, sturmumtosten Klippe. Rauchten eine in Saint-Malo, fraßen Frischkäsebrote am Mont-Saint-Michel. Lernten Spanier kennen. Nutzten die letzte mögliche Zugfahrt, um bis Paris zu kommen. Dort nagelten wir das Zelt auf dem bockelharten Campingplatz im Bois de Boulogne fest und schlüpften am ersten Abend ohne Karten ins Prince-Konzert im prachtvollen Palais Omnisports, das seit 2015 übrigens AccorHotels Arena heißt.

Cheryl und ich fuhren nach Prag, für eine regnerische Woche. Um eine Unterkunft zu finden, sprachen wir am Bahnhof die Menschen an, die dort wie traurige Dealer herumstanden und auf die Rucksacktouristen warteten, ein analoges Airbnb für den frühen Postkommunismus. Wir schliefen vier Nächte im Doppelbett eines Ehepaars, das sich für die Zeit bei den Kleinen im Kinderzimmer einquartierte und sich immer blickdicht versteckte, sobald wir die Wohnung betraten. Wir kamen uns schlecht vor.

Als Nächstes ging es nach Italien, wo wir in Jugendherbergen eincheckten. Den Vesuv hochliefen, nach Capri schipperten, um die Sonne im Meer versinken zu sehen. Und uns in Rom an der Spanischen Treppe freuten, als wir die alte WG der englischen Dichter Percy Bysshe Shelley und John Keats fanden. Ganz ähnlich wie die Familie aus Bitterfeld im Film »Go Trabi Go«.

Das war Europa. Eigentlich alt. Für uns war es neu. Die Grenzen schienen sich immer weiter aufzulösen, immer durchlässiger zu werden, je öfter wir über sie drüberfuhren, hin und her, wieder und wieder. Zumindest ich konnte mich ja noch plastisch daran erinnern, wie es davor gewesen war, an den Passkontrollen, im schrecklichen Stau am Brenner oder in anderen Urlauberstrafkolonnen. Überhaupt: an die Demütigung, sich ständig von fremden Autoritätsträgern filzen und inspizieren lassen zu müssen. Als bräuchte man unbedingt ein schlechtes Gewissen, um in ein Nachbarland fahren und dort die Füße ins Wasser halten zu dürfen. Wir hatten bei unseren Reisen in den 90ern kein schlechtes Gewissen mehr.

Die französische Grenze war – unter Präsident Mitterrand, der 1984 auf dem Soldatenfriedhof so schön die Hand von Helmut Kohl gehalten hatte – schon in den 80ern die erste gewesen, die man von der Bundesrepublik aus ohne Kontrolle überqueren durfte. Im März 1995 trat dann das Schengener Abkommen in Kraft, es gab Bewegungs- und Peinlichkeitsfreiheit zwischen Westdeutschland, Frankreich, Belgien, Luxemburg, den Niederlanden, Portugal und Spanien, dazu die einheitliche Grenzpolitik. 1998 stießen Italien und Österreich zur Clique. 2000 Griechenland, 2001 Dänemark, Finnland, Schweden und so weiter. Erst 2007 folgten Polen, Tschechien, Ungarn und die anderen Osteuropäer. Ganz so hopplahopp wie bei der deutschen Einheit ging es dann doch nicht.

»Dieser Vertrag stellt eine neue Stufe bei der Verwirklichung einer immer engeren Union der Völker Europas dar, in der die Entscheidungen möglichst offen und möglichst bürgernah getroffen werden«, stand im Februar 1992 im Artikel 1 des Abkommens von Maastricht, das die EU mitbegründete und aus den vielen, zwar relativ eng beieinanderliegenden, aber doch ausgesprochen verschieden herangewachsenen Ländern ein großes Euro Disney machen sollte. Das klang super. Das echte Euro Disney, der Mickymaus-Park, eröffnete übrigens ziemlich genau zwei Monate nach dem Maastricht-Beschluss in Paris. Aber Cheryl und ich waren ja schon dort gewesen.

Wir begannen, uns gern als Europäer zu fühlen. Man wäre früher nie darauf gekommen – aber es war eine wunderbare Option, um einerseits so etwas wie Herkunft und Zugehörigkeit spüren zu können, sich andererseits aber nicht mit Deutschland identifizieren zu müssen, das uns als Nation in den Jubeljahren ja noch suspekter war als eh schon. Noch in den 80ern schien es die Idee Europa maximal am Samstagabend im Fernsehen zu geben, wenn vor »Wetten, dass ...?« oder ähnlichen Großaufläufen die Eurovisionsfanfare lief. Und man sich trotzdem nicht vorstellen konnte, dass jetzt irgendwo portugiesische Shrimpsfischerinnen und schwedische Schnapstrinker vor den Fernsehern saßen und ernsthaft dabei zuschauten, wie Frank Elstner Ruth Maria Kubitschek interviewte.

Nur den Eurovision Song Contest, der damals noch Grand Prix Eurovision de la Chanson hieß, kapierte man. Vor allem, weil da auch die Untereinander-Verhältnisse der Länder immer so schön deutlich wurden, bei der Punktevergabe am Schluss. Und man endlich auch einmal mitbekam, wer sich eigentlich liebte und hasste in der ansonsten so sakrosankten Eurovisionsgemeinschaft. Die Türkei bekam von Griechenland keinen Punkt, umgekehrt auch nicht, wegen des Zypernstreits. Frankreich gab Belgien nichts, wenn der belgische Beitrag aus Flandern kam und auf Niederländisch gesungen wurde. Österreicher und Deutsche auch nicht, weil sie sich gegenseitig für Vollidioten hielten. Und so weiter. Désirée Nosbusch moderierte den ganzen Käse in mindestens 35 Sprachen. Ja, das konnte man verstehen.

Im Frühjahr 1990 startete dann »Tutti Frutti«, spätabends auf RTL. Die europäische Striptease-Rateshow, eine bizarre Blüte der frühen Tage des Privatfernsehens. Zwei Jahre vor Maastricht erschien die europäische Idee hier völlig plausibel und, nun ja, greifbar. Es gab sogenannte Länderpunkte für Kandidaten, die sich freiwillig ganz auszogen, und am Ende wurden die Spielgewinne in ECU ausbezahlt. ECU war die schon 1979 eingeführte, ansonsten komplett unbekannte Rechnungswährung des Europäischen Finanzsystems. Dann fielen tatsächlich die Grenzen, der Binnenmarkt entwickelte sich. Und wir jungen Paneuropäer hatten eigentlich nur noch eines zu bemängeln: dass wir, wenn es mit Rucksack und Gitarre nach Dänemark oder Portugal ging, vorher umständlich Geld wechseln mussten, um uns auf der Fähre Coca-Cola kaufen zu können. ECU gab es für uns nicht, denn wir hatten bei »Tutti Frutti« nicht mitgemacht. Das Feeling war nicht perfekt.

Auch das war ja Teil des Maastricht-Abkommens: die Einführung der ganz praktischen Euro-Währung. Am 2. Mai 1998 beschlossen elf der damals fünfzehn EU-Staaten endgültig die Währungsunion. Griechenland erfüllte die Kriterien nur mit allerletztem Gebimmel und Gebömmel. Dass spätestens damit der Ärger begann, muss man heute keinem mehr sagen. Aber wie gesagt: Wir jungen frankophilen, beneluxfreundlichen und Akropolis-affinen Backpacker fanden damals natürlich auch den Euro gut. Und kapierten nicht, warum ausgerechnet jetzt, wo es plötzlich ums Geld ging, die große, alles umfassende europäische Freundschaft so in Zweifel geraten sollte.

»Die Barbaren sind etwas Diffuses, Jugoslawien, Armenien, Georgien, überall gibt es diese kleinen Barbarenstämme. Es gibt das Problem, wie hält man die davon ab, in die Wohnstube zu kommen, in der man sich einigermaßen eingerichtet hat?«, hatte 1994 der sächsische Theatermann Heiner Müller in einem Interview gesagt, sarkastisch, beim Versuch, die Scheinheiligkeit der europäischen Konservativen in Worte zu fassen. Müllers Schlussfolgerung: Es werde wohl neue Mauern geben. Ein nach innen vereintes Europa werde sich logischerweise nach außen hin umso stärker abschotten, seine Grenzen sichern. Wenn man dann noch in die Fußgängerzonen ging, den freien Europäern die Mikrofone unter die noch freieren Nasen hielt und sie nach der drohenden Währungsunion fragte, sagten sie zum Beispiel das, was diese besorgte Bürgerin in einer zeitgenössischen Umfrage des Hessischen Rundfunks aussprach. »Hab ich zu meinem Mann gesagt: An und für sich müssen wir jetzt ganz schnell unser Geld von der Bank holen und verpulvern«, kommentierte die Frau. »Was will ich mit ECU? Gar nix. Aber mein Geld ist ... ist ... ist kaputt.«

Meine allerersten Euros bekam ich an Silvester 2001/02, gegen drei oder vier Uhr früh an der Tankstelle Feldstraße am Hamburger Dom. Auch ein Vergnügungspark, wie Euro Disney. Die Euros waren Wechselgeld. Ich hatte ein Wurstbrot gekauft.

Gute Nachricht 2:
Glückwunsch, jetzt bist du Aktionär!

Der schönste Werbespot, in dem der Schauspieler Manfred Krug in den 90ern zu sehen war, zeigt ihn als fröhlichen Heimwerker. Im weißen Hemd hantiert er an einem Oldtimer herum, der offenbar kaputt ist. »Typisch mein Mann«, schulterzuckt Krugs Ehefrau Ottilie, die eigentliche, überraschende Hauptfigur des Clips: »Im Film oder privat immer in Action!« Das mit Schmieröl besudelte Hemd landet bei ihr in der Maschine, wird gewaschen, mit dem neuartigen Mittel Persil Megaperls. »Total sauber«, urteilt Ottilie Krug hinterher, spielt dann auf die damals aktuelle »Tatort«-Rolle ihres Mannes an: »Der Fall ist gelöst!«

Krugs viel bekanntere, aber dafür viel weniger schöne 90er-Fernsehwerbung zeigt ein völlig anderes Bild. Ottilie ist nirgends zu sehen. Manfred Krug waltet als seniorenhafter, bräsiger Hausmann in der Küche, mit Brille, Strickjoppe und fleckabweisendem Karohemd, brät sich selbstständig Speck für die Rühreier. »Wenn die Telekom jetzt an die Börse geht, geh ich mit«, sagt er, schon am Tisch sitzend und auffällig bemüht, niemandem zu suggerieren, ein Aktienkauf könne eine auch nur andeutungsweise verrückte Idee sein. »Sie könnten mir ja auch mal was nachmachen. Ich war zum Beispiel gestern in der Bank, und wenn Sie morgen hingehen würden, das wäre doch ...«

Der Song zum Telekom-Börsengang von 1996 hieß »Wer wär nicht gerne Aktionär?«, ein schunkelndes Big-Band-Stück, das die Aura von Ludwig Erhards seligem Wirtschaftswunder atmete. Auch damals wurden in

Deutschland ja alte Staatsbetriebe privatisiert. Der Begriff »Volksaktie« stammt (da sind sie schon wieder!) aus den 50ern.

Die Geschichte des Telekom-Börsengangs wird gern als klassische Aufstieg-und-Fall-Geschichte erzählt, aber ein bemerkenswerter Aspekt wird dabei selten erkannt: wie dieses Unternehmen, das eigentlich hoch auf den ersten Wellen des Digital- und Kommunikationsbooms reiten wollte, seinen möglichen Privatinvestoren im Volk die Anteilsscheine mit einer Mischung aus 50er-Nostalgie und opahafter Sparstrumpfseligkeit andrehen wollte.

Der Digitaltechnologiehype, der später unter dem Namen »Dotcom-Blase« aktenkundig wurde, ernährte sich zu einem großen Teil vom Geld der Privatanleger. Von Leuten, die oft noch nicht einmal wussten, ob das Internet nun eigentlich blau, rosa oder grün kariert war. Und die sich Aktienbesitzer ungefähr so exaltiert vorstellten wie den Schmierstiefel Gordon Gekko, der im 1987er-Film »Wall Street« mit dem zigarrenkistengroßen Motorola-DynaTAC-8000X-Handy durch New York stolziert war, oder wie den Investmentserienmörder Patrick Bateman aus Bret Easton Ellis' Roman »American Psycho«. Am 9. August 1995 brachte der Netzpionier Marc Andreessen in New York sein Software-Start-up Netscape Communications an die Börse. Nur acht Monate vorher hatte das Unternehmen seinen gleichnamigen, damals maßgeblichen Webbrowser veröffentlicht, den Navigator. Netscape, das in seiner bisherigen Firmengeschichte noch keinen Cent Gewinn erzielt hatte, war schon am Ende des ersten Börsentages knapp 3 Milliarden Dollar wert.

Das Datum gilt rückblickend als Startpunkt der weltweiten blubbernden Aktieneuphorie der 90er. Die Telekom war 1995 selbst erst zur eigenständigen Firma geworden, als die Deutsche Bundespost privatisiert und in drei Sparten geteilt wurde. Der Bereich für Telekommunikation und Fernmeldewesen, der zur Telekom wurde, galt natürlich als besonders reizend und unmuffig, denn zu ihm gehörten alle Onlineaktivitäten.

Als am 18. November 1996 der Börsengang folgte, wollten dieselben Menschen, die eben noch in Straßeninterviews die angekündigte Euro-Einführung als Vernichtung aller Spargelder bezeichnet hatten, plötzlich Aktionäre und Spekulanten sein. Schalteten in der Mittagspause auf n-tv die »Telebörse« mit Bernhard Jünemann und Friedhelm Busch an. Prügelten sich beim Börsengang der Siemens-Chip-Sparte Infineon am 13. März 2000 derart um die Aktien, dass die Computernetzwerke zusammenbrachen und in vielen deutschen Sparkassen nicht mal mehr die Kontoauszugsautomaten funktionierten.

Alte, furchige Aktienhelden in Frankfurt und Tokio wussten das alles natürlich, die Anfänger hätten es lernen können: Es geht nun mal auf und ab, wenn man mit Wertpapieren lebt. Als der Onlineversandhändler Amazon 1997 an die Börse ging, kosteten seine Aktien 18 Dollar. Im Schwachblasenjahr 2001, am Tiefpunkt der Dotcom-Hoffnung, lagen sie gerade noch bei 6 Dollar, einem Drittel davon. Siebzehn Jahre später dagegen, mit genug Abstand, ist ein Amazon-Papier über 1300 Dollar wert. Was nur ein Extrembeispiel dafür sein soll, dass diejenigen, die während des heißen Börsenhypes der 90er wirklich schnell, geduldig und vielleicht sogar ein bisschen bauernschlau waren, heute oft nicht mal Grund zur Klage haben.

Aus den mondänen Reichtumsträumen der T-Aktionäre wurde nichts. Aber trotz Misswirtschaft, Desinformation, Hybris, Gier und allem anderen: Wer 1996 wirklich zu den knapp zwei Millionen gehörte, die dem Rat des Schauspielers Krug folgten, nach dem Eierverzehr unverzüglich in den VW Golf stiegen, zur Bank fuhren und in die erste Tranche der T-Aktie investierten, wer also wirklich so konservativ und sicherheitsliebend war, wie es die Telekom ihren Kunden suggerieren wollte – der bekäme 2018 immerhin noch ungefähr den damaligen Kaufpreis seiner Anteile zurück. Die über die Jahre ausgeschütteten Dividenden gar nicht mitgerechnet. Man hätte das Geld sonst ja doch nur verjubelt.

Manfred Krug entschuldigte sich im Januar 2007 nachträglich für die Telekom-Spots, als wäre der Kursverlust seine persönliche Schuld gewesen. Kurz darauf begann die Finanzkrise.

Gute Nachricht 3: Es ist toll, ein Mädchen zu sein

Ich habe nie verstanden, warum die junge Frau von Lucilectric mit so einem Arsch ins Bett geht. Ja, ganz buchstäblich: Arsch. Es ist ja vor allem der Hintern des Mannes, der in der Bar ihre Aufmerksamkeit erregt, am Anfang der Geschichte. Nachdem das geschehen ist, also die Erregung, lehnt sie sich zurück. Lässt ihn kommen, ergötzt sich am Ritual der Geschlechtsverkehrsanbahnung. Einkaufen gehen, sich beschenken lassen, zum Essen eingeladen werden, Kaffeetrinken. »Ob der Größte, der's am längsten kann von allen, heute Nacht auch wirklich hält, was er verspricht?«, fragt Luci am Schluss, rhetorisch und sadistisch amüsiert. Wir erfahren nicht, wie die Sache ausgeht und ob sie vielleicht sogar ein Paar werden.

Das Entscheidende ist: der Mann, der Arsch – er denkt natürlich, er habe sie aufgerissen, die hübsche, blonde Luci (und wird das genau so seinen Freunden erzählen). Dabei war es ja, im Jahr 1994, genau andersrum. Luci hat sich ihn geschnappt, in der Geschichte des Songs, um den es hier geht. Mit den altbekannten Ködern und Schlüsselreizen, durch geschickt ausgespielte Passivität, alles killermäßig kombiniert.

Warum? Heute würde man mit der blöden Phrase antworten: weil sie es kann. Damals sagte Luci: »Weil ich 'n Mädchen bin.« Girl Power. Pussy rules. Ich muss nicht im Mittelpunkt stehen, ich kann auch sitzen.

»Mädchen« von Lucilectric, im Frühjahr '94 ein Riesenhit in Deutschland, wollte offensichtlich eine Botschaft überbringen. So selbstverständlich war das nicht: ein feministisches Lied, das nicht davon handelte, wie schlimm und frustrierend und ungerecht es sei, ein Mädchen zu sein, sondern von der Feier des Daseins. Das hatte man noch nicht so oft gehört. Das passte stilistisch zu den Girls, die auf VIVA moderierten. Das passte zu den Techno-Mädchen, die ihr Selbstbewusstsein nicht daraus ableiteten, möglichst schnell Frauen genannt zu werden.

»Dritte Welle des Feminismus« wird das, was in den 90ern passierte, heute genannt. Damals sagten viele Postfeminismus dazu (weil man ja im Gefühl lebte, alle alten Muffkonzepte überlebt und hinter sich gelassen zu haben, Geschichte, Moderne, Rock 'n' Roll). Der Kern der Sache: Nachdem sich die erste feministische Welle für grundlegende weibliche Bürgerrechte eingesetzt hatte, die zweite für soziale Akzeptanz und Gleichstellung, ließ die dritte Welle den Blick viel weiter schweifen. Die wahre Schlacht hätten die Mütter der Nachwuchsfeministinnen ja schon geschlagen. Es gebe doch nichts mehr zu tun, hieß es seinerzeit spöttisch. Aber beim Kampf um faire Jobs und Schutz vor willkürlicher Gewalt hatten die Mütter nun mal einiges übersehen. All diese Sachen standen nun auf der Liste.

Den Jungfeministinnen der 90er ging es darum, auch zu anderen Freiheitsdebatten etwas beizutragen, zu den Kämpfen der Lesben und Schwulen, der Black Community, des konsumkritischen Undergrounds. Es ging ihnen darum, schlau zu sein und zu zeigen, dass man Frau- oder Mannsein nicht als biologisch zementierten Unterschied sehen durfte, weil das der größte aller alten Fehler war. Es ging darum, noch schlauer zu sein, Schimpfwörter wie »Schlampe« oder »Bitch« für sich selbst zu kapern. Darum, den schrecklichen Widerspruch zwischen Spaß-Haben und Sich-Verweigern einfach mal so stehen zu lassen.

»Nur weil es in meiner Welt so beschissen viel Vergewaltigung gibt, Sweet Sister, muss mein Körper denn immer nur für Schmerzen stehen?«, sang 1995 die 26-jährige amerikanische Punkmusikerin Kathleen Hanna. »No, no, no.« Der Song hieß »I Like Fucking«. Hannas Band nannte sich Bikini Kill, eine der ganz wichtigen Gruppen des kleinen, herrlich plakativen Riot Grrrl Movement, das von den USA aus in die Welt reichte.

Popmusik war ein Hauptmedium der antisexistischen Wiederbelebung. So erreichte man die Mädchen. »Wenn du meinen Horizont nicht erweiterst, bist du wertlos für mich«, rappte die schwarze Girlgruppe TLC. »Wenn du mich kontrollieren willst, Boy, bist du weg«, sang Beyoncé Knowles mit Destiny's Child. »Wenn du mein Lover sein willst, musst du dich auch mit meinen Freunden verstehen«, forderten die Spice Girls. Eine Menge Wenn-dann-Sätze, meilenweit weg von einer einheitlichen Strategie. Auch wenn es inzwischen zum Klischeeknaller geworden ist: Das Programm der dritten feministischen 90er-Welle war, dass es kein Programm gab.

Wie die Männer reagierten? Verstört, weil es jetzt nicht mehr so einfach war, Feministinnen an ihren Zirkuszeltkleidern und wuchernden Achselhaaren zu erkennen. Trotzig, indem sie im Gegenzug auch eine neue, lustig junge Chauvi-Community gründeten, die Lads, die im Dosenbierdusel geistreich über Fußball sprachen, sich die Frisuren britischer Nachwuchsmusiker schneiden ließen und die Bikiniplakate der Schauspielerin Salma Hayek zu Hause an die Wand pinnten, die die Modekette H & M in ihren Filialen verschenkte. Manche gaben sich auch einsichtig, zeigten nickendes Verständnis. Wurden zu den sogenannten Softies, die nach einiger Zeit dann wieder Anlass zu öffentlicher Sorge gaben. Zur Frage, ob in der westlichen Gesellschaft womöglich die echten, grobkörnigen Männer aussterben würden, die zur Not auch den Tiger erledigen könnten.

So schön das hätte werden können: Es passiert dann doch nicht. Und auf die dritte Welle des Feminismus folgte bald die vierte.

Gute Nachricht 4: Sträflinge können Präsidenten werden

Die Wahrheit über Nelson Mandela erfuhr ich spät. Es war im Frühjahr 2017, als ich mit Kathrin, einer guten Freundin aus Berlin, in den Urlaub nach Südafrika gereist war. Es war großartig. Wir sahen die Elefanten im Addo-Nationalpark. Wir folgten der unter Weißkäsetouristen beliebten Garden Route und schauten am Swartberg-Pass an den gigantischen Felsen hoch, bis wir Nackenstarre kriegten.

Dann strandeten wir. In einem Kaff namens Prince Albert erklärte man uns, dass die eher niedrige Bodenfreiheit unseres Kleinwagens niemals reichen würde, um weiter in die Gamka-Schlucht zu fahren, ein herrlich menschenleeres, unwegsames Talgebiet. Zu steinig, zu steil. Was sollten wir tun? Umkehren? Wir entschieden uns, das Auto stehen zu lassen, und suchten uns einen Guide mit passendem Fahrwerk.

Patrick, der weiße Fremdenführer, entpuppte sich bald als der mit Abstand überzeugteste, furioseste Rassist, den ich je im Leben getroffen hatte. Patrick war um die siebzig, in der weiten, leeren Gegend groß geworden, Familienvater, leidenschaftlicher Wildjäger. Auf den ersten Blick hatte er wie ein besonnener älterer Naturbursche gewirkt. Doch schon kurz nachdem er seinen Ford-Everest-SUV mit unseren Rucksäcken und einer vollfleischigen Menge an Grillwürsten bepackt und die Fahrt gestartet hatte, begann der Redeschwall. Wie bei einem besonders unangenehmen Friseur, der beim Haareschneiden plappert und plappert, und man kann nicht weg. Schnell kam Patrick auf seine Meinungen über die schwarze Bevölkerung Südafrikas zu sprechen. Die Schwarzen hätten das Land tief in den Ruin getrieben, seit Anfang der 90er die Apartheidspolitik beendet wurde, sagte er, was im Übrigen ein großer Fehler gewesen sei. Wenn die Weißen die Bauernhöfe und Wirtschaftsunternehmen leiten, also die Verantwortung tragen würden und die anderen im Busch säßen, dann habe das schon seine Richtigkeit.

Draußen zogen prachtvoll die Berg- und Graspanoramen vorbei, die Aloestauden und Xerophytensträucher. Die Hitze kroch unter der Klimaanlage durch. Und Kathrin und ich hatten keine Wahl, als uns die wirren Schmähungen anzuhören. Ein Zerwürfnis mit Patrick erschien absolut nicht ratsam mitten in einem steinigen südafrikanischen Flusstal. Wir hatten kein Mobilfunknetz, keine Orientierung. Kein Immunserum gegen Schlangenbisse. Und noch an die 24 Stunden Zeit mit ihm.

Abends am Lagerfeuer grillte Patrick die mitgebrachten Würste, trank Whisky und erzählte von seinen Reisen. Kalahariwüste, Sambia, Botswana. Er war weit herumgekommen. Und dann, noch leutseliger geworden, kam er auf Nelson Mandela zu sprechen. Nelson Mandela. Freiheitsbesessener und Ex-Untergrundkämpfer, in dieser Funktion natürlich höchst umstritten. Pop-Gandhi der 80er-Jahre, Lichtgestalt der Menschenrechtler, nicht niederzuknüppelnde Stimme der Geknechteten. 1952 hatte er die erste schwarze Anwaltskanzlei Südafrikas eröffnet, war als Aktivist der verbotenen Partei African National Congress 1962 verhaftet und in verschiedenen Gefängnissen verwahrt worden. Für uns war er der Inbegriff des unbeugsamen Häftlings vom Dienst gewesen. Sein Symbolwert schwoll derart an, dass man ihm

1988, zum 70. Geburtstag, im Londoner Wembley-Stadion ein eigenes Großkonzert veranstaltete, mit Whitney Houston, Sting und ähnlichen Charakteren.

Ein großpolitisches Erdbeben gab es Anfang der 90er auch in Südafrika. Eine Mischung aus zivilem Widerstand, Druck von außen und dem Kalkül der Machterhaltung, gar nicht so viel anders als im Ostblock. Frederik Willem de Klerk wurde 1989 Präsident, eigentlich ein strammer Traditionalist, jetzt plötzlich Reformer, ein afrikanischer Glasnost-Gorbatschow. De Klerk besuchte Mandela im Gefängnis, hob Anfang 1990 das Verbot gegen den ANC auf, entließ die Gefangenen. Nelson Mandela war frei, keine zwei Jahre nachdem Stevie Wonder in Wembley »I Just Called To Say I Love You« für ihn gesungen hatte. Schon wieder kam uns alles wie ein rattenscharfes Wunder vor.

Dann ging alles noch schneller. 1992 Volksbefragung, 1993 Friedensnobelpreis für Mandela und de Klerk, 1994 Wahlen. Am 10. Mai 1994 wurde Mandela in Pretoria als erster demokratisch gewählter, erster schwarzer Präsident Südafrikas vereidigt. US-Vizepräsident Al Gore und First Lady Hillary Clinton waren da, Prinz Philip aus Großbritannien, PLO-Chef Jassir Arafat und, bärig grinsend, der kubanische Präsident Fidel Castro. Eine kapitalistisch-kommunistisch-kontrarevolutionäre Partymeute, wie sie sonst nur im Himmel, in der Hölle oder bei den »Simpsons« denkbar gewesen wäre.

Mandela tanzte später noch leicht roboterhaft für die TV-Kameras, etablierte im Amtsalltag gleich eine Wahrheits- und Versöhnungskommission. Packte den Kulturwandel an, verkrachte sich letztendlich mit de Klerk und so weiter. Im Nachhinein kam heraus, dass Mandela der

Witwe Margot Honecker Geld nach Chile überwiesen hatte. 1999 trat er nicht zur Wiederwahl an, ganz nach Plan. Südafrika und den United Nations blieb er bis zu seinem Tod als weiser alter Mann erhalten.

2017, am Lagerfeuer vor der Hütte in der Gamka-Schlucht, verriet uns der alte Fremdenführer Patrick dann ein Geheimnis. Nelson Mandela habe sein Leben lang die Weißen gehasst, erzählte er. Ein langjähriger Freund aus Sambia, selbst schwarzer Ureinwohnersohn, habe ihm diese Wahrheit einmal anvertraut. Demnach sei Mandela schon kurz nach seiner Gefängnisentlassung geheime Bündnisse mit großen westlichen Medienhäusern eingegangen. Die behandelten ihn weiterhin wie einen Heiligen, während Mandela selbst im Verborgenen von aggressivem Rassismus angetrieben worden sei. Gegenüber der weißen Bevölkerung Südafrikas, aber auch gegenüber dem Rest der Welt. Nur so sei seine Politik der Öffnung und Umverteilung richtig zu verstehen. Sein eigentliches Ziel sei es gewesen, die weiße Minderheit in seinem Land aktiv zu vernichten.

Ich seufzte. Also doch kein Wunder. Unabhängig davon, was man von der aktuellen Regierungsmannschaft des African National Congress hielt: immer noch der gleiche weiße Hass wie damals, die gleiche Missgunst. Ja, es stimme schon, dass die Medien oft ein etwas verklärtes Bild von Mandela gezeichnet hätten, antwortete ich müde. Aber die These des Freundes sei doch etwas unsinnig und pathetisch. Jetzt hätte ich Stevie Wonder brauchen können. Er hätte »Ebony and Ivory« singen können, mit mir als Paul McCartney. Aber er hätte uns in dieser unwegsamen Schlucht niemals gefunden.

Warum ging es nach den 90ern so bergab mit Südafrika? Warum stand die Arbeitslosigkeit 2017 unter dem African-National-Congress-Präsidenten Jacob Zuma bei fast 28 Prozent (die Jugendarbeitslosigkeit sogar bei fast 50), nachdem sie unter Mandela 1995 den 16,5-Prozent-Tiefstand erreicht hatte? Warum wünschen sich selbst unter den Benachteiligten so viele heute die Zustände der Apartheid zurück? Ich stellte die Fragen später einer schwarzen Südafrikanerin, die in den 90ern für Mandelas Regierung gearbeitet hatte und später in gehobener Position bei einem Automobilkonzern landete (weshalb ich ihren Namen nicht verraten darf).

»Als Mandela an die Macht kam, lag so viel Hoffnung in der Luft, so viel Aufbruchsstimmung und Vertrauen in seine Führungskraft«, sagte sie mir im Herbst 2017. »Trotzdem glauben viele Menschen in Südafrika heute noch, dass sie ihre Lebensqualität aufs Spiel setzen, wenn sie neu denken. Schwarze und Weiße leben immer noch nebeneinanderher, begegnen sich nur im Rahmen von Hierarchien. Und viele Schwarze sagen: Was nützt uns die ganze schöne Demokratie, wenn es uns jetzt dreckiger geht als vorher?« Wie so oft eine Spirale.

Als Kathrin und ich am nächsten Tag gegen Mittag zusammen mit Patrick wieder in Prince Albert ankamen, fielen endlich die seit Tagen dringend erwarteten Regentropfen. Er sagte uns freundlich Auf Wiedersehen und machte sich daran, den Springbock zu zerlegen, der im Kofferraum seines anderen Autos lag. Er hatte ihn einige Tage vorher halb tot an der Straße entdeckt und mit einem Gnadenschuss erlegt. Kathrin und ich fuhren erst mal zum Tanken. Der schwarze Servicemann bedankte sich fürs Trinkgeld. Es schien ihm okay zu gehen. Aber was wussten wir schon?

Gute Nachricht 5: Rucola passt zu allem

Stramm war die Alufolie über die Öffnung der Ikea-Salatschüssel gespannt. Durch das milchige, geriffelte Plastik konnte man zwar schon erahnen, was im Inneren raschelte und schwappte. Aber das minimale Überraschungsmoment blieb erhalten, ganz bis zum Schluss. Bis die Schüssel, die Eric auf seinen Knien durch die halbe Stadt transportiert hatte, endlich auf dem Küchentisch stand.

Tina, die Gastgeberin, entfernte die Folie. Vom zerknüllten Aluminium tropften ein, zwei Perlen Balsamico auf den Dielenboden. Die anderen Gäste schwiegen. Es war alles wie immer.*

---

* Die Rucolapflanze machte in den 90er-Jahren eine erstaunliche Blitzkarriere als neues Mittelklasselieblingsessen. Während in den besseren Restaurants die ultraglobalisierte Fusionsküche zum Trend angewachsen war, erlebten im Hausmacher- und Partybufettsegment die italienischen Gerichte ein unerwartetes Upgrade. Auf kleinen Tellern standen überall kalte Tomatenscheiben mit Mozzarella herum, Wannen voller Tiramisu, dazu trank man Prosecco, keinen Deinhard-Sekt. Zum Star der Bewegung wurde die Rauke mit ihren lurchgrünen und gezackten Blättern, leicht bitter, unter dem wesentlich societytauglicheren Pseudonym Rucola. Wo auch immer die »Siedler von Catan«-Spielkartons bereitstanden, wurde vorher Rucola gegessen, mit Trüffel- oder Walnussöl oder als Dämmmaterial in Lasagne oder Pastagerichten. Rucola, die Perfektion des Harmlosen. Bestens geeignet, um jeden heimlichen Weltherrschaftsplan naiv zu kaschieren. Wenn zur Jahrtausendwende nicht der Bärlauch dazwischengekommen wäre – was hätte noch alles passieren können?

Gute Nachricht 6: Auch Fußballer sind schwul (und geben es sogar zu)

In einer Zeit, in der es noch keine Google-Suchmaschine gab und somit auch keine Autovervollständigung, die beim Eintippen jedes zweiten Fußballspielers im Suchfeld von selbst das Wort »schwul« ergänzte – in dieser Zeit war Justin Fashanu ein Star.

Fashanu, großer, drahtiger Typ, Sohn eines Rechtsanwaltes aus Nigeria und einer Krankenschwester aus Guyana, spielte im Februar 1980 als Mittelstürmer für den englischen Erstliga-Club Norwich City, als der FC Liverpool zum Punktspiel anreiste. Neun Minuten vor Schluss, die Liverpooler führten 3:2, empfing Fashanu, achtzehn Jahre, einen Pass von John Ryan. Fashanu stand am Sechzehnmeterraum mit dem Rücken zum Tor. Er lupfte den Ball einmal nach oben, um sich vom Gegenspieler zu lösen. Drehte sich, schoss mit links direkt aus der Luft, mit allen Muskelfasern und dennoch aller Finesse. Der Ball flog wie in Zeitlupe. Man hörte die Uhr ticken. Fashanus Schuss lötete sich förmlich in die linke obere Torecke hinein. 3:3, ein unglaublicher, euphorisch brüllender Treffer. Fashanu hob, während er an den Jublern vorbeijoggte, nur kurz den Arm. Als hätte er geahnt, dass die gegnerischen Liverpooler in den folgenden letzten Spielminuten noch zwei Tore schießen und 5:3 gewinnen würden. Als hätte er gewusst, dass ein kurzer Glanzmoment die anschließende Pleite nur noch schlimmer macht.

Das Tor wurde von der BBC zum schönsten Tor der Saison gewählt, Justin Fashanu stand auf der Longlist für die englische Nationalmannschaft. 1981 kaufte Not-

BABY ONE MORE TIME!

EIN FOTO- UND ERINNERUNGS-ALBUM DER **90ER**-JAHRE (MIT FREUNDEN UND FREUNDEN VON FREUNDEN)

Wisst ihr noch ...

... wie Nathalie (links) und Isabel Dzinbek **VIVA** Stars waren? 1995 posierten sie in ihrer WG-Küche in Mülheim an der Ruhr.

Ein Bild für ZEHN wilde Jahre.

TURN ON TUNE IN COP OUT

DIE PARTYS
SPIELTEN IN EINER NEUEN DIMENSION (MIT VOODOO PEOPLE AN HAPPY MONDAYS)

In Manchester, Paris oder Detroit passierten die großen Dinge, aber die Beats reisten schneller als je zuvor. Deshalb konnte man auch in Herford/Westfalen pünktlich **Rave** tanzen (links). **Halloween** (oben) kam als neuer Festanlass dazu, kürbisfrisch aus Amerika. **Oder man chillte** (unten), denn sogar das war ein Trend.

JOIN THE LOVE REPUBLIC!

... UND DIE, DIE NICHT GENUG BEKAMEN, FUHREN IM SOMMER ZUR **LOVEPARADE** NACH BERLIN

„FRIEDE, FREUDE, EIERKUCHEN" war 1989 das Motto der ersten Loveparade. Dabei: rund 150 Eingeweihte. 1993 (Foto oben) kamen schon über **30.000** Raver am Ku'damm zusammen.

Super-Dancefloor Siegessäule, hier musste man sein.
1,5 **Millionen** Leute waren es am Schluss, darunter natürlich Schwaben, Rheinländer (Foto oben) und, nun ja, echte Berliner. Erinnerung: „Der Bass war so krass, dass jedes Bier sofort schal geschüttelt wurde."

JUST BE!

MAN KONNTE SEIN, WER UND WAS MAN WOLLTE. UND GENAU SO WAREN DIE LOOKS

Punk war in den 90ern nicht tot, er sah nur völlig anders aus (siehe oben, Osnabrück, **Silvester 1990**). Unten links: Grunge-Hip-Hop, auf dem Weg zum **Beastie-Boys**-Konzert in Aschaffenburg, ~~1996~~ 1995. Rechts: Pulp Fiction, Frankfurt, ca. **1996**.

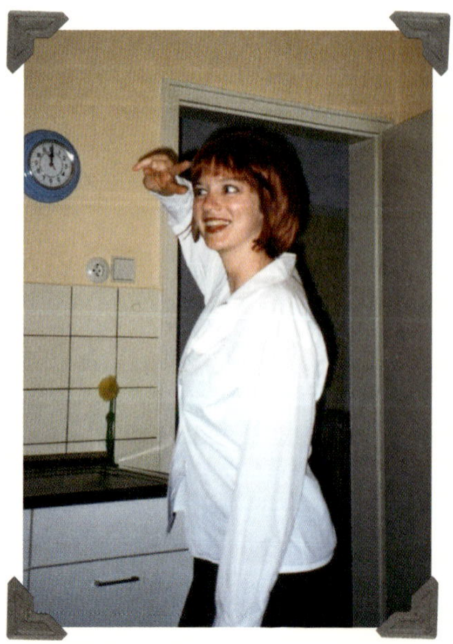

„ICH HABE BEREITS GENUG DAMIT ZU TUN, EINFACH **JETZT** ZU SEIN."

DOUGLAS COUPLAND, „GENERATION X"

Die Dunkelheit konnte man ganz pur tragen, das schwärzeste **Schwarz** zu den weißesten **Nike-Sneakers** (unten, 1992). Oder man krabbelte als **„Hippie-Popper"** (Selbstaussage, links, ca. 1995) neu auf die Welt, als Kombi aus **Guns N'Roses** und **Paisley Underground**.

DIE OBJEKTE

TOYS, KLAMOTTEN – UND WAS SONST NOCH IN DEN KISTEN VON DAMALS SCHLUMMERT

Das silberne **Jahrzehnt der CD** brachte einige unschlagbare Serien hervor: RaveBase, **DJ Kicks, BRAVO Hits** (manche laufen noch heute). Von Soap-Stars holte man sich **Autogramme**, weil es noch keine Selfie-Beweise gab.

Und **Zigarettenpackungen** hatten schöne Bilder, keine Warnhinweise

Oasis (Manchester, Typ Arbeiterklasse) vs. **Blur** (London, Typ Kunststudium) – sie wurden zu Erzrivalen des britischen Pop erklärt. Die Träger dieser T-Shirts (beide von 1994) liebten sich trotzdem, die Mode war dann doch zu ähnlich.

Nachdem West und Ost sich verbrüdert hatten, wurden die gemeinsamen Feinde im arabischen Raum gesehen. Das **Kartenspiel mit den Köpfen der Bösen** für US-Soldaten wurde nach 9/11 entwickelt: Sie sollten sich spielerisch die Gesichter einprägen.

Die große Realität in Klein: **Geri Halliwell** von den **Spice Girls** als Actionfigur mit Union Jack, der erste Nintendo **Game Boy** (sicher mit Super Mario Land und Legend of Zelda) und die Elefanten und Hippos aus dem **Überraschungs-Ei** (1993 bzw. 1997).

HELDEN WIE WIR

IDOLE WAREN NICHT MEHR NUR ZUM ANHIMMELN DA – SIE ZEIGTEN UNS, WIE MAN LEBEN KONNTE

Als **KURT COBAIN**, Kopf der Band Nirvana, am 5. April 1994 Selbstmord beging, bebte für Millionen von Fans die Welt. Das Foto oben entstand ein Jahr später in Potsdam. Die Gastgeberin feierte in ihren 16. Geburtstag hinein – und machte eine Trauer-Gedenkfeier daraus. **„Für mich war Nirvana einfach die Musik, die mich in der suchenden, verwirrenden, verwirrten und wütenden Pubertät trug"**, sagt sie heute.

BEVERLY HILLS, 90210 war die große Blaupause für alle Teenager-Soap-Operas, die uns noch beschäftigen sollten – und Luke Perry wurde zum **James Dean der 90er** (Bild oben). Auch Hip-Hopper konnte man werden, wenn man wollte. Das Emblem des **Wu-Tang Clan**, das im Bild unten von der Decke hängt, ist übrigens eine Laubsägearbeit.

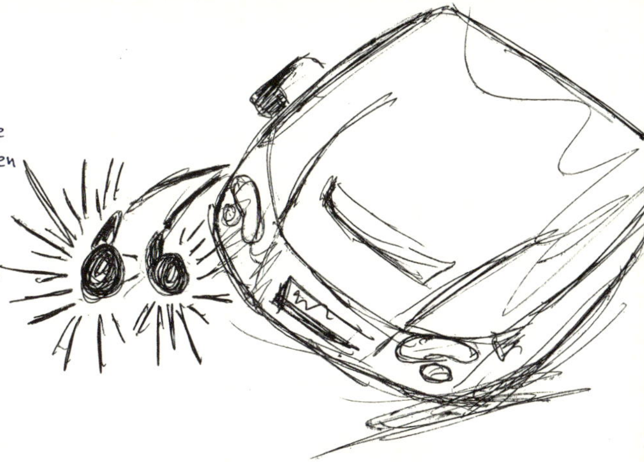

NEVER FORGET

DIE GROSSEN EREIGNISSE UND TRIPS (BEI DENEN MAN ZUFÄLLIG EINE KAMERA DABEIHATTE)

BERLIN, 1990

Auf der traditionellen westdeutschen **Berlin-Klassenfahrt** (oben: Gymnasiasten aus Fulda) ging man jetzt Mauertrümmer besichtigen. Unten: Besuch beim ersten **SOUTHSIDE-POPFESTIVAL** (mit Marilyn Manson, Massive Attack und, ääh, Liquido).

NEUBIBERG, 1999

»DIESES EUROPA DARF KEINE FESTUNG WERDEN.«

Helmut Kohl, 1991

ROM, 1997

Die endlosen regnerischen Tage, die wir in Passkontrollschlangen verbracht hatten, waren vorbei: **IN EUROPA FIELEN DIE GRENZKONTROLLEN WEG**, zur Freude von **Interrailern** und Backpackern. Man war viel schneller in Rom, fühlte sich dort als Europäer – und trank einen Espresso an der Spanischen Treppe, wie die Familie im Film **„Go Trabi Go“**.

Alles, was passierte, stand auch irgendwann in einem der vielen Magazine. Die Cover waren **KUNSTWERKE**, und die Hefte wurden tatsächlich gekauft und gelesen.

Pop kam zu dir nach Hause, zumindest fast: **SMUDO** von den Fantastischen Vier besuchte auf Promotion-Tour sein Publikum in Frankfurt (oben, Oktober 1996, im Plattenladen **WOM**). Die deutsche Filiale des Senders **MTV** residierte von 1990 bis '94 in Berlin – in der Privatwohnung der Büroleiterin (links).

Kurz bevor das Jahrtausend zu Ende ging, kam die **TOTALE SONNENFINSTERNIS** nach Mitteleuropa. Am Mittag des 11. August 1999 versammelten sich die Himmelszuschauer auch auf dem Österberg in Tübingen. Dann wurde es dunkel. Aber niemand hatte Angst.

tingham Forest ihn ins Team, für eine Million Pfund. Das war die bis dahin höchste Ablösesumme, die je ein britischer Club für einen Fußballer mit schwarzer Haut bezahlt hatte. Eine etwas seltsame Rekordstatistik, aber so stand Fashanu auch für Black Power. »Wenn ich auf dem Platz stehe, spiele ich für die Schwarzen, die kein so tolles Leben haben wie ich«, sagte er Anfang der 80er in einem Fernsehinterview. »Das treibt mich an.«

Zehn Jahre nach dem Supertor feierte Justin Fashanu sein Coming-out. »Eine Million Pfund teurer Fußballstar: ICH BIN SCHWUL«, stand am 22. Oktober 1990 vorn auf der Boulevardzeitung *The Sun*. Sein Bekenntnis hatte Fashanu der Zeitung verkauft, keiner weiß, für wie viel. Sein Berater Eric Hall hatte die Sache eingefädelt, ein maximal halbseidener Typ. Angeblich soll eine konkurrierende Schmierenzeitung bereits an der Geschichte drangewesen sein. Fashanu wollte der Enthüllung zuvorkommen. Wie auch immer, 1990 war er der weltweit erste aktive Fußballprofi, der sich öffentlich als homosexuell bekannte. Er sollte noch lange der Einzige bleiben. Auch dann noch, als die Suchmaschinen längst alles wussten.

Seine Karriere hatte sich zum Zeitpunkt des Bekenntnisses allerdings schon stark abgebremst. Bei Nottingham Forest, wo er mit dem Millionenruf angekommen war, hatte es gar nicht gut funktioniert. Trainer Brian Clough hatte mitbekommen, dass Fashanu Gay Bars besuchte. Es gab Streit. 1982, also acht Jahre vor dem öffentlichen Bekenntnis, verkaufte Forest den Stürmer an den Lokalrivalen Notts County weiter, für 115 000 Pfund, ein gutes Zehntel der alten Rekordsumme. Es ging auf und ab, Fashanu wechselte häufig die Clubs, landete sogar in der wenig geschätzten US-Liga. Es ist schwer zu sagen, ob das vor allem an den Verletzungen und Formproblemen lag. Oder daran, dass natürlich schon vor dem Artikel fast alle in der Branche wussten, dass er schwul war, und es ihm absichtlich schwer machten. Man kann die zwei Faktoren nicht voneinander trennen.

Die meisten Kollegen seien gut mit dem Wissen über seine sexuelle Orientierung klargekommen, sagte Fashanu im berühmten *Sun*-Interview. Trotzdem habe er oft böse Sprüche und Schmähungen von Mitspielern und Zuschauern ertragen müssen. Warum ausgerechnet die Fußballöffentlichkeit so brennende Probleme mit Schwulen hat, warum die Zustände hier auch heute noch stark an die 50er-Jahre erinnern, ist ein eigenartiges Rätsel. Man kann es eigentlich nur mit Argumenten erklären, die selbst aus den 50ern stammen.

»Mein Coming-out hat mir Selbstvertrauen gegeben. Und wenn jetzt Leute in meiner Gegenwart blöde Witze machen, tangiert mich das nicht mehr«, sagte der bayerische Ex-Fußballprofi Thomas Hitzlsperger. 2014, 24 Jahre nach Fashanu, war Hitzlsperger der erste deutsche Spieler, der die Wahrheit sagte. Seine Laufbahn war damals schon vorbei.

Justin Fashanus Spielerkarriere schleppte sich nach dem Bekenntnis noch acht mühsame Jahre dahin. 1997 machte er sein letztes Punktspiel, bei einem neuseeländischen Amateurclub. Er ging wieder in die USA, nach Baltimore, arbeitete dort als Trainer für einen kleineren Verein. Im April 1998 behauptete ein siebzehnjähriger Junge, Fashanu habe ihn vergewaltigt. Der Beschuldigte floh, heim nach England. Er stritt die Tat ab, hatte aber Angst, keinen fairen Prozess zu bekommen.

Am 2. Mai 1998 wurde Justin Fashanu in einer Garage im Londoner Osten gefunden. Er hatte sich erhängt. Der erste offiziell schwule Fußballstar der Welt war 37 Jahre alt geworden.

Gute Nachricht 7: Man muss nicht mehr links oder rechts sein – es gibt etwas dazwischen

Anna Elfenbein sagte nichts. An diesem Mittwochmorgen, dem 4. November 1992, kam sie wortlos in den Vorlesungssaal, was uns alle überraschte, denn wir kannten sie anders, lauter. Anna Elfenbein verbrachte im Winter 1992 ein Gastsemester an unserer Uni, eine smarte, schlagfertige Dozentin aus dem Mittleren Westen der USA. Feministische Literaturwissenschaftlerin. Ihre Vorlesungen waren super, wir mochten sie gern.

Anna Elfenbein ging stumm zur Tafel. Sie nahm die Kreide, fing an zu schreiben. Unterstrich die Parole mit einem quietschenden Schwung. »YEAH!«, stand da. Dann drehte sie sich zum Plenum um, reckte den rechten Arm in die Höhe. Und dann brüllte sie.

Auch wir waren in Brülllaune, wir alle kamen ja direkt von den Fernsehern zu Hause. In der Nacht von Dienstag auf Mittwoch war in den USA der 46-jährige Bill Clinton zum neuen Präsidenten gewählt worden, als erster Demokrat seit zwölf Jahren. Ronald Reagan hatte in den 80er-Jahren als seniler Aufrüstungsverwalter und Kaltkrieger gegolten. Gegen George Bush senior und seine Kuwait- und Panama-Invasionen waren wir sogar auf die Straße gegangen (»Kein Blut für Öl! U-S-A, internationale Völkermordzentrale!«). Ein so frisch gewaschener Typ wie Clinton – relativ jung, schlau, gut aussehend, nach vorne grinsend, ohne großen Lobbyverdacht – erschien uns als der exakt richtige Anführer für die Post-Wende-USA. Für ein Amerika, das ja ganz andere Aufgaben erfüllen sollte, als täglich böse Russen davor abzuschrecken, die westliche Welt auszulöschen. Dass Clinton Saxophon spielen konnte, was seine Beliebtheitswerte unter Amerikanern so irrwitzig nach oben jagte, war uns dagegen rechtschaffen egal.

Es ist aus heutiger Sicht vielleicht schwer verständlich, weil man beim Namen Clinton zuerst an die Monica-Lewinsky-Affäre denkt, dann an den Balkankrieg und dann vielleicht noch an Hillary Clintons misslungene Wahlkampagne von 2016. 1992 war sein Anblick als Präsident eine unglaubliche Erfahrung, ein Gefühl, das man nicht kannte, wenn man zu jung war, um Willy Brandt oder gar John F. Kennedy live erlebt zu haben. Und das man in den folgenden Jahren auch bei Tony Blair in Großbritannien und Gerhard Schröder in Deutschland haben konnte, den anderen zwei großen Grinsern. Plötzlich gab es Politiker, die man ernsthaft cool finden konnte. Die wach und mutig wirkten. Denen man abnahm, dass sie die Welt, die so wahnsinnig in Bewegung geraten war, in die richtige Richtung dribbeln konnten.

»Neu«, das war das Stichwort. »New Democrats« wurde Bill Clintons Parteiflügel genannt, und in England taufte Labour-Chef Blair seine Partei in New Labour um. Das sollte mehr sein als die üblichen pflichtschuldigen »Jetzt noch besser!«-Buttons auf Chipstüten: Hier schienen ein paar junge Supertypen das gesamte, weltweite

Fundament der linksliberalen Politik neu zu justieren. Sie steuerten weg vom Klassenkampf- und Lagerdenken. Das passte perfekt in eine Weltsituation, in der eben der Sozialismus für tot erklärt und das Ende der Ideologien ausgerufen worden war. Auch wenn diese Parolen vor allem Zeitgeistgerede waren – und das, was Clinton und Blair machten, praktische, von Interessen und Narzissmus getriebene Realpolitik.

»It's the economy, stupid!«, war eine von Bill Clintons Parolen: »Es geht um die Wirtschaft, ihr Trottel!« Das war auch später die kompakte Antwort für alle, die Ende der 90er-Jahre irgendwann die berechtigte Frage stellten, warum eigentlich kaum mehr ein Unterschied zu erkennen sei zwischen den regierungsfähigen Linken und den konservativen Neoliberalen. Die Lösung des Rätsels: Beiden Seiten ging es ums Wohl der Wirtschaft. Und die sieht, wenn man sie von links oder rechts betrachtet, am Ende halt doch relativ ähnlich aus.

Kurz nachdem er 1994 Vorsitzender der britischen Labour Party geworden war, hatte Tony Blair offiziell einen Passus aus der Parteiverfassung streichen lassen. In besagtem Abschnitt war es um das grundsätzliche Ideal gegangen, dass das arbeitende Volk auch die Macht über die Produktionsmittel erlangen sollte – dass das wegfiel, konnte für die Ziele von New Labour nur bedeuten: weniger Karl Marx, weniger Gewerkschaft und rote Fähnchen, dafür mehr Marktwirtschaft und Mittelschicht. Ob alle das kapierten, ist unklar. Jedenfalls schoss Labour, nach fünfzehn Jahren in der Opposition, in den Sonntagsumfragen nach oben. Gleichzeitig schwoll in Großbritannien ein irrer kultureller Boom an, der viele an den Taumel der 60er-Jahre erinnerte. Musik, Mode, Nachtleben, Kunst, Kino, Hedonismus. Und natürlich, ihr verehrten, versammelten Trottel: die Wirtschaft.

Im Februar 1997 waren die Girl-Power-surfenden Spice Girls als Showact für die jährliche Verleihung der BRIT Awards engagiert worden, der Gala der britischen Musikindustrie. Geri Halliwell, genannt Ginger Spice, hatte als Bühnenkleid ein kleines Schwarzes von Gucci erhalten. Zu öde, fand sie – und bat ihre Halbschwester Karen darum, mit ihrem Schneidertalent die Garderobe zu retten. Ein Küchenhandtuch wurde umfunktioniert, zerschnitten, auf die Front des Gucci-Kleids genäht: ein riesiger Union Jack, die britische Fahne. Halliwells Patriotinnenkleid war der Modehöhepunkt des Abends, es passte zu gut in die allgemeine Stimmung, in den Vibe. Nur Tage später erschien die Märzausgabe der Zeitschrift *Vanity Fair*: »London Swings Again!«, stand auf dem Titel, das Foto zeigte den Oasis-Sänger Liam Gallagher und seine damalige Freundin Patsy Kensit. Im Schlafzimmer, in Union-Jack-Bettwäsche. Wenn an diesem neuen Fahnenkult irgendetwas ironisch war, war es sicher zu subtil, um es mit drei Linien Kokain hinterm Nasenbein verstehen zu können.

Die Boulevardzeitung *The Sun*, traditionell für die Konservativen und strikt gegen Labour, sagte Tony Blair 1997 hochoffiziell ihre Unterstützung im Wahlkampf zu. Am 1. Mai gewann Labour mit mehr als 43 Prozent der Stimmen die Unterhauswahlen. Blair wurde, reiner Zufall, mit 43 Jahren der jüngste Premierminister der britischen Geschichte seit 1812.

»Der dritte Weg« nannten manche diese zeitgenössisch aufgemotzte Variante der Linkspolitik, nach dem gleichnamigen Buch, das der englische Sozialtheoretiker

Anthony Giddens 1998 veröffentlichte. Linke und rechte Positionen sollten sich hier in einer Art neuen, mehrheitsfähigen Mitte treffen und dort miteinander verschmelzen: eine sehr marktorientierte Sozialpolitik, dafür ein gerechtigkeitsliebender, menschenfreundlich gezügelter Kapitalismus. Keine Ideologie, kein Fundamentalismus. Viele meinten: Unter wachsender Regierungsverantwortung hatte das auch keine Spuren eines sozialdemokratischen, pazifistischen Markenkerns mehr. »Der Begriff ›Dritter Weg‹ wurde massiv missbraucht und verbogen, nicht nur durch die politischen Handlungen der Parteien, sondern auch durch die Kritiker, vor allem aus dem linken Lager«, bedauerte der Erfinder Anthony Giddens 2010 in einem Rückblicksartikel. Sechs Jahre vorher hatte Blair – der nach der Wahl durchaus vorbildlich in britische Bildung, Infrastruktur und Jugendarbeitsbeschaffung investiert hatte – die britischen Studiengebühren verdreifacht. Und schon 2003 hatte der deutsche SPD-Bundeskanzler Gerhard Schröder die Agenda 2010 verkündet. Mit ihr wurden in Deutschland unter anderem das Arbeitslosengeld gekürzt und die Arbeitslosenhilfe abgeschafft.

Natürlich ließen es sich auch Schröder und Blair nicht nehmen, noch fix zusammen ein Papier zu schreiben, kurz vor Ende der an Manifesten, Pamphleten und Agenda-Manuskripten wirklich nicht armen 90er. »Der Weg nach vorne für Europas Sozialdemokraten« hieß die Erklärung, die im Sommer 1999 kurz vor der Europawahl erschien und ein weiteres Update der politischen Metavision sein sollte. Ein »Sammelsurium von Allgemeinplätzen und eine schlechte Wiedergabe der in Europa bekannten Thesen von Anthony Giddens« sah Oskar

Lafontaine in dem Papier, so beschrieb er es jedenfalls noch im selben Jahr in seiner Autobiografie »Das Herz schlägt links«. Lafontaine, zeitweise im ultralinken Flügel der SPD und viel später Vorsitzender der PDS-Nachfolgepartei Die Linke, war nach Schröders Wahlsieg 1998 zuerst Finanzminister gewesen, aber schon im Frühjahr 1999 zurückgetreten. Unter anderem wegen der Politikrichtlinien des neuen Kanzlers, die Lafontaine allzu wirtschaftsfreundlich und so gar nicht Dritter-Weg-gemäß erschienen. Dass er das Papier seiner Rivalen ablehnte, überrascht keinen. Aber wie er das tat, wie er es hier als hastig zusammengekloppptes, voller Verständnisfehler steckendes Machwerk präsentierte, das ist grandios amüsant.

Blair und Schröder mussten bei der anschließenden Europawahl schwere Verluste hinnehmen. Die zwei seien »inzwischen ein glamourös entzaubertes Medienpaar«, zitiert Lafontaine im Text einen Zeitungskommentator, »wie Claudia Schiffer und David Copperfield. Sie treten immer mal wieder gemeinsam auf, aber wo ist die Substanz?«

Schiffer und Copperfield, das Model und der Magier. Zumindest die Oberfläche war auch bei ihnen immer perfekt. Cool waren sie nur einen kurzen Moment lang.

Gute Nachricht 8: Wenn mein Hund stirbt, lass ich mir einen neuen machen

Sah das weltberühmte Klonschaf Dolly wirklich genau so aus wie seine Erbmutter? Hatte es das gleiche Schafsgesicht, den typischen Gang, das identische Blöken?

War es eine exakte Kopie, so wie die Ebenbilder von Menschen, die manchmal in Science-Fiction-Serien aus dem Nebel im Genlabor auftauchen und Hallo sagen?

Das wäre mal wirklich interessant gewesen. Aber wir werden es nie erfahren. Das sechsjährige Schaf, aus dessen Euter die Erbzellen für Dolly entnommen wurden, war zum Zeitpunkt ihrer Geburt längst tot. Geschlachtet auf einem schottischen Bauernhof, nicht näher dokumentiert. Original und Nachbildung, man wird sie nie vergleichen können. Es konnte ja auch keiner ahnen, dass ausgerechnet diese Gewebeprobe zum Einsatz kommen würde, als im Roslin Institute der Universität Edinburgh am 8. Februar 1996 bei einer Testreihe etwas schiefging. Man brauchte schnell neues Genmaterial, um die bereitstehenden Eizellen nicht verschwenden zu müssen. Aus reiner Verzweiflung griff das Team zur besagten Euterprobe, man glaubte eh nicht, dass das funktionieren könnte. Die Schöpfung von Klonschaf Dolly war gewissermaßen eine Panne.

In der Weltpresse hieß es nach Dollys Geburt im Juli 1996, sie sei die Kopie eines lebendigen Wesens – dabei war sie streng genommen die Auferstehung eines toten Schafs. Stephen Kings »Friedhof der Kuscheltiere«, aber in niedlich. »Sie hat ein weißes Gesicht und wuschlige Beine«, stand in dem Fax, das die euphorischen Teammitglieder nach Dollys Geburt der Chefembryologin Karen Walker in das Landhotel schickten, in dem sie an dem Tag eine Hochzeit besuchte. An der Rezeption wunderte man sich, was für ein teuflisches Baby das wohl sein könnte.

Dolly war längst nicht das erste geklonte Säugetier der Welt, aber das erste, bei dem man Erbgut aus dem

Gewebe eines erwachsenen Tiers verwendet hatte (gewöhnlich nahm man Zellen aus Embryos). Was daran anders und neu war, verstanden nur Biologienerds. Auf den Rest der Welt wirkte die Nachricht vor allem fantasieanregend. Man dachte an Armeen aus identischen Wesen, an Gleichschaltung und in Kellerkäfigen weggesperrte Mutanten, aber irgendwie auch an Beamen, Zeitreisen, Unsichtbar-Werden.

1997 kam dann das Foto der nackten, schaurigen Vacanti-Maus aus Boston in Umlauf, die ein menschliches Ohr auf dem Rücken zu tragen schien. Das bestand zwar aus tierischem Knorpel, war keineswegs als Folge eines irren Genexperiments dort gewachsen, sondern angenäht worden, um das Gewebe am Leben zu erhalten. Wer erklären wollte, wie ethisch korrekt die Laborarbeit ablief und wie viel heiligen Nutzen das alles bringen würde, der kam angesichts dieses sehr ungesund wirkenden Mäusebildes allerdings ins Stottern. Interessant, was man alles machen kann, wenn die Gesetze passen – aber ist es nötig? Die Frage ist auch heute nicht beantwortet.

Die viel fotogenere Dolly lebte knapp sieben Jahre. Pflanzte sich konventionell fort, bekam sechs Lämmer, zeigte aber verdächtig früh Alterserscheinungen. Ob die mit ihrem Klonursprung zu tun hatten, kann natürlich keiner sagen. Am Valentinstag 2003 musste Dolly eingeschläfert werden, heute hat sie Hunderttausende Schwestern und Brüder im Geiste: In den USA und China werden besonders edle Zuchttiere im Dolly-Verfahren vervielfältigt, während in Südkorea eine Branche entstanden ist, die auf Wunsch verstorbene Haustiere neu erschafft. Um die 70 000 Euro kostet ein neuer alter Hund, ein nicht wirklich massentaugliches Verfahren. Von geklonten Menschen, dem großen Menetekel der Debatte, hat man aber bis heute nichts gehört.

Über die Technik des Klonens im Dolly-Stil würden sich die wirklich verrückten Professoren heute sowieso nur noch totlachen. Seit das Genom entschlüsselt ist, seit der US-Biochemiker Craig Venter seinen genetischen Code veröffentlicht hat und es unter Großstädtern schick geworden ist, die eigene DNA an Firmen wie MyHeritage oder GenePartner zu schicken und daraus Herkunft, Krankheitsrisiken und Idealliebespartner lesen zu lassen – seither ist die Vision nicht mehr das billige Kopieren von Lebewesen. Man kann jetzt gleich ganz neue erschaffen. Seit sich die Digitalisierung beschleunigt hat, sind wir keine Zellhaufen mehr. Sondern Datenstränge. Man muss sie lesen und schreiben können.

Gute Nachricht 9: Im Notfall rettet uns Bruce Willis

Die Überschrift hat jetzt zwar schon alles verraten, aber egal: Wenn man überlegt, wer eigentlich der maßgebliche, ikonische, im strengen Sinn heldenhafteste Filmheld der 90er-Jahre war – dann fallen einem zuerst vielleicht Ewan McGregor und Johnny Depp ein, Geena Davis und Susan Sarandon (also Thelma & Louise), Julia Roberts und Jodie Foster, Samuel L. Jackson, Kate Winslet und Leonardo DiCaprio. Am Ende läuft es jedoch, wenn man ganz ehrlich ist, auf den einen hinaus, der einem erst als Zweites oder Drittes eingefallen wäre. Mit dem sich wohl die wenigsten je bewusst identifiziert haben, all die Jahre nicht. Doch wenn die 90er einen archetypischen Filmhelden haben, dann ist es Bruce Willis. Die unglaubliche Kombination aus bulliger Bärenkraft und totaler Unscheinbarkeit. Der stiernackige, kahlköpfige, Unterhemden tragende, unsichtbare Dinge kauende Willis.

Der erste »Stirb langsam« ist von 1988, der zählt nicht. In den 90er-Jahren hat Willis den Boxer in »Pulp Fiction« gespielt. Den eigentlich toten Therapeuten in »The Sixth Sense«. In »Das fünfte Element« war er der auserwählte Taxifahrer. In »12 Monkeys« der Zeitreisende. In »Armageddon« der galaktische Mannschaftsführer. In »The Player« von Robert Altman einfach er selbst.

Ich frage meinen Freund Heiko, einen überragenden Kinokenner, was diese Phase in Willis' Werk eigentlich so besonders mache. »Wenn man ihn da so sieht, diesen Typen, dann weiß man: Der Film wird was«, antwortet Heiko. »Er strahlt Vertrauen aus. Er sagt dir: Es kann nicht allzu viel schiefgehen. Genau wie früher bei John Wayne.«

Vertrauen. Das kommt der Sache nahe. Denn während rundherum alles rotiert und verrückt spielt, während einem in »Pulp Fiction« die Zeitebenen und Popreferenzen um die Ohren fliegen, im »Fünften Element« bizarre Typen Verfolgungsjagd spielen, in »12 Monkeys« die Rebellen und Antirebellen zwischen den Jahrzehnten hin- und herspringen und im tagelangen Zwielicht von »The Sixth Sense« die Leichen zum Leben erwachen – in all diesen Wirrungen und Konfusionen scheint Bruce Willis immer der Einzige zu sein, der sich überhaupt noch über die Vorfälle wundert. Dem die Dinge aus heiterem Himmel widerfahren. Der eben nicht eingeweiht ist. Der reagieren muss. So wie wir, die Zuschauer, die auf nichts von alledem irgendwie vorbereitet sind.

Beim Geschichtenerzählen gilt ja die alte Regel, dass es in der Handlung unbedingt einen Charakter geben muss, mit dem die Zuschauer sich identifizieren können. Der ihren Standpunkt vertritt, der genau die Fragen stellt, die sie gern stellen würden. Wie der Boxer, der plötzlich in einem Sadomasokeller aufwacht und nicht versteht, was vor sich geht. Der Lufttaxifahrer, dem aus den Wolken eine orangehaarige Space-Prinzessin auf den Rücksitz kracht und der mit allen Folgen dieses Zufalls fertigwerden muss. Oder der Strafgefangene James Cole, den Willis in »12 Monkeys« spielt. Um sich die Begnadigung zu verdienen, lässt er sich zu einer gefährlichen Mission auf mehrfache Zeitreise schicken. Beim Zuschauen erleben wir die gesamte Verstörung und Not mit, die man sich als Grundgefühl eines solchen Trips lebhaft vorstellen kann: Die Kamera ist immer nah dran an Willis' glubschäugig aufgeschwemmtem Gesicht. Er blutet und windet sich, kämpft und ringt trotzdem tapfer darum, den Auftrag zu erfüllen. Der geschorene Kopf, der Schweißfilm, das Kopfweh. Die ganze Nerverei, als Typ aus der Zukunft in der jeweiligen Gegenwart immerzu falsch verstanden zu werden. Bruce Willis verkörpert hier exakt das, was wir in den stark entwicklungsbeschleunigten 90ern so häufig selbst erlebten. Diese Momente, in denen man sich fassungslos fragt: Wie zur Hölle bin ich hierhergekommen? Was bitte soll das alles? Und wie komme ich im Zweifel am schnellsten wieder weg?

1994, bevor »Pulp Fiction« herauskam, hatte Willis' Karriere am Boden gelegen. 1998, nur vier Jahre und einen Sack großer Filme später, war er der Star in Michael Bays Weltall-Orgasmus-Action »Armageddon«, in der vorab schon mal der Verteidigungsfall für eine eventuelle Millenniumskatastrophe geübt wurde. Willis muss mit seiner Truppe einen Meteor zerstören, der auf die Erde zurast. Das Ende darf man verraten: Sie schaffen es. Zwei Jahre vor Ende der Dekade rettet Bruce Willis tatsächlich die Welt und alle, die darauf herumlaufen. Es wäre nicht nötig gewesen. Wir waren ihm eh schon dankbar genug.

Die schlimme Nachricht: Tod, Rache und Verderben

Der Bosnienkrieg dauerte schon gut drei Jahre, als Anfang Juli 1995 bosnisch-serbische Einheiten in Richtung Srebrenica vorrückten, einer kleinen Bergbaustadt im bosnischen Osten. Das Besondere an Srebrenica war, dass es in einer der fünf »safe areas« lag, die die Vereinten Nationen 1993 eingerichtet hatten, in Absprache mit den Bürgerkriegsparteien: entwaffnete Gebiete, die Flüchtlingen als Schutzzonen dienten und von UN-Friedenstruppen gesichert wurden. 50000 muslimische Bosnier fühlten sich in Srebrenica halbwegs sicher. Aber die bosnischen Serben ignorierten das Abkommen. Am 11. Juli marschierten Truppen in die Stadt ein und richteten dort einen der schlimmsten Massenmorde an, die es nach dem Zweiten Weltkrieg in Europa gegeben hatte. Tausende wurden abtransportiert und planmäßig erschossen, es gab Vergewaltigungen, Folterungen. Flüchtende wurden abgefangen, zusammengetrieben, getötet.

An fünf Tagen starben mehr als 8000 männliche Bosnier. Die gut 400 UN-Blauhelmsoldaten hielten die Gegenwehr offenbar für sinnlos. Anschließend kam ein Foto in Umlauf, das den Friedenstruppenkommandeur Thom Karremans beim Weintrinken mit Serben-General Ratko Mladić zeigte. Karremans berichtete später, das Bild sei inszeniert worden. Ein Symbol der Hilflosigkeit ist es so oder so. Kriegsverbrechen gab es in rund acht Jahren Balkankrieg natürlich auf allen Seiten, aber Srebrenica bleibt die mit Abstand größte Schande.

Die Konflikte, die in Ruanda – einem kleinen, bergigen, dicht bevölkerten Staat in der Mitte Afrikas – zwischen den Volksgruppen der Tutsi und der Hutu herrschen, haben tiefe Wurzeln. Bis in die 50er-Jahre hinein hatte eine privilegierte Tutsi-Minderheit die Hutu-Mehrheit unterjocht, dann drehten sich im Lauf diverser Revolten die Verhältnisse um. Wirtschaftskrisen, vermischte politische Kalkülinteressen und Attacken einer Tutsi-Rebellenarmee lösten Anfang der 90er-Jahre in Ruanda einen Bürgerkrieg aus. Und der mündete in einen Völkermord, der alles Vorstellbare sprengte. Am 6. April 1994 wurde das Flugzeug des diktatorischen Hutu-Präsidenten Juvénal Habyarimana beim Landeanflug abgeschossen. Das Attentat ist bis heute ungeklärt, aber es wurde als Rechtfertigung für rasende Angriffe benutzt, gegen Tutsi-Bürger und alle, die Gegenwehr leisteten. Mit Macheten und Äxten bewaffnete, durch Propaganda hirngewaschene Zivilisten zogen durch die Dörfer und Flüchtlingslager, teilweise unterstützt durch die Armee, und erschlugen die vermeintlichen Gegner zu Tausenden. Zwischen 500 000 und 800 000 Tutsi und moderate Hutu wurden ermordet, bis Mitte Juli die Rebellentruppe die Kämpfe für sich entschied. Bei den Vergeltungen der Sieger starben weitere rund 45 000 Menschen. Die UN wurden bitter für ihre umfassende Untätigkeit kritisiert.

Der sogenannte Zweite Golfkrieg hatte im August 1990 begonnen, als die Truppen des Irak in Kuwait einmarschierten und das Land annektierten. Der Krieg ging im Februar 1991 dem Ende entgegen, ungefähr sechs Wochen nachdem die US-Armee und diverse Alliierte eingegriffen hatten, auffällig besorgt um das Schicksal des kleinen, ölreichen Scheichtums. Am 26. Februar starteten die irakischen Soldaten ihren Rückzug. Tausende von Panzern, Lkws und Militärautos fuhren über den schnurgeraden Wüstenhighway von Kuwait-Stadt aus Richtung irakische Grenze, als die Amerikaner doch noch einmal angriffen. Massiv. Aus der Luft bombardierten sie erst Anfang und Ende des Konvois, nahmen ihn dann, als er gestoppt war, mit Raketen und allen verfügbaren Bomben zehn Stunden lang unter Dauerbeschuss. Die Zahl der getöteten Irakis und Palästinenser wurde auf 800 bis mehrere Tausend geschätzt, die Aktion wurde als »Highway of Death« bekannt. Ein solcher Angriff gegen Truppen, die sich schon im Rückzug befinden, gilt laut Genfer Konventionen als Kriegsverbrechen. Die amerikanische Führung begründete den Angriff sinngemäß damit, dass der irakische Präsident Saddam Hussein zu dem Zeitpunkt die UN-Resolution gegen die Kuwait-Invasion noch nicht offiziell akzeptiert hatte. Was später passierte: nichts. Wegen des »Highway of Death«-Massakers wurde niemand juristisch belangt.

1989 waren die Aufstände in Tibet, die sich gegen die fast vierzig Jahre andauernde chinesische Besatzung richteten, brutal niedergeschlagen worden. In den

90er-Jahren verschärfte China noch einmal seine Unterdrückungspolitik in der Himalajaregion. Um die Kultur der tibetanischen Bevölkerung weiter zu schwächen, wurden in der Hauptstadt Lhasa systematisch historische Viertel demoliert und durch sozialistischen Einheitsbau ersetzt. Hunderte von Nonnen und Mönchen, die für die Unabhängigkeit demonstriert hatten, kamen ins Gefängnis. Die Nonne Ngawang Sangdrol zum Beispiel, die 1990 mit dreizehn Jahren eingesperrt wurde, berichtete nach ihrer Freilassung 2002 von unsäglichen Haftbedingungen, körperlicher und psychischer Folter. Im Mai 1995 wurde der sechsjährige Junge Gendün Chökyi Nyima aus dem Regierungsbezirk Nagqu als neuer Panchen-Lama identifiziert, als spiritueller Erbfolger einer bedeutenden buddhistischen Führerschaftslinie. Drei Tage später waren der Junge und seine Familie verschwunden. Die chinesische Regierung inthronisierte als Ersatz einen anderen, eigenen Panchen-Lama. Sie behauptete, dem ursprünglich Erwählten sei der Trubel zu viel geworden und die Familie hätte um Inkognitoasyl gebeten.

Der Deutsche Bundestag verabschiedete im Juni 1996 eine Resolution, in der China unter anderem zur Wahrung der Menschenrechte für Tibeter und zur Freilassung des Panchen-Lama aufgefordert wurde. Aktivismus, Papiere, Aufrufe gab es durch die Jahrzehnte viele. Kein chinesischer Beamter oder Militär wurde je wegen der Vorgänge in Tibet beschuldigt. Was mit Gendün Chökyi Nyima passiert ist, dem verschwundenen Panchen-Lama, ist bis heute ein Rätsel.

In Ruanda wurden nach der Stabilisierung Zigtausende verhaftet. Zeitweise saßen bis zu 140 000 potenzielle Bürgerkriegsverbrecher ein. Das Flüchtlingshilfswerk der Vereinten Nationen trug umfassendes Beweismaterial zu den Menschenrechtsverletzungen zusammen. In diesem Kontext tauchten auch weitere Belege dafür auf, wie die internationale Gemeinschaft die drohende Katastrophe ignoriert hatte. Der Internationale Strafgerichtshof für Ruanda begann im November 1995 seine Arbeit. Bis April 2014 sprach er 75 Urteile. Zwölf davon waren Freisprüche. Ruandische Gerichte sprachen Tausende von Menschen schuldig. Die Aufarbeitung dauerte bis 2012.

Im November 2017, 22 Jahre nach dem Massenmord von Srebrenica, sprach in Den Haag der Internationale Strafgerichtshof für das ehemalige Jugoslawien den Schuldspruch über Ratko Mladić, den damaligen Kommandanten der bosnisch-serbischen Armee. Mladić wurde zu lebenslanger Haft verurteilt, wegen seiner Beteiligung an Völkermord, Vertreibungen und weiteren Kriegsverbrechen. Staatspräsident Radovan Karadžić war im März 2016 zu vierzig Jahren Gefängnis verurteilt worden. Die serbische Boulevardzeitung *Informer* kommentierte: »Den Haag vergewaltigt Serbien.« Wie gesagt, es war 2016.

»HALLO, WIR SIND'S! VERTREIBT UNS DIE ZEIT!«

Die wunderschönsten Penner und Versager, Junkies und Tagediebinnen der Welt: Wie wir lernten, unsere Antihelden zu lieben

Jahrhundertelang, mindestens bis zur Erfindung von Kubismus und Kartoffeldruck, hat die Menschheit sich die Wiederkehr Christi zum Jüngsten Gericht ungefähr so vorgestellt. So wie das, was am Nachmittag des 17. Juni 1995 auf dem Alexanderplatz in Berlin passiert. Die Menge, die sich versammelt hat, staunt nach oben in den Himmel. Einige heben die Ellbogen, um die Augen gegen das Blendlicht abzuschirmen. Sie sehen die erhabene Gestalt, die erst nur ein Schatten jenseits der Wolken ist. Und sich dann der Erde nähert, mild, königlich. Singvögel umschwärmen sie. Es dauert.

Als die riesigen, freundlichen Füße den Grund berühren, können die Menschen endlich dem heiligen Riesen ins Gesicht sehen. Sie erkennen ihn. Es ist Michael Jackson.

Ungefähr so hat sich die Szene wirklich abgespielt. An diesem Samstagnachmittag im Juni '95, gegen 16:30 Uhr, setzt ein Kran das fast zehn Meter hohe Standbild des Sängers, Tänzers und Popidols Jackson in Berlin-Mitte nieder, auf dem Dach der Einkaufspassagen beim Forum Hotel. Ein Riesending aus Stahl und Fiberglas, einheitsgrau, über neun Tonnen schwer. Die gespreizten Beine erinnern völlig zufällig an den antiken Koloss von Rhodos, der rund 2200 Jahre vorher auf der Weltwunderliste stand (und, Punkt für den Griechen, insgesamt dreimal so hoch war wie der falsche Jackson). Der Rest, das Stählerne, der martialische Patronengürtellook der Statue, der entschlossene, kinnkantige Blick ins Weite – all das gibt dem Popstandbild eine Aura zwischen Messias und postsozialistischem Wüstenplanet-Krieger.

Das Einzige, was die Großinszenierung trübt, ist der Menschenauflauf. Zur Statuenniederkunft, die von der Plattenfirma Sony Music als Teil eines weltweiten Werbeevents für Jacksons neue Doppel-CD »HIStory – Past, Present And Future Book I« orchestriert worden ist, sind nur rund zwanzig Fans gekommen. Sozusagen: die Überreste einer ostwestfälischen Schulklasse während einer Magen-Darm-Welle. Die »Michael!«-Schreie sind viel zu leise.

Ein Reporter der *Berliner Zeitung* ist vor Ort, holt Stimmen der Umstehenden ein. Christine aus dem Prenzlauer Berg und Henrik aus Köpenick loben die Statue als »sehr plastisch«. Eine mitgereiste Oma sieht die Sache kritischer: »Das Gesicht ist entstellt, und überhaupt fehlt die Ähnlichkeit. Ich habe ihn an den Handschuhen erkannt.« Und Bernd aus dem Prenzlauer Berg fasst zusammen: »Jacko ist für seine perfekten Shows bekannt, darum müsste er auch genauso perfekt präsentiert werden.« Was hier offenbar nicht der Fall ist.

Rund drei Kilometer weiter westlich ergibt sich dagegen ein völlig anderes, weit weniger beklommenes Bild. Dort hat am selben Wochenende das bulgarisch-französische Künstlerpaar Christo und Jeanne-Claude begonnen, den Deutschen Reichstag mit Kunststoffplanen verhüllen zu lassen. 24 Jahre lang haben sie die Aktion vorbereitet, jetzt ist es so weit. Welchen tieferen Sinn es ergibt, den Parlamentssitz komplett mit aluminiumbedampftem Polypropylengewebe zu umwickeln, das ist sicher schwieriger zu erklären als die Enthüllung eines Popstar-Standbilds. Und trotzdem kommen am Reichstag schon an diesem ersten Samstagnachmittag Hunderte von Zuschauern zusammen. Schauen durch Ferngläser den Arbeiten zu, essen Wurst. Ein Volksfest, große Kunst. In Zeiten, in denen es noch keine Social-Media-Aufrufe gibt, ist das vielleicht Zufall oder Glück. Vielleicht aber auch das Indiz einer großen Wende in der Eventkultur.

Man muss es zur Sicherheit noch einmal betonen: Ganz kurz zuvor, in den 80er-Jahren, ist Michael Jackson zu einem der sprichwörtlichen, nicht wegzudiskutierenden Weltmassenidole geworden. Mädchen mögen ihn tendenziell am liebsten. Aber auch Jungs finden die Zombie- und Gangstervideos gut. Sie wollen tanzen und kickboxen wie Michael Jackson. Wollen gleichzeitig so hot und so cool sein.

Das Phänomen gibt es zu dem Zeitpunkt ja noch gar nicht so lange: Teenager, ihre großen Geschwister und sogar die Eltern schwärmen plötzlich für dieselben Leute. Sie gehen zusammen ins Stadion, hören die gleichen Platten, dieselben Sender. Trinken dazu die gleiche Cola. Anders hätten sich die rund vierzig Millionen verkauften »Thriller«-Alben und sechs- bis siebenstelligen Sponsoringdollars in den 80ern kaum zusammenläppern können. Dass der samtkatzige Jackson im roten Knautschlederjäckchen damit natürlich nicht für Abgrenzung, Generationenkonflikt und pubertären Distinktionsgewinn steht, ist ein anderes Thema. Natürlich sind Idole immer auch Abbilder der Zeiten, in denen sie groß werden. Der fantastilliardische Ruhm ist jedenfalls die Ausgangsbasis, von der aus Jackson prima durch die 90er hätte surfen können. Theoretisch. Aber dann überholt ihn die Zeit. Und noch irgendetwas anderes.

Was? Vielleicht eine neue Vorstellung davon, was Größe ausmacht. Wie man zum öffentlich vereinnahmten Helden wird und wie nicht.

Stolz und Vorurteil, oder: Wie der Superstar der 80er zum Kasper der 90er wird

Kurz noch mal von Anfang an: Im März 1991 ist Jacksons Karriere – obwohl er eben noch von Sony Music für die Vertragsverlängerung 65 Millionen Dollar bekommen hat – bereits in seltsame Schlingereien geraten. Viele der Storys über Sauerstoffzelte, Nasenhobeleien und Hautbleaching, die unwidersprochen in den Zeitungen stehen, sind bei Licht nicht mehr als die üblichen diskriminierenden, oft auch latent rassistischen Fantasien. Die Geschichten, die Menschen sich in sicherer Gemeinschaft über Außenseiter und ungeliebte Mitschüler erzählen. Weil man sie gern hört und weil Fies-Sein so viel Spaß macht.

Synchron kann man dem echten Jackson dabei zusehen, wie er von Minute zu Minute immer mehr Eleganz und Humor verliert. Beim rund neunminütigen Video zu »Remember The Time« von 1992, einer goldklirrenden, aber reichlich krampfadrigen Ägyptenrevue, ist schon nichts mehr vom hektisch zuckenden Charme zu spüren, der Jacksons MTV-Präsenz der 80er so fantastisch machte. Und dann – die Katastrophe. Der dreizehnjährige Jordan Chandler, der zur erweiterten Entourage auf Jacksons kalifornischem Landsitz gehört, sagt im Sommer 1993 aus, der Sänger habe sich im Pyjamapartykontext mehrfach sexuell an ihm vergangen. Im Lauf der Ermittlungen erfährt die Öffentlichkeit unter anderem exakte Details zur Farbgebung von Jacksons Penis und Pobacken. Der Jackson-Clan schließt Anfang 1994 einen außergerichtlichen Vergleich mit der Chandler-Familie. Den Verdacht schafft das erst recht nicht aus der Welt. Sogar der deutsche Rockstar Marius Müller-Westernhagen, der sonst eigentlich nur über Sex oder sich selbst singt, dichtet 1994 im Song »Es geht mir gut«: »Michael Jackson geht mit kleinen Jungs ins Bett, und ich kann übers Wasser geh'n.«

Jackson, eben noch der Superstar und King of Pop, wird zum König der schlechten Witze, zum tragischen Kasper. Als er im August 1993 zum zweiten Mal wegen angeblicher Dehydration und Erschöpfung ein Konzert in Bangkok verschiebt, schaltet Coca-Cola halbseitige Spottanzeigen in den örtlichen Tageszeitungen. »Dehydriert? ... Einfach Coke trinken!«, eine Spitze gegen Pepsi, Jacksons Hauptsponsor. Im November taucht Jackson unter. Die britische Boulevardzeitung *Daily Mirror* ruft einen »Spot the Jacko«-Wettbewerb aus. Leser, die Hinweise auf seinen Aufenthaltsort geben, können eine Reise nach Disney World gewinnen.

Jacksons exzentrische Anmutung hatte 1984 noch großen Anteil an seiner Glamouraura. Plötzlich wird sie – für eine Öffentlichkeit, die damals noch wenig Erfahrung mit Info-Overload und Fake News hat – zum verkappten Beweis für eine angebliche skandalöse Schuld. Haltet den Freak. Wer würde in einer derart vertrackten Situation also nicht ... feierlich eine zehn Meter hohe Nachbildung von sich selbst auf den Berliner Alexanderplatz stellen? Den erst quietschenden, dann knirschenden und letztendlich krachenden Crash zwischen den zwei Grundsatzmodellen Megastar und Antiheld kann man an der 90er-Höllenspirale des Michael Jackson so wunderbar und schmerzhaft erklären.

Jackson selbst soll im Winter 1994 die Anregung gegeben haben, bei den Beratungen über mögliche Werbeaktionen zur kommenden CD: »Baut mir eine Statue!« Zum Glück sagt er nicht, dass eine Arche gezimmert werden soll. Sony setzt für die Kampagne 30 Millionen Dollar Budget an, zehn Zehn-Meter-Standbilder werden gegossen. Eines wird im Sommer 1995 auf das Dach des Plattenladens Tower Records in Los Angeles gestellt. Ein Stahl-Jackson fährt auf einem Boot die Londoner Themse herunter. In Prag wird die Statue auf einem Podest im Letná-Park platziert, auf dem bis 1962 das weltgrößte Standbild Josef Stalins gestanden hatte. Also: Ausgerechnet jetzt, im weltweiten Tauwetter der Geschichte, das in der früheren sozialistischen Welt auch die allerletzten selbst ernannten Superstars von den Sockeln geschwappt hat, entdeckt Michael Jackson im großen Stil den rot-totalitären Prunk.

Die Doppel-CD »HIStory«, um die es bei dem ganzen Aufmarsch ja eigentlich ging, verkauft sich übrigens schon in der ersten Woche allein in den USA fast 400 000-mal. Sie erreicht in neunzehn Ländern Platz eins der Charts, wird von einer Tournee gefolgt, in der 4,5 Millionen Menschen in 58 Städten die größte Show des Planeten sehen. Davon, dass Jacksons persönliche History am Ende sei, dass jetzt auch in der globalen Bewunderungskultur endlich die bedeutsam eingebimmelte, längst fällige Zeitenwende stattfindet, in der die Nerds, Penner und Selfmadepeople die alten Idole für immer von den Posterwänden reißen und ins Biotop Las Vegas verjagen – davon kann 1995 also trotz aller Anzeichen noch keine Rede sein.

Die zwei gegensätzlichen Entwürfe Held und Antiheld begegnen sich zu diesem Zeitpunkt gar nicht Auge in Auge, kommen sich nicht groß in die Quere. Wobei: Ab und zu tun sie es doch. Im Beispielfall Michael Jackson sind es mindestens zwei Gelegenheiten.

Fall eins: die Verleihung der BRIT Awards, der britischen Musikpreise, am 19. Februar 1996 im Earls Court Exhibition Centre in London (ein Jahr vor Geri Halliwell und ihrem Union-Jack-Kleid). Jackson, für den ein fadenscheiniger »Artist of a Generation«-Award ausgelobt wird, tritt auf. Steht auf der Bühne in Dampf- und Neonsäulen, während im Hintergrund Filme von bedrohten Giraffen, Regenwäldern und Hungerkindern ablaufen. Langsam kommt ein Treck von Lumpenstatisten über die Showtreppe gezogen, der wie der Notfallcast eines christlichen Musicals aussieht. Jackson soll offenbar ihr Jesus sein. Die BBC überträgt das alles live.

Als der Star sich gerade anschickt, eine Hebebühne

zu betreten, die ihn zur finalen Himmelfahrt über die Köpfe der Zuschauer bringen soll, läuft aus dem Schatten am linken Bühnenhintergrund ein fremder Mann ins Rampenlicht: Jarvis Cocker, fünf Jahre jünger als Jackson, meist in Brille und Sakko gekleideter, spilleriger Sänger, Dichter und Spiritus Rector der Popgruppe Pulp aus Sheffield. Er hat den Auftritt vom Publikumsraum aus verfolgt. Er kocht vor Wut über die seiner Meinung nach völlig unangemessene Show und beschließt, den Auftritt zu stören. Läuft auf die Bühne, grüßt militärisch, weiß nicht so richtig, was er eigentlich tun soll. Reckt den Hintern ins Publikum, wedelt mit den Händen. Zuerst kapiert keiner, ob das vielleicht zur Show gehört. Mitglieder der Jackson-Truppe versuchen, Cocker einzufangen. Er entwischt durch den anderen Bühnenausgang.

»Es sollte ein Protest gegen die Art und Weise sein, wie Michael Jackson sich hier als Christusfigur mit Heilkräften inszeniert hat«, sagt er später in der offiziellen Stellungnahme. »Die Unterhaltungsindustrie erlaubt es ihm, solche Fantasien auszuleben, nur weil er reich und mächtig ist.« Cocker wird nach dem Bühnensturm verhaftet, verhört, kommt aber ohne Strafe davon. Selten wurde besser vorgeführt, was es heißt, eine Legende mit dem Arsch einzureißen.

Der zweite Moment, wenn auch chronologisch vorher, in dem sich die neue und die alte Heldenzeit überlagern: Es ist der 11. Januar 1992, als Michael Jacksons Album »Dangerous« nach vier Wochen von Platz eins der US-amerikanischen Charts auf Platz zwei fällt. Vier Wochen sind wenig. Den Namen der Rockgruppe, die ihn verdrängt, hatte ein Großteil von Jacksons Publikum noch nicht einmal gehört. Jetzt kennen ihn alle. Nirvana. »Nevermind«. Die Platte mit dem Baby.

Nirvana. Die Saga der Band und ihres Kopfes Kurt Cobain, Aufstieg und Fall, fünf Akte, ein vorbildliches Narrativ, weltbilderschütternd, scheinbar abgeschlossen, aber niemals erledigt. Wenn man heute in der Altstadt von Jerusalem, in Sofia, Laos oder Bonn betrunken gegen einen beliebigen Touristen-T-Shirt-Stand rennt, werden sie einen anschauen, die traurigen Augen von Seattle. Die meisten wissen, wo sie waren, als sie den ikonischen Song »Smells Like Teen Spirit« zum ersten Mal gehört haben.

Alles ist schlimm, alles ist super: Kurt Cobain trifft tief in die Teenagerherzen

Bei mir war es ein heizungswarmer Sonntagabend im Winter 1991, im Wohnzimmer meiner Eltern, bei denen ich während der ersten Unisemester die Wochenenden verbrachte, um mich selbst davon zu überzeugen, dass die Freundeskreise der Schulzeit nicht mehr funktionierten. Sonntags ab 21 Uhr lief damals auf MTV Europe »120 Minutes«, moderiert vom verblühten 80er-Popstar Paul King. Ein kleines, gut im Programm verstecktes Festival des sogenannten Alternative Rock. 1991 kam man sich, wenn man das sah, tatsächlich wie das Mitglied einer Verschwörung oder Geheimkaste vor, von der die Nachbarn und die dumme Fußgängerzone nichts ahnten. Beim »Rock am Ring«-Festival hießen 1991 die Headliner INXS, Sting und Eros Ramazzotti.

»120 Minutes« zeigte »Smells Like Teen Spirit«. Das funzelig beleuchtete Video, die Cheerleader und der Hausmeister mit dem Putzeimer, das Headbanger-Publikum. Beim ersten Mal beeindruckte es mich nicht besonders. Für mich klang es dumpf, rumpelig, sinnlos gebrüllt. Wie Heavy Metal. Langhaarige blonde Männer gab es damals genug. Immerhin konnte man dem Sänger am Schluss tief in den weit aufgerissenen Schlund schauen, fast bis runter zu den Mandeln. Die Lampen leuchteten hinein. Ein Bild, das dann doch irgendwie hängenblieb.

»Here we are now, entertain us!«, sang Kurt Cobain. Hallo, wir sind's! Jetzt vertreibt uns gefälligst die Zeit! Das Motto der aggressiven Untätigkeit. »Smells Like Teen Spirit«, erst ein Insiderdebüt in einer Insidersendung. Bald das Gründungsmanifest des sogenannten Grunge-Sounds. Die weltweite Nationalhymne einer Generation, die sich selbst für ganz schön verkorkst hielt. Vor allem: für eine echte Generation.

Einmal vorspulen, weit vorspulen. Fast zweieinhalb Jahre später saß ich auf dem Parkplatz in Böblingen bei Stuttgart. Wieder an einem Sonntagabend, wieder bei Dunkelheit, im roten Ford Fiesta, der meinem Freund Constantin gehörte. Genau der Fiesta, in dem wir bald danach zu unserem ersten Rave fahren würden. Constantin, sein amerikanischer WG-Kumpan Mike und ich hatten uns Monate vorher die Tickets fürs Nirvana-Konzert geholt. 13. März 1994, Sporthalle Böblingen, präsentiert von VIVA und der Stadtillustrierten Prinz.

Wie gesagt, längst war alles ganz anders. Kurt Cobain war für uns exakt zu dem latent verkopften, beispiellos coolen, transzendent-nichtsnutzigen Idol geworden, das wir gerade brauchten, gerade wollten. Das uns das Schicksal schuldete, nachdem wir für die Punk-Revolution so haarscharf zu jung gewesen waren. Wir sprangen auf Tanzflächen auf und ab, sangen »A mulatto! An albino! A mosquito! My libido!«, wenn wir überhaupt so viel verstanden, denn die Texte standen ja nirgends. »Polly«, der Song ohne Schlagzeug, handelte von einem Kidnapper und Vergewaltiger, der sein Opfer und sich eher als gemeinsam Leidende sieht. »Polly says her back hurts«, sang Cobain hier, flach atmend. »She's just as bored as me.«

Wir freuten uns, dass man endlich alles scheiße finden und trotzdem dazugehören konnte. Dass man diesen unerhörten Anspruch formulieren durfte: Hallo, wir sind's, vertreibt uns die Zeit! Von der chronischen Verwirrung und Lethargie der Generation X sprach damals noch keiner, aber wir fühlten sie längst. Cobain war ja nur zwei, drei Jahre älter als wir, verloren zwischen Tobsucht und Melancholie. Ein Typ mit Storchenbeinjeans, Converse-Turnschuhen mit tief in die Sohlen getretenen Kaugummis. Mit den strähnigsten Haaren, den schlimmsten chronischen Magenschmerzen (dieses Geschwür, das ihn angeblich ins Heroin trieb). Der Mann, der genau aus dem körperlich lokalisierbaren Epizentrum dieser Schmerzen heraus sang und schrie. Einem Interviewer zeigt er den Punkt sogar einmal. Knapp unter dem Brustkorb.

Manchmal war ihm alles wurscht. Dann war wieder alles wahnsinnig schlimm. Kurt Cobains Position schien sich von Tag zu Tag zu ändern, aber es störte uns nicht. Im Kopf ergänzten wir seine Widersprüche zu fertigen Sätzen.

Und dann dieser Abend, März 1994, in Böblingen. Wir parkten, allein unter einer der Straßenlaternen. Der große Platz war leer. Den Zettel, der von innen an die Glastür der Halle geklebt war, hatten wir schon gelesen. Entsetzt. Wie bitte? Kein Konzert, bis auf Weiteres. Künstler krank, Ersatztermine werden bekannt gegeben, oder ein vergleichbarer beamtischer Spruch.

Ich weiß nicht mehr, ob die Absage seinerzeit so schlecht kommuniziert worden war oder ob wir schlicht zu blöd gewesen waren, es mitzukriegen. Schon gut zehn Tage vorher war die Nirvana-Tournee abgebrochen worden. Kurz darauf hatte Cobain in Rom eine Überdosis Rohypnol-Pillen mit Champagner geschluckt, war ins Koma gefallen. Wir waren es gewohnt, dass Showbusiness funktionierte. Hier funktionierte gar nichts.

Wir hatten ein paar Stücke kalte Pizza übrig, aßen sie schweigend im Auto und fühlten uns gelähmt. Es war genau eine dieser Sackgassen, von denen die Nirvana-Songs immer handelten. Jetzt waren wir hier, aber wer sollte uns die Zeit vertreiben? Irgendwie ahnten Constantin, Mike und ich, was passieren würde.

Gut drei Wochen später, am 6. April, war ich mit Cheryl zu Besuch bei ihren Eltern. Meine Mutter rief an. »Du hast doch noch die Karte für das Nirvana-Konzert, oder?«, fragte sie. Ich nickte, das konnte sie nicht hören. »Die kannst du zurückgeben. Er hat sich umgebracht.«

Von Homer bis Tupac: Eine Historie der kaputten Helden

Der Antiheld. Dieser Typus, weiblich oder männlich, hatte natürlich schon damals eine reiche halbdunkle, vor allem literarische Tradition. Eher nicht in der Bibel, auch wenn die Jugendgruppenleiter ihr Bestes gegeben hatten, um uns den Weiß tragenden Idealisten Jesus Christus als rotzigen Rebellen anzudienen. Homer, größter Popliterat der griechischen Frühantike, ließ schon in der »Ilias« den physisch und mental verkommenen Krieger Thersites auf den Rest der antitrojanischen Soldaten los. Später folgten Irr- und Wirrköpfe wie Don Quijote und die zynisch-verlorenen, oft passiven Einzelgänger in den Texten von Lord Byron, Büchner oder Kafka, Sartre oder Camus.

Dann kamen Esther Greenwood aus Sylvia Plath' »Die Glasglocke«, die irre wird an der eigenen Zukunftsangst, und Holden Caulfield, Teenage-Angst-Posterboy in »Der Fänger im Roggen« von J. D. Salinger. Um die Verlogenheit der angeblich paradiesischen, emanzipierten Zustände zu zeigen, die Aufklärung, bürgerliche Revolution und Moderne geschaffen hatten, brauchte man die Stimmen der Antihelden. Die Zeugnisse der sexy Lethargiker, die zum Wüten und Ertragen verdammt sind. Vom Schicksal dazu verurteilt, die Absurdität und innere Lähmung der Welt vorzuführen, zu der sie selbst untrennbar gehören.

»Mir ist kälter, als ich gedacht hatte, und ich bin erstaunt darüber, dass heute alles der Hölle zu entspringen scheint: Verabredungen, Jobs, Parties, das Wetter ... Könnte es sein, dass wir nicht mehr länger an jenen besonderen Ort glauben?«, fragt sich der Ich-Erzähler am Anfang von Douglas Couplands Grundlagenroman »Generation X«. Es ist bezeichnend. Und es ist auch: die Rede eines Opfers.

Dieses Luxusunbehagen, dieses Misstrauen gegenüber einer scheinbar immer okayer werdenden Welt empfanden in den 90er-Jahren nicht nur viele junge Leute. Ob sie wohl nicht genug echte Probleme hätten, wurden die kleinen und großen Undankbaren dann meistens gefragt. Und ob es nicht ausreichend positive, Aufbruch verheißende, trotzdem halbwegs coole Identifikationsfiguren gebe, die Spice Girls oder Leonardo DiCaprio, Naomi Campbell oder den Fußballer Thierry Henry. Aber was machten die eigentlich alle nachts so? Schlafen, wie alle anderen Menschen? Langweilig. Die Zeit konnte man besser nutzen.

So schafften in den 90ern eine ganze Reihe mehrheitsfähiger, popkultureller Antihelden, Gangster und Schreckgestalten den Weg bis in die Kinder- und Wohnzimmer, vor allem als Gesandtschaft aus den Subkulturen der USA. Horrorcharaktere wie der Sänger Marilyn Manson. Rap-Stars wie Tupac Shakur oder The Notorious B. I. G., die ihre Vergangenheit als Straßenverbrecher nicht etwa verdruckst in Boulevardzeitungsinterviews gestehen mussten, sondern sie leuchtstark vor sich hertrugen. Oder die demonstrativen Marihuanafreunde Cypress Hill und Snoop Doggy Dogg, gegen die Bob Marley nachträglich wie ein kleiner Pausenhofkiffer aussah.

Vergleichbares hatte man zuletzt in den 50er- und 60er-Jahren erlebt, mit Marlon Brando, James Dean, Jimi Hendrix und so weiter, als das Teenagerdasein erfunden wurde und es ein paar Jahre lang verdammt viel zu rebellieren gab. Die Schamgrenzen waren damals sensibler. Schon mit langen Haaren konnte man alte Kriegsveteranen erschrecken, und ab und zu mussten TV-Redakteure ihren Showgästen neue Songtexte schreiben, um schweinisches Vokabular oder Drogenfremdwörter aus dem Abendprogramm fernzuhalten.

Es war 1991, als der Regisseur Oliver Stone einen der düstersten Typen von damals ins Kino und somit in die öffentliche Aufmerksamkeit zurückholte. Der Sänger Jim Morrison, dessen Lederhosenschlitz in den späten 60ern teilweise von mehreren Polizisten gleichzeitig bewacht worden war, tauchte als wunderschön zerstörter, von Indianergeistern gejagter Held im Film »The Doors« wieder auf. 1994 lieferte derselbe Oliver Stone mit »Natural Born Killers« (basierend auf einem Skriptentwurf von Quentin Tarantino) das ultimativ großgezerrte, aber adäquate Horrorbild eines neuen, zeitgenössischen Starkults ab. In der Geschichte zieht ein gelangweiltes, nihilistisch gesinntes Pärchen mordend durch die USA und kommt via Boulevardpresse und Real-Life-Fernsehen zu nationalem Ruhm. Mehr Antieinstellung und destruktive, in diesem Fall menschenverachtende Energie passte wirklich nicht ins Konzept, auch wenn in Stones Interpretation vor allem die Medien und ihre Geldgier die Schuld am Bröckeln der allgemeinen Moral trugen. (In Deutschland hatte man Ähnliches bereits im August 1988 ganz real erlebt, als eilfertige Reporter die Geiselbankräuber von Gladbeck für drei Tage zu bizarren Showfiguren gemacht hatten.)

Im April 1992 erschienen Nirvana zum ersten Mal auf dem Cover des damals übergreifend wichtigen amerikanischen Magazins *Rolling Stone*. Das Foto zeigte Kurt Cobain mit schmutzrot gefärbten Haaren, großer Sonnenbrille und einem T-Shirt mit der selbstgemalten Aufschrift »Corporate Magazines still suck«. In etwa: Wir scheißen weiterhin auf die Kommerzpresse. Der Spruch wurde bald in die Liste von Cobains subversivsten Gesten und Aktionen aufgenommen. Aber man könnte es auch genau andersherum sehen: Im Jahr 1992 hielt eine Erwachsenenzeitschrift mit Millionenauflage und großen Werbekunden ein solches Titelbild ganz offenbar für verkaufsfördernd.

Knapp zwei Jahre später waren sie zum zweiten (und zu Cobains Lebenszeiten letzten) Mal auf dem Cover. In Anzügen, mit der Titelzeile »Nirvana: Success Doesn't Suck«. Erfolg ist doch nicht so übel. Klar, ein Witz. Trotzdem auch ein Geständnis. Oder ein Gag auf ihre Kosten.

»Die ganze Nation der USA konnte sich plötzlich mit ›alternativen‹ Rebellenkulturen identifizieren«, schrieben die Autoren Tom Holert und Mark Terkessidis 1996 in ihrem berühmten Text »Mainstream der Minderheiten«. »›Underground‹-Bands gingen zur Industrie, und diese erwartete zum ersten Mal nicht Glättung, sondern kompromisslose Abweichung.« Vorher hatte uns die Friss-mich-Massenkultur, der wir uns so jugendlich überlegen gefühlt hatten, die geliebten Trends immer weggenommen, sie demonstrativ handzahm und milchpulverweiß gemacht, manchmal sogar eingedeutscht. Jetzt hatten auch die Konzerne die Strategien erkannt, mit denen man sich dem Underground angleichen, seine Organisationsformen imitieren, seine Codes und Coolness übernehmen konnte.

Die Großen, die ja eigentlich kein Interesse an echter

Opposition und Abweichung hatten, nahmen die Gestalt der Dissidenten an, wie Körperfresser oder sonstige Laborzombies. Die Repräsentanten der Mehrheit hatten gelernt, sich als Vertreter der Minderheit zu tarnen, und es ging leichter als gedacht. Was am Ende sogar die Frage stellte, wie klar die Grenzen zwischen Mainstream und Insiderding überhaupt waren, an denen wir uns immer so schön abgearbeitet hatten.

Es muss Cobain schmerzlich klar gewesen sein, dass er einen Großteil seines Ruhms am Ende genau den spaßlustigen Rüpelbrüdern verdankte, den »Beavis and Butt-Head«-Fressen, die ihn während seiner Schulzeit in Aberdeen, Washington geärgert und gequält hatten. Auf der anderen Seite, am anderen Ende der Skala standen wiederum die, die ihn viel zu wörtlich nahmen, mit ihren zerkauten Nägeln und selbstgestochenen Tätowierungen. Die Cobains selbstzerstörerischen Drall über alles stellten, ohne dabei seinen Humor und Hintersinn zu erkennen. Die den Text seines Songs »I Hate Myself and I Want to Die« auswendig konnten.

Am 18. November 1993, viereinhalb Monate vor seinem Tod, saß Kurt Cobain mit der Gitarre auf dem Schoß in einem Fernsehstudio in New York. Nirvana spielten ein akustisches Konzert für MTV. Am Ende sang Cobain den uralten, schaurigen amerikanischen Folksong »In The Pines«, auch genannt »Where Did You Sleep Last Night«. Die Darbietung war tief erschütternd, verzehrend, fräsend intensiv. Sie wurde auf MTV immer und immer wieder gezeigt, nachdem er sich erschossen hatte.

Drei Jahre später ließ die Süßigkeitenfirma Mars einen neuen Werbespot ausstrahlen. Story: Ein Jungmann in gelber Retrocollegejacke klopft in Mexiko an eine Klosterpforte. Er hat Liebeskummer, will die Welt hinter sich lassen. Bis er in allerletzter Sekunde, kurz bevor die Tür sich öffnet, einen Mars-Schokoriegel auspackt. Er beißt hinein, schöpft neue Kraft und bricht auf, zurück ins Leben. Der Song, der den Spot untermalte, war »Where Did You Sleep Last Night«, von einem Imitator mit Cobains Stimme gesungen. Der Werbeslogan zum Lied, zum Marsriegel: »Und es geht weiter.«

Puh. Wenigstens eine gute Nachricht. Wenigstens mal wieder was Positives.

Gelangweilt auf den Jungferninseln: Die Heroinmode und das Gesicht des Jahrhunderts

Feine Schokolade, bitterer Tod, Euphorie und euphorisches Elend, das alles konnte in einer Welt der unendlichen Optionen problemlos parallel existieren. Während in Berliner Bunkern und auf den Freiluftfloors von Ibiza Zehntausende feierten, krochen gleichzeitig an anderen Orten die weißen, ansonsten schwarz geränderten Vorstadtteenager noch enger zusammen. Kauften und hörten mit ganz ähnlicher Begeisterung »Antichrist Superstar«, das Album der global gültigen Schockfratze Marilyn Manson, das im Jahr 1996 bis auf den dritten Platz der US-Charts stieg.

In den Kinos lief 1994 mit gruseligem Erfolg die düstere Graphic-Novel-Adaption »The Crow«. Hauptdarsteller Brandon Lee war gegen Ende der Dreharbeiten durch einen schrecklichen Fehler der Special-Effects-Crew tragisch erschossen worden, wurde in einigen unvollendeten Szenen durch Tricks ersetzt, der Film genoss einen finsteren Ruf. »The Craft« von 1996 (deutscher Titel: »Der Hexenclub«) war eine Coming-of-Age-Geschichte über vier übersinnlich begabte Schülerinnen in Los Angeles, in der die Alltagstauglichkeit von schwarzer Magie äußerst ironiefrei und bisweilen bösartig verhandelt wurde. 15 Millionen Dollar kostete der Film, 55 Millionen spielte er weltweit ein.

Dass sich an einem Punkt tatsächlich der US-Präsident Bill Clinton persönlich in die Debatte über morbide Jugendkulte einschaltete, wirkt im Rückblick ernsthaft kurios. Der Anlass: Im Februar 1997 wurde der zwanzigjährige Fashionfotograf Davide Sorrenti tot in einem New Yorker Apartment aufgefunden, gestorben mutmaßlich an den Folgen seines exzessiven Heroinkonsums. In Musikerkreisen war die spezielle Sucht ja schon länger sprichwörtlich gewesen, aber in der Zwischenzeit hatte sie sich auch in der amerikanischen Modebranche verbreitet. Als Clinton etwas verspätet davon erfuhr, sprach er das Thema während einer Pressekonferenz explizit an. »Es kann nicht sein, dass wir die Drogensucht verherrlichen, um Kleidung zu verkaufen«, sagte der Präsident. »Es geht hier nicht um Kunst, sondern um Leben und Tod. Wenn der Tod verklärt wird, nimmt die Gesellschaft Schaden.«

Einige Fashion People freuten sich über Clintons Appell. Andere fanden ihn hirnrissig. Der besagte Look, populistisch »Heroin Chic« genannt, sei doch schon längst wieder out. Was war Heroin Chic? Natürlich auch wieder eine Gegenreaktion, eine zeitgemäße Novelle über das Antiheldentum.

Das Foto, das Cindy Crawford, Naomi Campbell,

Christy Turlington, Linda Evangelista und Tatjana Patitz zu den sprichwörtlichen Supermodels gemacht hatte, war im Januar 1990 auf dem Cover der Zeitschrift *Vogue* erschienen. Der Fotografen-Altstar Peter Lindbergh hatte die fünf schönen Frauen so leger porträtiert, als wären sie am Bordstein in Manhattan gemeinsam beim informellen Müllrunterbringen überrascht worden. Überschrift: »The 1990s – what next?« Aber so natürlich und glanzkräftig sie auch strahlten, die Models repräsentierten eine Welt, die auf fast provokante Art in Ordnung und gut ausgeleuchtet war. Sehr, wirklich sehr okay. Entschieden zu okay, um wahr zu sein.

Für eine Welt, in die MTV das »Smells Like Teen Spirit«-Video und die Reality-Soap »The Real World« hineinsendete, ließen solche Oberflächenbilder einfach zu viele Fragen offen. Marc Jacobs, damals ein 29-jähriger Jungdesigner, hatte schon im November 1992 eine spezielle, für das New Yorker Modelabel Perry Ellis entworfene Grunge-Kollektion präsentiert. Jacobs hatte dafür in Billigläden Flanellhemden, Sprüche-T-Shirts und Karoröcke gekauft, nach Italien geschickt und dort aus sündteurer Seide nachschneidern lassen. Es war einer der letzten Jobs, die er für das Label machte. Nach den katastrophalen Reaktionen auf die Grunge-Linie wurde er bei Perry Ellis entlassen.

Das viel besser geeignete Gegenbild war 1993 dann exakt so schwarz-weiß, wie es Peter Lindberghs Vorbildfoto der Supermodels gewesen war. Ein Video, dreißig Sekunden lang. Eine verstörende Szenerie, irgendwo am Meer. Ein Anblick wie ein unruhiger, verwackelter Traum nach ein paar Brausepulver-Wodkas zu viel. Man sieht ein dünnes, sehr weißes Mädchen, die Haare nass an den

Kopf gepappt. Sie schaut mit brombeergroßen Augen zurück, beunruhigt. Dann wieder weg, raus aus dem Bild. Man hört Wasserplätschern, Rauschen, entfernten Donner. Keine Musik. Die Perspektive verschwimmt wieder. Irgendwas ist faul in dieser albtraumhaften Fashion-Vision. Eine Großaufnahme der hochklappenden Wimpern, umsprenkelt von Sommersprossen. Intensive Beiläufigkeit, scheue Arroganz, bedröhnte Selbstbeherrschung. Alles vereint im Gesicht der jungen Frau. »I love you!«, sagt sie, im Spaghettiträgertop vor schwarzem Nichts. Es klingt eher wie eine Frage. Sie grinst, aber nur sekundenkurz, lässt dann die Unterlippe wieder hängen. Die Unterlippe von Kate Moss. Die Lippe des Jahrhunderts.

Der TV-Spot, in dem es irgendwo am Rande auch um das Parfum Obsession von Calvin Klein ging, machte das englische Model Kate Moss 1993 endgültig weltbekannt. Moss war neunzehn, fotografiert und gefilmt wurde sie für die Kampagne von ihrem damaligen Lebenspartner Mario Sorrenti (der übrigens der Bruder des vier Jahre später tragisch verstorbenen Davide war). Der Legende nach brauchte Sorrenti allein zehn Tage, um während des Calvin-Klein-Shootings auf den Jungferninseln das ikonische Anzeigenbild zu fotografieren, das bald alle Zeitschriften hatten, ganzseitig.

Die nackte Kate Moss, bäuchlings auf einem schwarzen Samtsofa liegend. Als hätte man sie versehentlich aus dem Mittagsschlaf geklappert. Sie schien trotzdem gnädig gestimmt zu sein. So ein Bild hatte man noch nicht gesehen. Viele, nicht nur Männer, rissen sich die gummierten Seiten heraus. Hängten sie wer-weiß-wohin.

Ja, auch das hatte mit Heroin zu tun, wenn auch aller Vermutung nach nur indirekt, ästhetisch. Es war die Blässe, das Transparente. Das Magere und Schmale. Es waren die lethargischen Blicke aus dunkel versuppten Augen. Die Schwitzspuren, die gezielte Formlosigkeit des Stylings. Zitate aus einer Bilderwelt, die man davor vor allem von den verkappt dokumentarischen Fotos von Nan Goldin oder Larry Clark kannte, aus Filmen wie »Christiane F. – Wir Kinder vom Bahnhof Zoo« oder »Drugstore Cowboy«. Nicht aus der *Vogue*, schon gar nicht aus der neuen deutschen Style-Zeitschrift *Max*, die lieber saftige Körper zeigte.

Von da aus war es nicht mehr allzu weit bis zu den Fashionstrecken, die ganz offen mit Fixerszenarien kokettierten. Bis zu den Bildern von noch erschöpfter und kaputter guckenden Models, die in Betten und auf Badezimmerböden kauerten. Die berühmte Gucci-Bilderserie, die Christian Witkin 1997 für das Magazin *Detour* fotografierte, vollendete den Trend. Die jungen Schönen, die sich hier auf dem grünen Teppichboden ausstreckten, sahen wie echte Leichen aus. Super angezogene Leichen.

Wie gesagt: Tatsächlich hatte Heroin in der ersten Hälfte der 90er das Kokain als Modedroge weitgehend abgelöst. Zumindest in den Kreisen der Beautiful People, die bei hellem Tageslicht mit MDMA und Ecstasy wenig anfangen konnten, aber genug Geld für sorglosen Konsum hatten. Die Heroinmarktpreise standen weltweit niedrig, gleichzeitig war die Qualität des Stoffes gestiegen. Man konnte relativ gefahrlos schnupfen, um die schönen Unterarme nicht zu zerstechen. So, wie es Uma Thurman in »Pulp Fiction« gemacht hatte. Aus Versehen, kurz bevor sie fast dem Herzkasper erlag.

»Die Fotos taugen höchstens für pädophile Zielgruppen«, sagte Marcelle D'Argy Smith, damals Chefredakteurin der britischen *Cosmopolitan*, über eine im Juni 1993 in der ebenfalls britischen *Vogue* gedruckte Unterwäschestrecke mit Kate Moss, der engelsweißen Galionsfigur des Heroin Chic. »Hätte ich eine Tochter, die so aussähe, würde ich mit ihr zum Arzt gehen.« Magersucht, Lolitahaftigkeit oder Heroin, so richtig einigen konnte man sich nicht, was an dieser jungen Frau so fremd, neu und für viele beklemmend war.

Moss, Arbeiterklassentochter aus dem Londoner Industriebezirk Croydon, war Ende der 80er von einer Agenturchefin am New Yorker Flughafen JFK entdeckt worden. Erst mal nur als nettes Mädchen für die hinteren Plätze der Kartei bei Storm Models, bis sie in genau diesen Schubladen von der jungen Fotografin Corinne Day gefunden wurde. Durch Days Engagement und eine Reihe schicksalhafter Halbzufälle geriet sie schließlich auf das Cover des englischen Trendmagazins *The Face*. Erst im Mai 1990 mit einem etwas bizarren Fußballbild zur Weltmeisterschaft in Italien. Nur zwei Monate später – entgegen einer internen Regel des Magazins, die keine Dopplungen innerhalb eines Jahres erlaubte – gleich noch einmal, als Hauptfigur einer Modestrecke, die auf die neue Rave- und Psychedelia-Welle anspielen sollte. Das Titelbild: die jugendliche Kate Moss mit breitem Mäusegrinsen, Sommersprossen, Federkopfschmuck. Drinnen im Heft: Moss bei der perfekten Imitation eines mithilfe von Ecstasy und Zigaretten erheiterten Strandurlaubs, bei diesigem Tageslicht im ländlichen East Sussex. Mit Sporthose und Mütze, ein bisschen nackt. Überschrift: »The 3rd Summer of Love«.

»Ich habe im Leben noch nichts gefunden, das ich

richtig lieben kann«, sagte Kate Moss 1993 in einem ihrer eher seltenen Interviews der Tageszeitung *The Independent.* »Mode macht mich nicht glücklich. Mit Mode kann man die Welt nicht ändern.«

Jürgen Teller fotografierte sie 1994 auf den Seychellen, wie sie im bauchfreien Rippshirt und einer Bikinihose an einem Baum lehnte und misstrauisch rauchte. Glen Luchford ließ sie im selben Jahr für das Modemagazin *Harper's Bazaar* mit einem falschen Elvis-Tattoo durch die Straßen von Manhattan schlurfen und Boxkämpfe gegen einen unsichtbaren Gegner kämpfen, der irgendwo hinter der Fotografenlinse zu lauern schien. Modefotos, die sich gewissermaßen selbst zerstörten. Die das Angeknackste zum Ideal stilisierten und verkauften, wie im Mainstream der Minderheiten.

Natürlich war auch Moss Teil des Modeljetsets, saß genervt in Stretchlimousinen, beschwerte sich an Hotelrezeptionen. Aber mit der anderen Wange schmiegte sie sich fest an den Rock 'n' Roll. Schlug bei Songs von Oasis das Tambourin, spielte 1994 im Video des aus der Asche wiederauferstandenen Johnny Cash die tote Freundin, die er schwermütig zu Grabe trug. Kate Moss sagte nie viel. Sie rauchte mehr, und höchstwahrscheinlich nahm sie auch altmodisches Kokain aus dem letzten Jahrzehnt. Rückblickend konnte ihr nichts und niemand das Kreuz brechen.

Die sexy Models kehren zurück – und mit ihnen die Erinnerung

»Mode ist nicht verantwortlich, sondern verantwortungslos, und genau das ist ihr Charakter«, so lautete die rückblickende Erklärung, die der deutsche Modeschöpfer Wolfgang Joop im Juni 1997 in einem *Spiegel*-Text fand. »Die Modefotografie der 90er spiegelt den Nihilismus der Jugend wider, ihre Sehnsucht nach eigener Romantik und ihr Bedürfnis, nicht etabliert, satt, gebräunt und unbeeindruckt zu sein von der Übersexualisierung und dem allgegenwärtigen Leistungsdruck.« Kurz gesagt: Die Heroin-Fashion war ein Lifestyleindikator gewesen, ein in Stoff und Licht gegossenes Abbild der Generationsverzweiflung.

Am Ende der schlauen, aber doch leicht verfrühten Millenniumsbilanz blickte Joop dann in die Zukunft. Als Köpfe für die kommende Ära nannte er unter anderem das niederländische Fotografieduo Inez van Lamsweerde und Vinoodh Matadin, das bald mit seinen sehr lebensfrischen, gut ausgeleuchteten, deutlich als cleane Studioarbeiten konzipierten Porträts die Titelseiten bekam. Und den bereits damals übergroßen Givenchy-Chefdesigner Alexander McQueen, der laut Joop für ein spürbar aufkeimendes Revival stand. Die 80er-Jahre kamen zurück. Wow. Es wurde wohl schon Zeit dafür. Es war nicht zu übersehen.

Im Juli 1999 erschien die amerikanische Ausgabe der *Vogue* mit einem blütenfrischen, bunten Sommercover. Titelstar war das achtzehnjährige brasilianische Model Gisele Bündchen, lächelnd, geföhnt, in Schwarz-Weiß wohl gar nicht darstellbar. Die Überschrift, ganz programmatisch: »The Return of the Sexy Model«. Man spürte Nostalgie. Kulturelles Heimweh. Ob es für die 80er war oder schon für die 90er selbst, in denen man sich doch eigentlich noch befand, das war unklar.

Von den zehn Meter hohen Michael-Jackson-Stahlstatuen von 1995 sind heute übrigens noch zwei an öffentlichen Orten zu sehen. Eine wurde 2016 in der Lobby des Casinos Mandalay Bay in Las Vegas installiert. Die andere steht seit 1996 in Eindhoven in den Niederlanden. Auf dem Parkplatz eines McDonald's-Restaurants.

Falls also irgendwann eine atomare Katastrophe kommen oder das irdische Leben sonst wie ausgelöscht werden sollte und falls dann die Außerirdischen auf der verwüsteten Erde landen: Sie finden garantiert die Eindhovener Jackson-Statue. Von Kurt Cobain und Kate Moss werden sie nie erfahren.

»SCULLY, DAS SOLLTEN SIE SICH ANSEHEN!«

Außerirdische und Geister, Kornkreise und tote Prinzessinnen: Wie uns irgendwann die Realität entglitt und wir ein paar gute Alternativen für sie fanden

Halloween, das Fest der Hexen, Skelette, toten Seefahrer und blutigen Kürbisse, schien die richtige Nacht zu sein. 1992 fiel der Termin auf einen Samstag, und es wurde Zeit für das schaurige Experiment. Eines, das man dem sonst so stoßempfindlichen englischen Fernsehsender BBC nicht zugetraut hätte. Und das schon kurz danach viele, viele bereuen sollten.

Der Hintergrund: Kurz vorher hatte es Berichte über bizarre Poltergeisterscheinungen in einem Vorort von London gegeben. Eine alleinerziehende Mutter und ihre zwei jungen Töchter, die in einem Reihenhaus in Northolt lebten, wurden von rätselhaften Klopfgeräuschen, umherfliegenden Einrichtungsgegenständen und anderen seltsamen Vorfällen geplagt. Eine der Töchter wirkte zeitweise sogar, als wäre sie von einem Dämon besessen.

Die Geschichte wurde ein so massives Thema, dass BBC One sich entschloss, ein Kamerateam mit Übertragungswagen in Northolt vorbeizuschicken. Um die Vor-Ort-Reportage herum kreierte man eine Livesendung. Sie sollte das übersinnliche Phänomen kritisch einordnen, mit Expertengesprächen, Publikumsstimmen und dem üblichen Einspielfilmzirkus. Sendetermin: Halloween. Grusel und Erkenntnis, Sinn und Sinnlichkeit. Tolles Entertainment. Aber wie gesagt: Es kam alles anders als gedacht.

Liveshow mit Gespenstern: Die Geschichte eines TV-Skandals

»Ghostwatch« hatte man die Sendung genannt, eine Riesensause. Das aus dem Spukhaus zugeschaltete Reporterteam interviewte die Mutter und die Töchter, trank mit der Familie Tee, sprach auf der Straße mit Anwohnern. Im Studio in London saß währenddessen, vor einer Art Horrorkaminfeuer, der bekannte Talkshowmoderator Michael Parkinson. Er führte jovial durch die Nacht, diskutierte mit einer Parapsychologin und einem wissenschaftlichen Skeptiker. Es gab ein Publikumstelefon, eine Nummer wurde eingeblendet. Leute riefen an und erzählten ihre eigenen Geistergeschichten.

Mehrere Zuschauer gaben durch, sie hätten während einer Szene im Schlafzimmer der Kinder eine düstere Gestalt im Hintergrund gesehen. Moderator Parkinson wiegelte ab: »Kennen Sie das, wenn Ihr Morgenmantel am Schrank hängt und Sie nachts denken, da stünde jemand?« Aber dann schlug irgendwann das Chaos los.

Schreiende Mädchen im Haus, schreckliche Geräusche, Aufruhr. Kameramann und Reporterin stolperten die engen Treppen rauf und runter, die Übertragung brach ab. Ein Anrufer berichtete von der viktorianischen Kindermörderin Mother Seddons, die in Northolt gelebt hatte und angeblich als Geist durch die Jahrhunderte spukte.

Zum Schluss explodierten dann plötzlich auch im BBC-Studio die Scheinwerfer. Das Licht fiel aus. Kurz bevor der Bildschirm ganz schwarz wurde, hörte man Michael Parkinson mit der schrecklichen Stimme des Geistes sprechen. »Ihr habt die Geschichte über Mother Seddons aber nicht wirklich geglaubt, oder?«

Die Sendung »Ghostwatch« war natürlich ein Fernsehspiel. Alles war falsch, alles war erfunden. Die Vorgeschichte, das Spukhaus, die Experten. Die Eskalation sowieso. Aber offenbar hatte ein erstaunlich großer Teil der elf Millionen Zuschauer das nicht bemerkt. Sehr viele hatten die gut gelungene Fälschung für eine echte Liveübertragung gehalten.

Großbritannien war außer sich. 30 000 Beschwerden liefen in den nächsten Tagen bei der BBC auf. Die Show wurde selbst zum Talkshowthema. Darf man das? Eine der Schauspielerinnen musste im Kinderfernsehen auftreten und den kleinen, immer noch schockstarren Zuschauern glaubhaft versichern, dass sie noch am Leben sei. Angeblich wurden in der Nacht drei Babys geboren, weil bei den Müttern vor Schreck die Wehen einsetzten. Ein Pfarrer wollte bemerkt haben, dass man mit der Sendung einen real existierenden Dämon aus der Ruhe geweckt habe. Eine ältere Zuschauerin forderte von der BBC Schadensersatz, um ihrem Mann neue Kleidung zu kaufen. Der Gatte, ein Veteran aus dem Falklandkrieg, hatte sich bei »Ghostwatch« buchstäblich vor Angst in die Hose geschissen.

54 Jahre vorher, an Halloween 1938, war Orson Welles mit seinem Radiohörspiel »Krieg der Welten« in den USA eine ähnliche Verwirrung geglückt. Der »Ghostwatch«-Gag ging allerdings tiefer. Die Produzenten hatten alles nicht nur viel professioneller aufgezogen, mit zeitgemäßer, avancierter Technologie. Ihre Sendung war zusätzlich auch eine Mediensatire. Die eiskalte Konfrontation mit dem Publikum: Wie viel Schwachsinn seid ihr bereit zu glauben? Was akzeptiert ihr freiwillig, nur weil es im Fernsehen läuft?

»Er ist einer der letzten Materialisten«, hatte die falsche Parapsychologin in »Ghostwatch« spöttisch über den ebenso falschen Naturwissenschaftler gesagt, der daran zweifelte, dass der Spuk wirklich ein paranormales Phänomen sei. »So einer wie die letzten Dinosaurier. Die Welt ist gerade dabei, sich zu ändern.« Die Reaktionen zeigten, dass sehr viele Menschen im Jahr 1992 offenbar ähnlich dachten. Es ist zwar reine Spekulation, aber man kommt um den Verdacht nicht herum: Die meisten der 30 000 BBC-Anrufer waren wohl deshalb so sauer, weil sie so gern geglaubt hätten, dass es den Geist von Northolt wirklich gab.

»I Want to Believe«, in großen weißen Buchstaben über das Foto eines am Himmel schwebenden Ufos geschrieben. Das Poster, das 1993 die Ausstatter der Mystery-TV-Serie »Akte X« erfanden, wurde spätestens zur Mitte des Jahrzehnts so ikonen- und klischeehaft wie in den 60ern die bunten LSD-Bilder. Ich will glauben. Es ist nicht ganz dasselbe wie: Ich glaube.

Die 90er waren nämlich nicht nur eine Dekade der

wechselnden, flottierenden Ich-Entwürfe. Sie waren auch die erste große Zeit der alternativen Wirklichkeiten, in denen diese Ichs herumspazieren konnten, so viel sie wollten.

Vom Tagtraum bis zu Lara Croft: Virtuelle Hobbys für alle Jahreszeiten

Meine erste Begegnung mit diesen anderen Welten fand im Herbst 1991 statt. Damals lernte ich Frank kennen. Frank, ein netter, aschblonder Kerl, saß in einem meiner Englischseminare. Er kam aus Oberschwaben, aus der Nähe des Bodensees, und eines seiner unveränderlichen Kennzeichen waren die lilafarbenen Jonglierkeulen, die aus seinem Allwetterrucksack ragten. Nach der Uni stellte er sich manchmal in den Botanischen Garten, zu den anderen Zirkushippies der Stadt, und übte Jonglieren. Obwohl ich für diese Art von Freizeitgauklerei wirklich gar nichts übrighatte, freundeten wir uns an. Und irgendwann, als wir nach dem Essen in der Mensa-Cafeteria saßen, erzählte Frank mir von seinen Träumen. Seinen luziden Träumen.

»Ich trainiere das seit ein paar Wochen, es ist Wahnsinn«, sagte Frank mit der für ihn typischen Begeisterungsfähigkeit, und ich guckte groß. Wovon redete er?

Frank hatte in einer Zeitschrift davon gelesen. Bei der Technik, die er da ausprobierte, ging es darum, sich während eines nächtlichen Traums aktiv bewusst zu werden, dass man gerade träumte. Ohne dabei aufzuwachen. Wer das gut hinbekomme, könne den Rest des jeweiligen Traums nach eigenem Willen lenken und mitbestimmen, hieß es. Er könne sich, wie in einem hochauflösenden Computerspiel, Dinge herbeiwünschen, fantastische Welten erkunden, Sex mit Engeln haben. Und wenn hinter einer Ecke ein Monster oder bedrohliches Wesen lauerte, könne man es einfach fragen: »Wie heißt du?« Das Monster antwortete dann. »Ich bin die Zukunftsangst.« Oder: »Ich bin dein Selbstzweifel.« So ließen sich auch gleich noch Lebensprobleme lösen, ziemlich super.

Für seine Keulen interessierte Frank sich gar nicht mehr, aber so ist man ja mit Anfang zwanzig. Er hatte in der Unibibliothek die Schriften von Paul Tholey entdeckt, einem deutschen Psychologen und Traumforscher. Tholey hatte in den 80er-Jahren begonnen, intensive Studien über die sogenannten Klarträume durchzuführen. Einige der Texte, die Frank mir kopierte, lasen sich leicht esoterisch. Trotzdem schien das luzide Träumen kein reines Meditationsbrimborium, sondern glasklare Übungssache zu sein. Schritt eins: Man sollte sich während eines gewöhnlichen Tages immer wieder selbst die Frage stellen: Wache ich, oder träume ich eigentlich gerade? Wer das oft genug tat, bis zum Automatismus, würde es irgendwann auch beim Träumen tun. Das führte in der Folge öfter zu bizarren Situation. Egal, wo man mit Frank hinging und wer noch dabei war, er stellte immer wieder die Frage. Im Sommer im Park, nachts in Bars. In den Lerngruppen bei der Vorbereitung von Referaten. Irgendwann unterbrach Frank die Unterhaltung und sprach seinen Satz. »Sagt mal – ist das hier eigentlich real? Oder träumen wir das alles?«

Es war oft etwas umständlich, den anderen zu erklären, was er damit meinte. Das Bedauernswerteste daran: Es schien trotz allem nicht richtig zu klappen mit den luziden Träumen. Ja, neulich habe er einmal mit den Armen geschlagen und sei geflogen, antwortete er schmallippig, als ich ihn wieder mal fragte, wie er denn vorankomme mit seinem Projekt. Und dann kam auch schon das nächste interessante Ding, und er träumte wieder ganz normale Sachen.

Frank war es auch, der etwas später, es muss 1997 gewesen sein, »Tomb Raider« anschleppte. Damals redeten alle über das Dschungelkonsolenspiel von Eidos Interactive, es war ein Hit jenseits der Nerdzirkel. Lara Croft, die Comicfigur und virtuelle Hauptdarstellerin der Game-Handlung, wurde auch extern zum Star, sie war auf Zeitschriftentiteln zu sehen, Songs wurden für sie geschrieben. Also holte Frank aus der Videothek für ein Wochenende eine Playstation und die aktuelle »Tomb Raider«-Version. Wir saßen in seinem WG-Zimmer, tranken Haschkakao. Und kapierten nicht so richtig, was wir in diesem Spiel eigentlich tun sollten.

Zur Sicherheit hatte Frank auch ein Lösungsbuch besorgt, in dem alles drinstand. Er hockte fluchend am Boden, über das Buch gebeugt, blätterte vor und zurück und suchte nach dem nächsten Schritt. Es war ein bisschen langweilig.

Ansonsten war sein Riecher für gute virtuelle Welten sehr verlässlich. Er entdeckte »Geister«, die tolle Horror-Soap-Opera des damals noch kaum bekannten dänischen Regisseurspinners Lars von Trier, der sich als Teil der »Dogma«-Bewegung bald für pseudoauthentische, vermeintlich in der Realwelt geerdete Kinofilme einsetzen würde. Frank erzählte uns detailliert die »Scheibenwelt«-Bücher von Terry Pratchett nach. Und er war derjenige, der Constantin und mir im Herbst 1994 derart pausenlos und rauschend von der Fernsehserie »Akte X« erzählte, die ganz neu beim Privatsender ProSieben lief, dass wir sie irgendwann wohl oder übel auch schauen mussten, um weiterhin menschenwürdig mit ihm kommunizieren zu können.

Ein Händedruck mit Monsterfingern: »Akte X«, der Parapsychokrimi

Auch wenn man es wohl keinem erklären muss: »Akte X« kam aus den USA. Es war eine Art Krimi, aber auch esoterisch, aber auch cool. Es ging um die zwei relativ jungen, schönen FBI-Agenten Fox Mulder (männlich) und Dana Scully (weiblich), die besonders rätselhaften Fällen nachgingen, und schon der großartige Vorspann machte völlig klar, in welches Reich man hier eintrat. Die Bilder: ein Ufo, unscharf am Himmel, eine Sternenkarte mit einer unerklärlichen Schattenfaust, der Film einer Überwachungskamera, der ein Geisterwesen auf dem Korridor zeigt. Alles nur riesige, grobkörnige Andeutungen, visuelle Spekulationen. Und dazu die Titelmusik. Dieses echoverhallte Stottern und Pfeifen.

Die Produzenten rührten den Vorspann während der ersten acht Staffeln nicht an, weil er mit so extrem guter, schwammiger Konkretheit zusammenfasste, worum es ging. Um Mysterien, verstecktes Wissen, um Wahrheiten, die in politischen Geheimzimmern zensiert worden waren. Um Geschichten, bei denen sich die Drehbuchautoren gar nicht die Mühe machen mussten, sie wie Kriminalfälle restlos aufzuklären. Und, ach ja, um Außerirdische. Vor allem um Außerirdische.

Man musste »Akte X« nicht mal besonders gut kennen, um schon bald die typischen Sätze mitsprechen zu können. Sie kamen praktisch in jeder Folge vor. Manchmal auch mehrfach.

»Mulder, wo sind Sie?« (fragt Scully, wenn sie auf ihrem bügeleisengroßen Handy einen Anruf von Mulder empfängt)

»Mulder, was tun Sie da?« (fragt Scully, wenn Mulder irgendetwas tut)

»Scully, kommen Sie her, das sollten Sie sich ansehen!«

»Mulder, können Sie mir bitte erklären, was hier los ist?«

»Scully, ich habe da eine Theorie. Wollen Sie sie hören?«

Und die zwei Sprüche, die wie heilige Gebote über dieser speziellen FBI-Arbeit thronten. »Vertraue niemandem.« Und: »Die Wahrheit ist da draußen.«

Im Kalten Krieg hatten unzählige Varianten der alten West-gegen-Ost-Geschichte die Plots für Geheimdienstkrimis geliefert. Seit Anfang der 90er ging das nicht mehr, und »Akte X« war eine Reaktion darauf. Die Gegner und Täter hockten jetzt nicht mehr im KGB, im Ceaușescu-Regime oder in kommunistischen Logen, sondern in anderen Dimensionen, in alternativen Realitäten – und natürlich im FBI selbst. Im Lauf der Serie schälte sich nach und nach ein großer Balla-Balla-Schlachtplan heraus. Mitglieder der US-Regierung paktierten mit den Aliens, um bei einer geplanten Invasion der Erde verschont zu bleiben, und so weiter. Die Sache mit den bösen Russen war im Vergleich dazu erfrischend logisch gewesen.

Dafür gehörten Scully und Mulder, die zwei Helden, zu den besten Figuren, die man je im Fernsehen gesehen hatte. David Duchovny, sehr blass, irre hohe Stirn, scharfkantige Wangenknochen. Gillian Anderson, rothaarig, mindestens genauso blass, immer leicht verschlafen. Der Sender Fox hatte sich von »Akte X«-Erfinder Chris Carter eigentlich eine typische Sexblondine à la »Baywatch« für die Rolle gewünscht, zum Glück setzte Carter seine Favoritin durch. Die regnerische Chemie zwischen Anderson und Duchovny war von Anfang an umwerfend. Dass in den »Akte X«-Newsgroups im jungen Internet viel über die Frage diskutiert wurde, wann sie endlich knutschen würden, war auf triviale Art zu erwarten gewesen. Und irgendwann taten sie es.

Sehr oft standen sie in dunklen Räumen herum, in langen Mänteln, nur aus dem Hintergrund von einer diffusen Funzel beleuchtet. Sonst war ihre Dienststelle häufig der Wald, weshalb »Akte X« zum Großteil in und um Vancouver gedreht wurde, wo der solide kanadische Forstbestand genutzt werden konnte. Die manchmal schleimigen, gelegentlich schorfigen, oft auch sehr nachdenklichen Gegner und Monster, die aus dem Gehölz kamen, hatten selbst großartige Biografien. Greg Pincus, der eigentlich ein tödlicher Käfer war, sich aber in beliebige Menschen verwandeln konnte. Virgil Incanto, der über einen sonderbaren chemischen Schleim seinen Opfern das Körperfett aussaugte. Der Blutegelmann, ein Mutant aus dem Tschernobyl-Atomkraftwerk, der wie ein Horrormonster aus 50er-Jahre-Filmen aussah. Oder Leonard Betts, der sich von menschlichen Krebszellen ernährte, aber sonst eigentlich ganz nett zu sein schien.

Die Folge mit Betts wurde in den USA im Januar 1997 direkt nach der Super Bowl ausgestrahlt, dem großen Football-Endspiel. Das brachte ihr mehr als 29 Millionen Zuschauer, die beste Quote der »Akte X«-Geschichte. Im Vergleich zu den 52 Millionen, die ein Jahr vorher die Sofa-Kaffeebecher-Sitcom »Friends« nach der Super Bowl geschafft hatte, war das nicht wahnsinnig viel. »Akte X« stand für den Siegeszug des Abseitigen. 29 Millionen Ufo- und Monsterinteressierte, das war immerhin eine kleine Nation.

Ufos, Verschwörungen und andere moderne Mythen: Die atemlose Wahrheitssuche

In den USA waren die 50er- und 60er-Jahre die große Zeit der Ufo-Sichtungen, -Entführungen und komischen Objekte gewesen, die Alien-Ärzte in menschliche Körperöffnungen schoben. Das Gründungsereignis der modernen Ufologie hatte sich schon 1947 zugetragen, in der Nähe von Roswell, in der Wüste von New Mexico. Der Geschichte nach stürzte hier ein außerirdisches Raumschiff ab, dessen Mannschaft gerade dabei gewesen war, die Umtriebe auf einem geheimen Testgelände der US Air Force auszuspionieren. Wrackteile und tote Aliens seien geborgen worden, sagten seltsame Zeugen. Kurz danach meldete die Air Force offiziell, das Objekt sei kein Ufo gewesen, sondern nur ein abgestürzter Wetterballon. Ein rätselhaftes Ereignis, das von der Regierung nicht einmal abgestritten, sondern nur schräg umgedeutet wurde: Auf Roswell stützte sich der gesamte, immense Stamm der späteren Ufo-Alternativwissenschaft. Und das Drehbuch von »Akte X«.

Warum die Aliens-Debatte in den 90er-Jahren so intensiv blühte, dafür gibt es mehrere mögliche Gründe. Zum einen hatte es eine natürliche Entwicklung gegeben. Die besagte Ufologie hatte sich vom bizarren Eierkopf- und Verfolgungswahnhobby immer mehr zum Selbsterfahrungsthema mit Human Touch und Schicksalskomponente emanzipiert. Plötzlich tauchte es auch in großen Talkshows, Magazinen und ähnlichen Diskursforen auf. Psychologen analysierten Entführungserzählungen, erkannten rituelle Muster. In seinem Buch »Communion« von 1987 (in Deutschland erschien es 1991 als »Die Besucher«) berichtete der Schriftsteller Whitley Strieber von traumatischen Begegnungen mit Außerirdischen, es wurde ein Bestseller. Das vom Illustrator Ted Seth Jacobs nach Striebers Beschreibungen gemalte Titelbild konditionierte bis auf Weiteres auch den Einheitslook für fremde Wesen aller Art, das die lustigen grünen Männchen der 70er und 80er ablöste: nach unten spitz zulaufende Schädel, kahl, schwarze Riesenaugen. Keine Antennen auf dem Kopf. Grau. Auf keinen Fall grün.

Dazu kam, dass der technologische Fortschritt die Aufzeichnung, Produktion und Verbreitung der Botschaft vereinfachte. Es gab jetzt relativ billige Videokameras und Schnittstationen, mit denen man komische Lichter am Himmel filmen und daraus eigene Dokumentationen basteln konnte. Die Ankunft des Internets mit seinen unendlichen Newsgroups und privaten Homepages wurde von den Ufo-Freunden natürlich wie ein galaktisches Sternbeben begrüßt. 1996 sang sogar die Kelly Family »Fell in Love with an Alien«.

Das Umfrageinstitut Gallup ermittelte 1990, dass 27 Prozent der US-Amerikaner daran glaubten, dass es außerirdische Besuche auf der Erde gegeben habe. 2001 waren es immerhin schon 33 Prozent (und 2005, als der irdische Krieg gegen den Terror tobte, nur noch 24). Die Londoner Maklerfirma Goodfellow Rebecca Ingrams Pearson Ltd. bot in den 90ern sogar eine Police an, mit der man sich gegen Alien-Entführungen versichern konnte. Angeblich verkaufte sie 4000 Stück davon, unter anderem an 39 Mitglieder der Selbstmordsekte Heaven's Gate. 1996 meldete die Firma, sie habe tatsächlich einen Schadensfall anerkannt. Der 23-jährige Elektriker John Carpenter habe glaubhaft nachweisen können, von Außerirdischen malträtiert worden zu sein. Unter anderem sei dabei eine echte Alien-Kralle an seinem Mantel hängen geblieben, die er vorgezeigt habe. »Akte X«-Darstellerin Gillian Anderson sollte den Versicherungsscheck über 1 Million Pfund überreichen. Die Geschichte war natürlich auch wieder nur ein PR-Gag, aber dieses Mal verpassten viele die Auflösung.

Das kam ja noch erschwerend hinzu: Anders als heute, in einer Zeit, in der man in sozialen Onlinemedien unaufhörlich mit gefälschten Nachrichten, Hoax-Videos und authentisch produzierter Satire beballert wird, waren in den 90ern die Antennen des Publikums noch längst nicht so fein justiert. Man war tendenziell gutgläubiger. Man hatte noch nicht den Hauch einer Vorstellung von den Paralleluniversen, in dem Spinner und Witzbolde, Trolle und Sektierer unsichtbar werkelten. Eine Show wie »Ghostwatch« hätte zwanzig Jahre später kaum ein Zuschauer mehr für echt gehalten. Die vom Betrügerjournalisten Michael Born gedrehten »stern TV«-

Beiträge über Ku-Klux-Klan-Ritter in der Eifel oder Drogensüchtige, die sich mit dem Drüsensekret der Coloradokröte selbst ruhigstellten, würden mittlerweile so in keiner Redaktion mehr durchrutschen.

We wanted to believe. Wir wollten glauben. Vieles war einfach zu schön, als dass man zu schnell zu stark daran zweifeln wollte. Zum Beispiel das unfassbar eklige, daher umso tollere Video, das der Londoner Musiker und Filmproduzent Ray Santilli im Mai 1995 öffentlich vorführte und an die Medien verkaufte. Der Film dauert siebzehn Minuten. Schwarz-Weiß, kein Ton, unruhige Kamera. Man sieht einen kargen, hellen Operationssaal, laut Wanduhr ist es kurz nach zehn. Auf dem OP-Tisch liegt eine nackte, menschenähnliche Kreatur. Überdimensionaler Kopf, Blähbauch, vollständig kahl. Hände mit sechs Fingern, eine große Fleischwunde am rechten Bein. Zwei Mediziner in Schutzanzügen nähern sich. Sie beginnen, das offenbar tote Wesen aufzuschneiden. Sie legen seine Organe in Schalen. Am Schluss sägen sie dem verblichenen Patienten auch noch den Kopf auf und holen sein Gehirn heraus. Santilli behauptete, der Mitschnitt sei 1947 in der Nähe von Roswell entstanden, kurz nach dem berühmten Crash der fliegenden Untertasse. Die toten Außerirdischen, die man am Schauplatz fand, seien anschließend in geheimen Kellern der Luftwaffe obduziert worden, und dies sei einer der dabei entstandenen Filme.

Besucher aus dem All, endlich bei okayen Lichtverhältnissen gefilmt – 1995 war genau das richtige Jahr für eine solche Offenbarung: Magazine druckten doppelseitige Standbilder aus dem Film. Birgit Schrowange zeigte in einer Sondersendung von »RTL Extra« Ausschnitte und ließ hart debattieren: der Santilli-Film – echt oder nicht? Dass es ziemlich unsachgemäß wirkte, wie die Chirurgen in den Innereien der Alien-Leiche herumpantschten, sprach unter anderem dagegen. Aber so einfach lässt sich eine so spektakuläre These nicht wegdiskutieren.

Ray Santilli gab 2006 selbst zu, dass das Material gefälscht war. Mit einem kleinen Team habe er in einer Wohnung in London die Puppe gebaut, die Untersuchung gedreht. Die Organe und das verletzte Bein hätten von Schafen gestammt. Besonders interessant war Santillis Begründung, warum er das Schauspiel aufgeführt hatte. 1992 habe er nämlich den echten Film der Roswell-Obduktion entdeckt und das Material einem Kameramann abgekauft. Allerdings sei das 45 Jahre alte Zelluloid derart schlecht erhalten gewesen, dass er sich entschloss, den Film eins zu eins nachzuspielen und dem Publikum lieber das qualitativ bessere Remake zu zeigen. Eine solche Gaga-Beweisführung lässt sich im nüchternen Zustand tatsächlich schlecht widerlegen.

»Verschwörungstheoretiker gewinnen jede Debatte«, schrieb der Journalist David Aaronovitch 2009 in seinem Buch »Voodoo Histories: The Role of Conspiracy Theory in Shaping Modern History«, »weil ihre Argumente so derart flexibel sind, dass sie jede neue, die Theorie störende Information in sich hineinsaugen und in die Argumentation integrieren können.« Rationale Gegenindizien werden hier meistens als falsche Fährten gedeutet, die die Autoritäten absichtlich legen. Wenn ein Wissenschaftler die vorgeschlagene Theorie kritisiert, wird das als Beweis dafür gewertet, wie eng die Vertuscher auf höchster Ebene zusammenhalten. Bestätigt irgendein Akademiker dagegen die Geschichte, gilt das wiederum als besonderer Ritterschlag. Das Geständnis, dass der Alien-Autopsie-Film gefälscht war, konnte so auf völlig verdrehte Art nur noch nachdrücklicher beweisen, dass es natürlich einen echten geben musste.

Die Paradezeit der Verschwörungen hatte mit den sogenannten Kornkreisen angefangen, die mindestens schon in den 60ern aufgetaucht waren, aber erst Anfang der 90er durch die Nachrichten gingen: großflächige Ornamente, die über Nacht von Unbekannten in Kornfelder hineingepresst wurden und landläufig auch wieder den Aliens zugeschrieben wurden. Im Dezember 1991 kam Oliver Stones »JFK – Tatort Dallas« in die Kinos, woraufhin weltweit das Interesse an alternativen Erklärungen zum Kennedy-Mord nach oben schoss. Andere alte Geschichten, die Zweifel am Ablauf des japanischen Angriffs auf Pearl Harbor 1941 und der ersten Mondlandung 1969, kamen gleich noch mit. Und in Deutschland behauptete 1992 ein Verfasserkollektiv im Buch »Das RAF-Phantom«, dass einige Anschläge der linksradikalen Roten Armee Fraktion in Wahrheit von westlichen Geheimdiensten ausgeführt worden waren.

Der schreckliche Autounfall, bei dem die britische Prinzessin Diana und ihr Freund Dodi Al-Fayed starben, wurde im August 1997 vermutlich das Weltereignis mit dem bis dahin schnellsten, abwechslungsreichsten Conspiracy-Feedback. Ein Mordkomplott wurde abwechselnd dem britischen Königshaus, dem französischen Geheimdienst oder dem israelischen Mossad untergeschoben. Es gab posthume Schwangerschafts- und Sabotagegerüchte. Im Januar 1999 kam dann in Deutschland der Film »23 – Nichts ist so wie es scheint« in die

Kinos, der vom Leben des berühmten Computerhackers Karl Koch handelte und dazu die Lehren des Geheimbunds der Illuminaten erklärte. Deren Verschwörungstheorie deckte – praktisch und zeitsparend – gleich die ganze Weltgeschichte ab.

Vielleicht gab es hier ja echt ein kleines Defizit. Die simplen Welterklärungen aus der Zeit des Kalten Krieges funktionierten nicht mehr, also musste ein neues Narrativ her, gern auch ein kompliziertes. Eines, das ein bisschen mythischen Sandelholzgeruch zurück in eine Zeit brachte, die sich angeblich von allen Ideologien befreit hatte. Auch die sogenannten Urban Legends hatten ja in den 90ern ihre erste große Stunde. »Die Spinne in der Yucca-Palme« erschien 1990, der stilprägende Sammelband mit den unglaublichen Geschichten, die angeblich Freunden von Freunden von Freunden passiert waren: der tote Hund im Fernseherkarton, der kopflose Motorradfahrer, die kleinen Fliegen, die aus der Insektenstichbeule herausschwärmen. Und die doch nur Märchen waren. Märchen übers moderne Leben, seine Ängste, seine Abgrundschluchten. Und die ständige Hoffnung, dass die böse Yucca-Spinne am Ende genauso tot sein würde wie Rotkäppchens böser Wolf.

Jetzt formen wir die Wirklichkeit selbst: Virtual Reality mit und ohne Brille

Hunter Davies, ein Reporter der britischen Tageszeitung *The Independent*, berichtete im November 1993 von einer ganz anderen Art alternativer Realitätserfahrung. Dafür war ihm zwar von keinem Außerirdischen eine Sonde in den Hintern geschoben worden, aber unwohl fühlte er sich hinterher trotzdem. Zuerst hatte Davies sich in einem namenlosen Industriegebiet am Stadtrand von Leicester in den englischen East Midlands eingefunden. Er war ins Gebäude der Firma W Industries gebeten worden. Dort hatten Bedienstete ihm eine Art Motorradhelm auf den Kopf gesetzt. Er musste auf einem Podest stehen, in der Mitte eines hüfthohen Plastikrings, wie in einem ausgeflippten Röntgen- oder Ultraschallapparat. Dann ging es los.

Davies glaubte plötzlich, sich in einem weitläufigen Saal zu befinden, einer Art Palast. Überall standen Säulen im Weg, der Boden war beleuchtet, mit großen Karomustern bedeckt. Er hatte eine Waffe in der Hand. Ein grüner Flugsaurier kreiste über ihm, und dann war da noch ein gesichtsloser Gegner, der es offenbar auch auf ihn abgesehen hatte, mit einer ähnlichen Waffe. Ein Kampf ums Überleben, archaisch und futuristisch zugleich. »Ich kann nicht behaupten, dass ich es angenehm gefunden hätte«, schrieb Hunter Davies kurz darauf über die Erfahrung. »Der Helm drückte, und das Spiel war langweilig.«

»Dactyl Nightmare« hieß das Programm, ein ganz frühes Ego-Shooter-Game. Bei dem Duellgegner, gegen den Davies angetreten war, handelte es sich um Dr. Jonathan Waldern, einen vom Erfindergeist besessenen 3-D-Computergrafiker, den Gründer von W Industries, später umbenannt in Virtuality Group. Die hochgerüstete Maschine, der der Reporter sich ausliefern musste, hieß Virtuality 1000CS. CS für Cyberspace. Ein Virtual-Reality-System, das – angeschlossen an einen Atari-3000-Computer, mit Helm, Sensorring und einer Art

Datenhandgriff – seinen Nutzern suggerieren sollte, sie könnten sich in einer imaginären, digital projizierten, fürs Spiel programmierten Welt frei bewegen.

Walderns Virtuality Group gehörte zu den Pionierfirmen. Schon fast 400 Exemplare der Virtuality 1000CS habe man in gut zwei Jahren verkauft, erzählte der Firmenchef 1993 im Interview. Eines kostete 32 000 Pfund, es war für öffentliche Spielhallen gedacht. Die meisten seien in die USA und nach Japan gegangen.

Viele sagten damals viel zu laut, immersives 3-D-Gaming werde der nächste Megatrend werden. Konkurrenten wie SEGA, Atari oder VictorMaxx bastelten schwitzend an eigenen Modellen herum. Viele Projekte blieben im Entwicklungsstadium stecken, denn natürlich war Virtual Reality in den frühen 90ern kaum mehr als eine tolle Idee. Die Bildauflösungen waren zu schlecht, die Rechner zu langsam. Die existierenden Produkte enthielten teilweise Warnhinweise, man solle nicht länger als dreißig Minuten am Stück mit ihnen spielen. Sonst könne man seekrank werden. »Die Technologie ist in so vielen anderen Bereichen einsetzbar. Denken Sie an einen Architekten, der in einem dreidimensionalen Entwurf seines Gebäudes herumgehen, sich umschauen und Elemente verbessern kann«, schlug Virtuality-Gründer Jonathan Waldern damals vor. »Stellen Sie sich ein Kind vor, das bei einem Autounfall einen Schädelbruch erlitten hat. Mithilfe von Virtual Reality kann der Chirurg in den Kopf hineingehen.« 25 Jahre später lassen sich solche Dinge mit Augmented-Reality-Programmen wirklich realisieren. 1993 war es gut gemeint.

In der Praxis konnte Virtual Reality damals höchstens ein Spiel sein, eine elaborierte Fantasie. 1992 kam der (leider reichlich blöde) Spielfilm »Der Rasenmähermann« in die Kinos, in dem es einen digital simulierten Handlungsstrang gab. 1998 eröffnete in Disney World in Florida sogar das erste voll interaktive Spaßcenter DisneyQuest mit virtuellem Dschungelabenteuer und Hercules-Unterweltspaziergang. In vierzig Ländern in Europa, Asien und Südamerika lief Mitte des Jahrzehnts die in Dänemark entwickelte »Hugo Show« im Fernsehen, in der sich zeitgeistig aufgekratzte Jungmoderatoren in Echtzeit mit einem computeranimierten Troll unterhielten. Zuschauer konnten anrufen und über ihre Telefontasten live im TV Jump-and-Run-Games spielen. Allein durch die wahnwitzige Zeitverzögerung der Hin-und-her-Sendesignale war es natürlich fast unmöglich, den Ballons und Felsen zielgerecht auszuweichen. Fast alle verloren.

Die tiefere Dimension der computergesteuerten Virtual Reality sahen damals vor allem die Denker und Digitalphilosophen, von denen es in den Ex-Hippiekommunen im Silicon Valley genug gab. »Die Virtuelle Realität ist eine Art neuer Vertrag zwischen Menschen und Computern, eine Vereinbarung, die uns große Macht verleihen kann, uns dabei aber auch unwiderruflich verändern könnte«, schrieb der Publizist und Soziologe Howard Rheingold in seinem Buch »Virtuelle Welten – Reisen im Cyberspace«, das in den USA 1991 erschien. Rheingold war damals schon überzeugt, dass die Menschen ein paar Zugeständnisse machen müssten, wenn sie im Alltag so viel Unterstützung von Computern annehmen würden. Vor allem: Sie müssten selbst ein bisschen maschinenähnlicher werden. Es muss 1991 wie eine miesmacherische Dystopie geklungen haben – aber wer das über 25 Jahre später liest, in der Ära der allumfassenden digitalen Identitäten, der weiß, dass Rheingold natürlich recht hatte. Und dass er die Idee sicher ganz toll und kein bisschen böse fand.

Am 31. März 1999 kam dann der Kinofilm heraus, der alles final zusammenfasste, was in den Jahren davor über die neuen Realitäten gesagt worden war. Und der daraus ein so radikales, unvergessliches, ebenso ultracooles wie grauenhaftes Überblicksbild malte, dass auch für den allerletzten Nicht-so-viel-Denker jede schöne Illusion nachhaltig verloren war. In der Geschichte von »Matrix«, geschrieben und gedreht von den damals noch als biologische Männer auftretenden Wachowski-Geschwistern, erfuhr der Computerhacker Neo von einer im Untergrund lebenden Rebellengruppe die schreckliche Wahrheit. Was passiert war: Die naive Menschheit wurde Anfang des 21. Jahrhunderts von ihren eigenen hochintelligenten Robotern großflächig versklavt. Um die Unterjochten bei Laune zu halten und von einer Revolte abzuhalten, programmierten die Maschinen eine Art Ersatzrealität, speisten sie in die Köpfe der Menschen ein. Das ist die Matrix. Also genau das, was am Anfang des Films noch als die authentische Handlungsebene der Story erschienen war.

Nicht ist so, wie es scheint. Die absolut ultimative Verschwörungstheorie. Geiler als alles, was den Illuminaten oder den »Akte X«-Autoren jemals eingefallen war. Auch die Mäntel waren in »Matrix« noch entschieden länger als die, die die FBI-Agenten im Fernsehen trugen. Das Leder war schwärzer und derber, die Sonnenbrillen undurchschaubarer. Und natürlich ging es in Wirklichkeit gar nicht darum, dass die Wachowskis die

Angst vor einer Machtübernahme der Computer in der fernen Zukunft fürchteten. Ihrer Meinung nach war die Sache mit der Matrix ja längst passiert. Ganz anders. Ungefähr so, wie es der französische Soziologe und Philosoph Jean Baudrillard 1981 in »Simulacres et Simulation« beschrieben hatte: Die moderne, kapitalistische Gesellschaft hat das menschliche Zusammenleben mit so vielen Symbolen und Ersatzhandlungen aufgeladen, dass wir gewissermaßen schon jetzt in einer breitflächig simulierten Realität leben.

Am Set zwangen die zwei Regisseure alle Schauspieler, von Keanu Reeves bis Carrie-Anne Moss, Baudrillards Buch zu lesen. Man sieht es sogar in einer Szene am Anfang des Films. Neo bewahrt sein Geld und seine Hackerdisketten in einem ausgehöhlten Exemplar von »Simulacres et Simulation« auf. Auch das Buch tut nur so, als wäre es ein Buch.

»Kennst du das Gefühl, wenn du nicht weißt, ob du wach bist oder noch träumst?«, fragt Neo in »Matrix« direkt im Anschluss an die Buchszene seinen Geschäftspartner. Na so was. Da war sie ja wieder, die Frage. Die Frage, die mein Kumpel Frank uns immer gestellt hatte, als er Anfang der 90er fürs luzide Träumen übte.

Die Zweifel waren also durchaus berechtigt gewesen, wenn auch nicht ganz so, wie wir dachten. Gern wären wir so schön geflogen wie die Kerle in »Matrix«, wenn sie zu ihren Zeitlupen-Kung-Fu-Kämpfen antraten. Das sah toll aus, aber uns gelang es nie. Nicht im Traum. Nicht in der Wirklichkeit.

»HEUTE HAT SOGAR MEINE KATZE IHRE EIGENE WEBSITE.«

Kämpfe gegen das 56k-Modem, MP3s aus der Antarktis und unlöschbare Porno-Newsgroups: Was man beim ersten Abenteuer im Internet alles erlebte

Ja, es stimmt. Es gibt nichts Billigeres und Primitiveres, als über Internetanleitungen aus den 90er-Jahren zu lachen. Sich mit dem 24-Stunden-WLAN-Wissensvorsprung, den wir heute haben, über die Provider-Werbespots und Erklärfilme von früher zu amüsieren, über die Dokumente aus der Steinzeit des digitalen Echtzeitverkehrs. Das ist unfassbar kindisch. Aber wir tun es. Und zwar jetzt sofort.

Über »The Kids' Guide to the Internet« zum Beispiel. Der Lehrfilm wurde 1997 in den USA auf VHS-Kassette veröffentlicht, er war für Kinder und Eltern gedacht. Da gruppiert sich die fiktive, vor Vorstadtglück schmalzgoldig glänzende Familie Jamison im Wohnzimmer um den PC herum. Mutter und Vater, Tochter und Sohn (nur Alf fehlt) preisen das Internet an, als hätte die Firma IBM eben der ganzen Familie neue Zähne bezahlt. Alle sprechen direkt in die Kamera, auf gruselige Art hysterisch. Seit die Kinder die Freizeit vor allem im Netz verbringen, seien ihre Noten viel besser geworden, lügt die Mutter. Sie selbst würde online immer schöne Kochrezepte und Gartentipps finden. Der Vater: Börsentipps und Sportergebnisse.

Dann kommen zwei Nachbarskinder zu Besuch, deren Eltern noch keine Internetverbindung haben. Sohn und Tochter Jamison, akkurat, aber nicht zu pfingstkirchlich frisiert, führen den anderen Kindern Websites von MTV und den »Star Wars«-Filmen vor, vom Smithsonian Museum und *Wall Street Journal.* Sie schicken über das Kontaktformular der Homepage des Weißen Hauses eine nette E-Mail an Präsident Clinton, schwärmen vom Netz als dem Paradies der Weltentdeckung: »Es sieht alles aus wie in unseren Schulbüchern – nur viel realer!« So stellt man sich die Gespräche in Sekten vor, in denen die Priester sich freiwillig von Schlangen beißen lassen.

Zum Schluss gibt die Mutter noch einen Sicherheitshinweis an die Eltern im Publikum. »Am besten, Sie sind immer dabei, wenn Ihre Kinder online gehen.« Glücklicherweise haben die Kleinen vorher, als die Mutter weg war, die Adresse Whitehouse.gov korrekt eingetippt. Whitehouse.com war 1997 eine bekannte Pornoseite.

Stell dir vor, es ist Internet und keiner geht hin: Eine neue Welt – oder ein kurzlebiger Trend?

Im deutschen Fernsehen wurde das Internet zu der Zeit eher von mittelalten Männern mit Anzug und Krawatte repräsentiert. Von Telekollegtypen, Verbraucherberatern. Gleich zwei von ihnen erzählen 1996 im ZDF-Morgenmagazin, was man für den Onlinestart wissen muss: Moderator Michael Hölting (grünes Hemd, beige Krawatte) und Computerexperte Christian Spanik (hellblaues Hemd, dunkelblaue Krawatte mit, warum auch immer, einer großen Uhr darauf). »Erklär mal ungefähr, was ist denn Internet überhaupt?«, fragt Hölting freiheraus, und Spanik berichtet, hinter einem mikrowellenähnlichen Laptop stehend, von weltweit vierzig Millionen Rechnern, die zu einem großen Verbund zusammengeschlossen seien, miteinander kommunizieren und Daten austauschen könnten.

»Man kann sich das vorstellen wie ein Telefonnetzwerk«, sagt er. »Nur: Internet kann teilweise etwas günstiger sein als Telefon.«

Moderator Hölting hakt noch einmal nach, kritisch. »Würde es sich denn für mich lohnen, mir Zugang zum Internet zu verschaffen? Was findet man denn da überhaupt?«

Was man da findet? Gar keine so blöde Frage im Jahr 1996, denn das hätte man wirklich gern gewusst. Die ehrliche Antwort damals, so sinngemäß: Es gab ein paar Bibliothekskataloge in blauer Schrift. Einen Klingonischkurs. Ein blinkendes, sich drehendes Briefkastensymbol, über das man eine Nachricht an Coca-Cola schreiben konnte. Größere Sammlungen von Drew-Barrymore-Fotos. Die neuesten Meldungen der *Süddeutschen Zeitung*, schwer lesbar in kleine Framekästchen hineingeschrieben.

Darum das ganze Geschrei? Dafür sollte man extra loslaufen, sich ein Modem kaufen, Mitglied bei T-Online werden und möglicherweise in die Gebührenfalle tappen? Und ganz frühmorgens am Computer sitzen, weil da die Amerikaner alle schliefen und die Leitungen nicht so verstopft waren? Als das Internet zum ersten Mal als neues Phänomen verlautbart wurde, wirkte es wirklich nicht wie ein Ort, an dem man irgendetwas allzu Wichtiges verpassen konnte, wenn man einfach nicht hinging.

Deutsche Jugendliche sahen das Ganze noch eine Stufe desillusionierter. »Online gehen – lohnt sich das?«, fragt im Februar 1998, ganz ähnlich wie der »Morgenmagazin«-Mann, die Zeitschrift *Screenfun*, der monatliche Computerspielableger der *Bravo*. Teenager, die in einem Internetcafé interviewt werden, sagen: Nein, lohnt sich nicht wirklich. »Wenn ich da surfe, gucke ich oft nur ziellos herum, und nach ein paar Minuten wird mir langweilig«, meint zum Beispiel Andrea. Und Dorle: »Ich suche meine Infos lieber in Büchern. Vielleicht stelle ich mich ja etwas blöd an, aber ich persönlich finde im Web nie etwas. Und wenn, dann ist es in Englisch.«

Rückfrage von *Screenfun*: »Ist Internetsurfen etwa out?«

»Als Trend schon, deshalb sieht man in diesen Cafés ja auch fast niemanden mehr«, antwortet die fünfzehnjährige Jessica. Ihr Kumpel Christian erklärt noch, dass das wahre Online-Sein ja nichts mit den bunten, sinnlosen Bildchen zu tun habe, aus denen der populistisch orientierte Teil des Webs größtenteils bestehe. Sondern mit Chat- und Newsgroups, Kontakten und Community. Aber da ist die Illusion vom schillernden, bewusstseinserweiterten Datenverkehr schon geplatzt wie eine grüne Hubba-Bubba-Blase.

Es wäre natürlich viel hübscher, die Geschichte von der Ankunft des Internets genau so zu erzählen: als große Tschingderassabum-Saga. Als historisch bebende Geschichte einer Technologierevolution mit erlöst jubelnden Massen, die in Fußballstadien Microsoft- und AOL-Wimpel rauschen lassen. Mit Schlangen vor den T-Online-Anmeldeschaltern. Mit Menschen, die heulend vor Freude ihre online erworbenen Gurkenhobel in Fernsehkameras halten. Und mit der Melodie von Millionen 56k-Modems, die sich alle gleichzeitig sanft kreischend und dudelnd ins Netz einwählen.

Dass das Internet, als es Mitte der 90er aus dem Nichts zu den Menschen kam, stattdessen erst mal als fluffiger, wenig relevanter Hype galt, ist nicht wirklich überraschend. Es ist eher logisch. Grund eins: Das World Wide Web, der am besten vorzeigbare Teil der Onlinewelt, bestand zu der Zeit ja tatsächlich vor allem aus bunten Bildern, die dazu noch ewig brauchten, bis sie sich auf dem Bildschirm aufgebaut hatten, von oben nach unten, eine Pixelborte nach der anderen. Zweitens: Derart tief einschneidende Innovationen erkennt man ja förmlich daran, dass sie im ersten Moment nicht verstanden werden. Weil sie an nichts andocken, was man schon kennt. Weil es noch keine Kulturpraxis, keinen Alltag, keine Denkmodelle gibt, in denen dieses Neue eine Rolle spielt. Man traut sich kaum, die durchgenudelten Vergleiche noch einmal aus der Schimmelkiste zu holen, aber: Automobil, Telefon oder Fernsehen wurden ja auch erst mal als Schwachsinn abgetan.

Die Rechnerverkaufszahlen lagen im Jahr 1995 bei weltweit 60 Millionen Stück. Das klingt zwar nach einer ganz guten Zahl, wirkt im Vergleich zu den kommenden Jahren aber wie die Bilanz eines zärtlichen Undergroundhobbys. Im Jahr 2000 waren es schon rund 135 Millionen. 2005: mehr als 200 Millionen. 2011 wurden auf der ganzen Welt 365 Millionen Desktop-Computer verkauft, Smartphones und Tablets kamen noch obendrauf.

»Datenautobahn« nannte man Mitte der 90er in Deutschland die Vision von der digitalen Infrastruktur, vom landesweiten Breitbandnetz, das die Internetrundumversorgung und den Draht zur Welt erst realistisch machen würde. Als Bundeskanzler Helmut Kohl im März 1994 in einer Hans-Meiser-Talkshow auf RTL gefragt wurde, wie es denn mit dem Ausbau dieser Datenautobahn stehe, antwortete er: »Wir sind ein föderal gegliedertes Land, und Autobahnen stehen in der Oberhoheit der Länder.« Im Nachsatz kam sogar noch irgendwas vom Stop-and-go-Verkehr. Wie gesagt: Es war offensichtlich, dass sich der Anreiseweg zur digitalen Gesellschaft noch etwas hinziehen würde.

Müsliriegel und Suchmaschinen: Der lange Weg vom Rechenzentrum in den Cyberspace

Die Interneturprägung, die allerersten Schritte in die unberechenbare Onlinewelt fanden für mich im erschütterungsfesten Lesesaal der Universitätsbibliothek statt. Ab und zu auch unter den Funzelneonröhren des Rechenzentrums, wenn ich großes Glück hatte und an einem der Grundschultische Platz fand, die Tag und Nacht voll besetzt waren. Kaffee war verboten. Erlaubt waren nur Schokoriegel und andere feste Nahrung, die man nicht in die Tastaturen schütten oder schmieren konnte. Links und rechts schnaubten, schnieften und räusperten sich die Informatiknerds. Sie hatten noch keine Ahnung, dass sie mit ihren Brillen, Speck-T-Shirts und Flusenbärten nur wenige Jahre später angesagte Digital-Playboys sein würden.

Ich hatte den Spiralblock dabei, in den ich meine besten Internetadressen schrieb: lange Zeilen voller Schrägstriche, Tilde-Zeichen, Zahlenreihen und Abkürzungen. Umständliche Homepages, von denen viele bei GeoCities, Tripod oder Angelfire gehostet wurden. Deutsche Websites lagen in der Regel auf den Servern anderer Unis, in Bremen, Göttingen, Heidelberg. Der Block war meine Suchmaschine. Yahoo, AltaVista oder Lycos, die Search Engines, die es im Netz gab, wirkten damals nicht sonderlich vertrauenswürdig. Sie spuckten seltsame Schlagwortlisten aus. Sie fanden nie das, was man wollte. Man musste es durch Zufall finden.

WebCrawler mochte ich am liebsten. Bei den Recherchen über den englischen Schriftsteller Martin Amis, die ich für meine Zulassungsarbeit in Anglistik brauchte, fand WebCrawler die besten Seiten. Mir war natürlich klar, dass ich mich dabei hart am Rande der Legalität und des Anstands bewegte. Mein sehr alter Professor hatte uns verboten, für die Arbeiten Texte aus dem Netz zu benutzen. Für die Wissenschaft sei das Internet eine Pestgefahr, meinte er. Dort könne man ja jederzeit jeden Artikel verändern, so wie es einem gerade recht sei. Wahre Forschung müsse in Stein gemeißelt sein. Und, so ergänzten wir im Kopf, in muffiges Leinen gebunden, aus dem früher oder später die Seiten herausbröckelten.

Der Professor hatte natürlich keine Ahnung. Es war genau andersrum. Schnelles, halbgares Wissen ließ sich 1996 oder 1997 viel besser in Tageszeitungen oder gedruckten Blättchen finden. Was man im Netz entdeckte, das war eher das Enzyklopädische, schon leicht Abgehangene. Zum Beispiel die Namen aller Schauspieler aller »Raumschiff Enterprise«-Folgen. Die sauber transkribierten Rap-Texte des Wu-Tang Clan. Das ganze Drehbuch von Regisseur Russ Meyers vergessenem Film »Beyond the Valley of the Dolls« oder eine Komplettübersicht über alle jemals produzierten Figurenreihen der Kinder-Überraschungs-Eier. In vielen kleinen Kämmerchen schienen lauter noch kleinere Experten, Heinzel- oder Mainzelmännchen daran zu arbeiten, das gesamte Weltwissen digital aufzubereiten und global verfügbar zu machen. Vor allem das, was aus den scheinbar weniger relevanten Feldern kam. Genau die wichtigen Informationen, die man in der Unibibliothek nie im Leben finden würde.

Wer das realisierte, konnte sich plötzlich vorstellen, wozu das Internet in Zukunft eventuell gut sein könnte.

Welcher Auftrag im Netzversprechen steckte, der an alle ging, an alle User, alle Noch-nicht-User. Der Auftrag, Sachen zusammenzutragen. Nichts allein für sich zu behalten. Sich hineinzuversetzen in dieses Netz. Zu teilen. Und Teil einer Community zu werden. Christian, der Teenager aus der *Bravo-Screenfun*-Umfrage, hatte völlig recht gehabt: Es würde nicht auf reinen Konsum ankommen, sondern auf Kontakte, Gemeinschaften. Was Anfang der 90er im realpolitischen Alltag passiert war, der Fall der Grenzen und die Bildung neuer, übergreifender Allianzen, geschah nun auch noch in der weltweiten Kommunikation.

Wie dieser große Gedanke ins öffentliche Bewusstsein sickerte, das zeigt ein anderer bizarrer Fernsehauftritt. Am Abend des 1. März 1996 bekamen die ZDF-Zuschauer – im selben Kanal, in dem »Morgenmagazin«-Moderator Hölting nach Sinn und Zweck des Internets fragte – von vier jungen Frauen das Lied »Surfen-Multimedia« vorgesungen. Es war der erste deutsche Internetschlager. Euro Cats hieß die Gruppe, die damit zur Vorentscheidungsshow für den Grand Prix Eurovision in Oslo antrat. Die vier Künstlerinnen trugen Röcke aus europäischen Flaggen, führten eine an Skigymnastik geschulte Choreografie auf und sangen zur heiter hochgeputschten Musik den Refrain: »Surfen, surfen, durch die Welt – mit Multimedia! Surfen, surfen, Tag und Nacht – auf der Datenautobahn!«

Textdichter Erich Offierowski war damals Ende fünfzig, bekannt als Liedautor für Roberto Blanco oder Karel Gott. Er hatte anscheinend bei der letzten Funkausstellung mitgeschrieben, aber nicht alle Begriffe verstanden. »Mensch, sei ein User! Geh online!«, ließ er die armen Euro-Cats-Mädchen singen, »im E-Mail triffst du mich«, während der Hintergrundchor penetrant »Surf! Surf! Surf! Surf!« skandierte.

Das komische Stück kam in der Zuschauerabstimmung nur auf den neunten von zehn Plätzen, durfte nicht nach Oslo. Rund fünfzehn Jahre später entdeckten die Blogs und sozialen Medien den alten TV-Clip, verbreiteten ihn, spotteten über die prähistorische Erscheinung. Und trotzdem, trotz aller Peinlichkeit, ist da etwas Besonderes an »Surfen-Multimedia«. Jahrzehntelang war der Computer in der Popkultur mit verkappt dystopischem, technologiekritischem, allerhöchstens fetischgetriebenem Blick gesehen worden, von France Galls »Der Computer Nr. 3« über das gesamte Schaffen der Gruppe Kraftwerk bis zu »Computer sind doof« von Spliff. Die Euro Cats dagegen sangen vom sozialen Potenzial des Rechners. Ohne jeden Haken. Positiv, optimistisch.

Zwei Jahre später kam »e-m@il für dich« in die amerikanischen Kinos (im Original: »You've Got Mail«). Der Film, in dem sich Meg Ryan und Tom Hanks via AOL-Nachricht ineinander verlieben. Per Fax hätte das niemals so schnell gezündet.

Und so gewöhnte man sich gegen Ende der 90er-Jahre plötzlich ganz neue Manieren an.

1. Man begann damit, einmal pro Woche ins E-Mail-Postfach zu schauen, ob vielleicht etwas angekommen war.

2. Bald schaute man zweimal pro Woche. Dann dreimal.

3. Man rief Leute auf dem Festnetztelefon an, um sie darauf hinzuweisen, dass man ihnen gerade eine Mail geschrieben hatte.

4. Man musste sich auf einmal viele Passwörter merken.

5. Um sie nicht doch zu vergessen, schrieb man sie auf Zettel, tarnte sie als vermeintliche Telefonnummern oder Geburtstagsdaten. So konnte man sie im Geldbeutel mitnehmen.

6. Wenn man im Netz etwas kaufte, schickte man seine Kreditkartennummer per Fax an den Onlineshoppingdienst. Man traute der vertraulichen Datenübertragung nicht.

7. Wenn man eine Website öffnete, klickte man erst mal auf »News«, weil dort stand, wann welche Rubrik zuletzt aktualisiert worden war.

8. Man fragte im Freundeskreis herum, ob nicht auch andere gern einen codefreien DVD-Player kaufen wollten. Wären genug zusammengekommen, hätte man ihn über eine Massenbestellung bei der Website Letsbuyit.com etwas billiger gekriegt. Es kamen nie genug zusammen.

9. Man führte immer wieder den gleichen Dialog im Druckerraum des Rechnungszentrums. »Hast du meine Zettel gesehen? Ich habe vor zwanzig Minuten die Homepage der Münchener Glyptothek komplett ausgedruckt, das müssten so fünfzehn Seiten sein.« – »Wie sehen die aus? Schau doch mal in dem Stapel dahinten nach.«

10. Man spielte Multi User Dungeons, die sogenannten MUD-Spiele, bis die Uni-Öffnungszeiten abgelaufen waren. In den vernetzten Fantasy-Abenteuern wurde mangels Grafik jede Szenerie in umständlichen Worten beschrieben: »Du kommst an eine Felsklippe, am Horizont siehst du einen bizarr aussehenden Berg mit einem

Schloss. Auf einer Wiese im Tal steht eine seltsame Kiste. Neben dir sitzt ein Gnom.« Der Gnom war unter Umständen jemand, den man persönlich kannte und der auch im echten Leben gerade neben einem saß.

11. Alle fingen an, ständig »per Mausklick« zu sagen. Nur den Satz »Ich habe meinen Rechner in der Bahn vergessen«, den sagte damals nie jemand. Noch nicht.

Natürlich wollte man unbedingt auch auf Rotten.com gehen, auf die Seite, auf der Fotos von grässlich zerfleischten Unfallopfern und mutierten Embryonen gesammelt wurden. Natürlich wollte man eine oder gleich mehrere der vielen Pornoseiten sehen, die vor schwarzem Hintergrund Bilder zeigten (Filme dauerten noch zu lange) und auf denen man immer ganz schnell nach der Kreditkarte gefragt wurde. Das alles ging im Rechenzentrum natürlich nicht. Es war mindestens ein Grund, sich dann doch das Internet für zu Hause anzuschaffen. Weil man damit allein sein wollte.

Wenn man auch nur eine minimale Phobie vor der typischen Sprache der Informatiker und Elektromarktverkäufer hatte, erlebte man das private Einrichten einer Internetverbindung als markerschütterndes Trauma. Es ging um Analog- und ISDN-Verbindungen, um Provider, serielle Schnittstellen, Symbol- und Datenübertragungsraten, um Baud und Kilobit pro Sekunde, TAE-Dosen, PCMCIA-Steckkarten und darum, dass man im Dialogfeld »Systemsteuerung/Software/Verbindungen« das Häkchen bei »DFÜ-Netzwerk« machen sollte und nirgends sonst. Anders als bei Erfindungen wie dem Auto oder der Waschmaschine musste man, um zu Hause einen internetfähigen Computer bedienen zu können, auch halbwegs darüber Bescheid wissen, wie ein internetfähiger Computer eigentlich funktioniert. Man wurde entweder zum Techniker oder zum Idioten. Und für alles, alles, alles musste man irgendeinen bescheuerten Treiber installieren.

Der berühmte AOL-Werbespot von 1999, in dem der Tennisstar Boris Becker bei der PC-Einrichtung erst leicht verzweifelt und dann triumphierend und latent sexualisiert »Ich bin drin!« ruft, als sein Rechner online geht – er war wirklich nah dran an der Wohnzimmerrealität. Abgesehen davon, dass nach den ersten zehn von elf Versuchen noch niemand drin war im Netz. Selten lief es so unblutig ab wie in der Becker-Szenerie.

Selbst wenn man dann drin war, konnte der Netzbetrieb einen die wenigen Nerven kosten, die man noch übrig hatte. Ich erinnere mich an die schweißtreibenden Stunden, die ich damals im Netzwerk der Datentauschbörse Napster verbrachte, einem Peer-to-Peer-Netzwerk, das nicht über eine feststehende Angebotsplattform lief. Die Gefahr, dass jemand hier im großen Stil illegal Musikstücke herunterladen und raubkopieren könnte, war zumindest in Deutschland eine eher theoretische – dazu dauerte alles viel zu lange, dazu waren die Verbindungen viel zu teuer und lahm.

T-Online, AOL und CompuServe hießen die größten Anbieter, mit denen man zusätzlich zur Telefonverbindung einen Vertrag abschließen musste. Flatrates waren in den USA damals längst üblich, kosteten 1999 in Deutschland aber oft noch bis zu 300 Mark im Monat. Für zwanzig monatliche Internetstunden musste man bei T-Online so oder so 100 Mark bezahlen, der Rest wurde nach der Uhr abgerechnet. Als AOL den Kampfpreis von 57 Mark ins Rennen warf, ging die Telekom auf 49 herunter und so weiter. Wer mit der Kalkulation der günstigsten Mobilfunktarife zeitlich noch nicht ganz ausgelastet war, fand hier ein schönes neues Betätigungsfeld.

Bei Napster entdeckte ich oft tolle Musik, die es eh nicht im Laden zu kaufen gab. Ich fühlte mich also ethisch auf der sicheren Seite. Und schaute dann nägelkauend und haareraufend zu, wie mein Toshiba-Laptop die MP3-Dateien in quälender Zeitlupe aus dem Netzwerk herunterlud. Man hörte den Wasserhahn dabei tropfen. Mit einer analogen Telefonleitung und einem Modem, das 56 Kilobit pro Sekunde verkraften konnte, brauchte ein einziger Napster-Song etwa eine halbe Stunde. Wenn ich Pech hatte, klinkte sich der Rechner in den USA, in Norwegen oder der Antarktis, von dem mein Laptop die Daten empfing, kurz vor Schluss aus und ruinierte alles.

»Als ich im Januar 1993 mein Amt antrat, wussten nur ein paar Hochenergiephysiker, was das World Wide Web überhaupt war«, sagte US-Präsident Bill Clinton, als er im Oktober 1996 bei seiner Wiederwahlkampagne eine Rede in Knoxville, Tennessee hielt. »Heute hat sogar meine Katze ihre eigene Website.« 1996 nutzten laut dem Statistikdienst Internet Live Stats weltweit 77,4 Millionen Menschen das Internet. 1998 waren es 188 Millionen. Im Jahr 2000 schon 414 Millionen. Im Frühjahr 2018 stand die Zwischenbilanz bei 3,8 Milliarden Nutzern, quasi die halbe Weltbevölkerung. Es wurde doch noch eine Revolution, auch wenn man das als visionsloser Normalverbraucher am Anfang wirklich nicht geglaubt hatte.

Im Mai 2015 wurde der amerikanische Internetprovider AOL vom Telekommunikationskonzern Verizon übernommen. In dem Zug kam eine andere erstaunliche Nachricht ans Licht. AOL meldete, dass es in den USA – zwanzig Jahre nach 1995 – immer noch 2,1 Millionen Kunden gab, die sich über die alten 56k-Modems ins Netz einwählten. Kreisch, düdelü, für 20 Dollar pro Monat. 200-mal langsamer als die zeitgemäßen Breitbandnutzer. Ob es sich dabei um tattrige Technikfeinde, um Faulsäcke oder schlicht um Leute handelte, die zu wenig Geld verdienten oder in zu abgelegenen Gegenden wohnten, um mit schnellerem Netz zu leben, das ging aus den Zahlen nicht hervor. Aber offenbar gab es sie, die digitale Parallelgesellschaft.

Angst vor der Atombombe, plappersüchtige Nerds – und ein feiner Herr aus England

»Die Botschaft, die Medien heute für uns haben, ist: Allgegenwart. Mediennutzung ist nichts mehr, was wir tun, sondern etwas, dessen Teil wir sind«, sagte der berühmte Philosoph und Kommunikationstheoretiker Marshall McLuhan im Frühjahr 1996 in einem Interview mit dem amerikanischen Technologiemagazin *Wired.* Es waren kluge, weitsichtige Worte über die noch junge Netzkultur. »Der postindustrielle Mensch hat eine Netzwerkidentität, eine Net-ID«, sagte der Denker, und: »Rollenwechsel und sich verändernde Identitäten werden in diesem Kontext nicht mehr als Gefahr oder Tabu angesehen.«

Visionär McLuhan hatte schon 1962 in seinem Buch »Die Gutenberg Galaxis« den Begriff vom »globalen

Dorf« geprägt. Dank der elektronischen Vernetzung wachse die Welt immer stärker zu einem Kosmos mit kurzen Kommunikationswegen und schnellen Verfügbarkeiten zusammen, meinte McLuhan damals, und so werde die Erdbevölkerung früher oder später zu einem einzigen großen Stamm werden. Moralische Verantwortung müssten die Menschen natürlich dennoch selbst übernehmen – nichts an diesem Dorfzustand sei automatisch gut oder schlecht.

»Das Web ist cool«, sagte McLuhan 34 Jahre später im *Wired*-Interview von 1996. »Als Medium fordert es von uns so viel Teilnahmebereitschaft, dass man in seiner Sphäre keinerlei kohärenten, in sich runden, scharf definierten Charakter entwickeln kann, ohne dass man dabei in Comedy oder Verschwörungsparanoia abrutschen würde.« Allgegenwart, ständige Rollenwechsel, Transzendenz. Es ist klar, was er damit meint, aber es klingt ein bisschen religiös.

Der kleine Haken an der Sache: Als Redakteur Gary Wolf das besagte Gespräch mit ihm führte, war Marshall McLuhan bereits sechzehn Jahre tot. Wolf war in einem der Onlineforen von *Wired* kurz zuvor ein anonymer Teilnehmer aufgefallen, der unter dem Pseudonym McLuhans hochinteressante Beiträge gepostet hatte. Der Journalist begann eine E-Mail-Konversation mit dem unbekannten Autor. Und kam schließlich zu dem Ergebnis, dass es sich wohl um ein Bot-Programm handelte, das mit allem Wissen über McLuhan gefüttert worden war. Wie auch immer, das Interview, das aus den Mailnachrichten zusammengestellt wurde, war einfach zu schön. Es klang wie ein Produkt völlig unkünstlicher Intelligenz.

Damals, als alle begannen, über das Internet zu sprechen und zu visionieren, war das Netz selbst natürlich schon so alt wie eine Moorschildkröte. Seine Geschichte knotet sich aus zwei historischen Erzählsträngen zusammen, aus denen sich im Lauf der Jahre zwei extrem gegensätzliche Totschlagthesen entwickelt haben.

Totschlagthese eins: Die technischen Grundlagen des Internets, wie wir es heute kennen, stammen aus dem militärischen Sektor.

Totschlagthese zwei: Die ideologischen Wurzeln des Internets stecken in der kalifornischen Hippiekultur.

Beides ist nicht ganz falsch, aber auch nicht die ganze Wahrheit. Tatsächlich wurde die Idee, ein dezentral konzipiertes Computernetzwerk aufzubauen, in den frühen 60er-Jahren im US-Verteidigungsministerium geboren, denn dort hatte man seinerzeit die finstersten Feinde. Wenn ein großes Rechenzentrum durch einen Atomschlag zerstört würde, wie konnte man sichergehen, dass alle militärischen Daten parallel an anderen Orten gesichert und schnell verfügbar waren? Und dass ein solcher Verbund auch dann weiter funktionieren würde, wenn ein Knotenpunkt ausfiele? Die Lösung, ein maximal verzweigtes elektronisches Datennetz, in dem Informationen in kleinen Paketportionen hin und her zischen sollten, wurde dann aber zuerst an wissenschaftlichen Instituten implementiert. 1972 gab es ein Projekt am National Physical Laboratory in London, zur selben Zeit entstand das ARPANET, das vierzig US-Unis verband.

Wurde in der Sowjetunion parallel an einer ähnlichen Technologie gebaut, wie im Space Race? Der Moskauer Mathematiker Wiktor Michailowitsch Gluschkow klemmte sich jedenfalls schon in den frühen 60er-Jahren hinter ein Projekt, bei dem es um ein landesweites Computernetzwerk fürs Zivilvolk ging. Es hatte den Arbeitstitel OGAS. Es wurde nie realisiert. Die Führung der Kommunistischen Partei verweigerte Gluschkow 1970 die angefragte Projektförderung. Der russische Finanzminister Wassili Garbusow begründete die Ablehnung angeblich damit, dass es im Land ja schon Maschinen gebe, die in den Hühnerställen das Licht ein- und ausschalteten. Man brauche nicht auch noch ein nationales Netzwerk für sie. Dass ein Internet mit freiem Informationsverkehr im Ostblock den innenpolitischen Interessen entgegenlief, kann man sich denken.

Als später in den USA die Forscher und Studenten das Netz zu schätzen lernten, begann die praktische Fantasie zu blühen. Ein Gedanke: So ein Netzwerk konnte man doch auch für Debatten, große Suchanfragen und schwarmintelligentes Geplänkel nutzen. Nachwuchsinformatiker in Durham, North Carolina programmierten gegen Ende der 70er eine alternative Netzarchitektur, das sogenannte Usenet. Der nächste, epochale Schritt zum Social Network. Neben einem E-Mail-Dienst bot das Usenet den Studenten die Möglichkeit, in speziellen Foren öffentliche Diskussion zu führen. »Newsgroups« wurden die Sektionen genannt, nach Themen geordnet. Als 1998 die enttäuschten deutschen Teenager im *Bravo-Screenfun*-Interview von der reinen Essenz des Internets sprachen, für die man weder bunte Bilder noch lifestyliges Surfgefühl brauche – damit meinten sie das Usenet. Schmucklos, effektiv, nicht zur Zerstreuung geeignet. Es gibt die Newsgroups von damals heute noch.

Und ja, man kann auch in Usenet-Newsgroups nach den schönsten Cafés in Reykjavík fragen oder über die neueste RTL-»Dschungelcamp«-Folge diskutieren. Trotzdem musste erst noch jemand kommen und die disparat in unzähligen Schubladen verräumten Text- und Informationsfragmente des Netzes auf einer Benutzeroberfläche ordnen und miteinander verlinken. Das war der englische Informatiker Tim Berners-Lee. Berners-Lee war am Kernforschungszentrum CERN in Genf tätig, an dem 2012 das sogenannte Gottesteilchen entdeckt werden sollte. 1990, da war er Mitte dreißig, erfand er die Website, wie wir sie heute kennen, mitsamt aller Surf- und Bedienungsmanieren. Im August 1991 kam seine Software in Umlauf. Der offizielle Beginn der Webzeitrechnung.

1993 wurde dann an der Uni in Urbana-Champaign im Staat Illinois ein erster Browser mit grafischer Oberfläche programmiert, genannt Mosaic. Marc Andreessen, Softwareingenieur, Unternehmer und Teil des Teams, benannte ihn später in »Netscape Navigator« um, ging 1995 mit seiner Firma Netscape an die Börse. Der Rest ist Geschichte, eine lange Geschichte. Von der kreuzlahmen Rechenzentrumskiste bis zum mobilen, agilen, breitbandigen LTE-Empfang der Gegenwart.

»Where Do You Want To Go Today?« hieß der weit ausholende Kampagnenspruch, mit dem Microsoft von 1994 an seine Rechner und Systeme bewarb. Damals auch eine scheinheilige Frage, denn Firmenchef Bill Gates hielt das World Wide Web für Humbug. Er ließ Microsoft im August 1995 sogar einen eigenen Onlinedienst namens MSN eröffnen, der als eine Art Einbahnstraßenserver den Windows-95-Nutzern die Alternative zum Internet bieten sollte.

Gates änderte bald den Kurs, implantierte den Internet

Explorer fest ins Betriebssystem. Aber vom pathetischen Grundprinzip her bildete schon sein Microsoft-Werbespot von 1994 die Wischiwaschi-Idee vom globalen Dorf ganz gut ab. Dreißig Sekunden Bilderrausch, Baudenkmäler, asiatische Geigenschüler und Großstadtszenen. Dazwischen pixelbunte Tabellen, Games und Cursorpfeile, Hände auf Computertasten. Vor allem viele, viele Großaufnahmen bedeutsam guckender Kinder. Dazu ein Soundtrack aus Stimmen, die »Do something amazing!« und ähnliche Animateursprüche nuschelten.

Es begann die Zeit, in der man die Werbespots von Digitalkonzernen nicht mehr von den Kitschkampagnen der Umweltschutz- und Entwicklungshilfeorganisationen unterscheiden konnte. Weniger Technik, mehr geistig-moralische Transferleistung.

Universum ohne Hierarchien: Das Internet entpuppt sich als LSD-Traum

Das wäre der zweite Klischeepfeiler, an dem die Internethistorie hängt: die Frage nach den Wurzeln, dem Spirit, dem Philosophiehumus, aus dem das Web herauswuchs. Nach dem idealistischen Erbe, dessen Schöpfer mindestens eine Generation älter waren als Tim Berners-Lee, Bill Gates oder Apple-Kopf Steve Jobs, die alle 1955 geboren wurden.

Die drei waren also erst dreizehn, als 1968 zum ersten Mal der *Whole Earth Catalog* erschien, eine großformatige Zeitschrift der kalifornischen Gegenkultur für Hippies, Linksaktivisten und sonstige Gesellschaftsabbieger. Initiator war der Autor und Konzeptdenker Stewart

Brand, der damals in Menlo Park bei San Francisco saß und für den *Whole Earth Catalog* nicht nur Pamphlete, Zeichnungen und Fotos sammelte, sondern vor allem Produkte, die für ein alternatives Leben jenseits der staatlichen Kontrolle gebraucht wurden. Organisches Saatgut, landwirtschaftliche Geräte, Elektronik zum Musikmachen, Matrizendrucker zur Vervielfältigung der guten Botschaft. Natürlich auch: Computer. »Access to Tools« war der Untertitel des Katalogs, sinngemäß: wo man sein Werkzeug herbekommt. Eine auf Papier gedruckte Suchmaschine, inklusive Amazon-Marketplace-Bestellinfos, sozusagen.

»Das Ganze wirkte damals vielleicht auf gefährliche Art anarchisch (und tut das in den Augen vieler heute noch), aber die Verachtung, die die Gegenkultur für zentralistisch organisierte Autoritäten empfand, wurde letztendlich zur philosophischen Grundlage für das nicht hierarchische Internet und die gesamte Personal-Computer-Revolution«, schrieb Kataloggründer Brand im Frühjahr 1995 in einem Essay für die Zeitschrift *Time*. Überschrift: »Wir verdanken das alles den Hippies«. These: Ein globales Netzwerk, in dem Informationen frei fließen und für jeden zugänglich sind, in dem sich alle Minder- oder Mehrheiten artikulieren und ihre Probleme gemeinschaftlich und kreativ lösen können, in das keine staatlichen Organe hineinfunken können, weil es einer dezentralen Ordnung folgt – das sei quasi die Verwirklichung der libertärpolitischen 60er-Ideale.

Damals hatte man Computer zwar abgelehnt, denn sie symbolisierten Datenerfassung, Fremdkontrolle. Dann allerdings nahmen sich diverse Küchentischkompanien der Sache an. Hacker und Jungunternehmer griffen ein, die vom erwähnten Marshall McLuhan und dem Designphilosophen Richard Buckminster Fuller inspiriert waren, von der Science-Fiction des Schriftstellers Robert Heinlein und anderen radikalen, autoritätskritischen Denkern. Auch die Apple-Gründer Steve Jobs und Steve Wozniak verdienten ihre ersten gemeinsamen Dollars ja mit dem Verkauf sogenannter Blue Boxes, mit denen man illegale Gratisgespräche führen und Telefongesellschaften neppen konnte.

Die maßgeblichen Ideen für die Web-Revolution seien, so Brand, alle aus dieser Community gekommen. »Wenn sich die Dynamik fortsetzt, und danach sieht es derzeit aus«, schrieb er im *Time*-Artikel, »wird das Informationszeitalter bis weit ins neue Jahrtausend hinein den charakteristischen Stempel der Sixties-Gegenkultur tragen.«

Das klingt zuckersüß. Später wurde es durch mehrere Steve-Jobs-Biografiefilme scheinbar bestätigt, die den Helden in der Rückblende als genial-verträumten Späthippie zeigten, der im LSD-Taumel auf Universitätswiesen sitzt und musketierbärtig in die Sonne guckt. Es gibt allerdings zwei Probleme mit dieser Sichtweise. Erstens: Schon in der frühen 90er-Phase hatten sich Silicon-Valley-Charaktere mit in die rauschende Trendwelle gelegt, die keineswegs so freiheitsliebend und profitfeindlich gesinnt waren – Unternehmer wie Bill Gates oder Larry Page, Investoren wie Peter Thiel, alles prägende Figuren einer durch und durch weißen, maskulinen, heterosexuellen Visionskultur, die in erster Linie von Profitinteresse getrieben war. Problem zwei: Die hochgelobten Whole-Earth-Freigeister schummelten selbst eine Ideologie in die Internetpraxis hinein, die allen digitalen Betroffenen noch extreme Schwierigkeiten bringen sollte.

Natürlich klang es erst mal toll, eine Community zu kultivieren, in der es keine Hierarchien geben sollte, keine Kontrolle von oben. Das Konzept setzte allerdings einen kreuznaiven Glauben an die Selbstregulierungskraft des Systems Internet voraus – und diverse Prinzipien, die einem ungezügelten Kapitalismus den Weg bügelten. Dass die Hacker und Späthippies eine Leidenschaft für die Datensammelei entwickeln könnten, dass sie haarsträubende AGBs zusammendichten und ihre Kunden dazu überreden würden, im Interesse des Allgemeinwohls ihr gesamtes Leben digital ausschlachtbar zu machen, das hatte Stewart Brand nicht vorausgesehen, als er seinen Artikel schrieb. Oder er hatte es gesehen – und als Kollateralschaden in Kauf genommen.

Viele redliche Internetbewohner sind heute davon überzeugt, dass die notorische Unregulierbarkeit der Netzimperien Facebook, Google oder Amazon ein Auswuchs der digitalen Neuzeit sei, der großen Vertreibung aus dem Paradies. Das stimmt nicht ganz. Das Elend folgt fast zwangsläufig aus der Anarchieattitüde der ersten Gründerzeit.

Seit jeder eine Netzwerk-ID haben kann, wie der Marshall-McLuhan-Bot sie im *Wired*-Interview nannte, hat sich das Tempo weiter gesteigert, mit denen Menschen durch ihre Patchworkidentitäten surfen. Die Freiheit ist dadurch nicht größer geworden, im Gegenteil. Alle Spuren, die man zieht, sind nachvollziehbar geworden. Wer mitmachen will, muss die Nutzungsbedingungen abhaken. Selbst löschen wird man sich nie wieder können.

Der Fall CompuServe: Und wer kehrt im Netz den Schweinkram zusammen?

Bisher klang alles so friedlich. Als ob in den frühen Jahren der Netzgeschichte alle immer schön am selben Datenstrang gezogen und keine Beißereien stattgefunden hätten. Als ob ein paar Parteien vielleicht mal aus Trotteligkeit kurz zurückhingen, aber dann wieder nachkamen. Als ob die ganzen Sorgen, die die Hippies sich wegen Fremdkontrolle und Überwachung gemacht hatten, nur Nachtgespenster gewesen wären. Viele dachten das wohl wirklich. Spätestens, bis die CompuServe-Sache passierte. Der erste große Symbolskandal der Netzzeit.

CompuServe, ansässig in Columbus, Ohio, war Mitte der 90er der weltweit größte Internetprovider. Die Firma, die 1969 als Rechenzentrum einer Versicherungsgesellschaft gestartet war, vermittelte ihren rund vier Millionen Kunden nicht nur den Zugang zum World Wide Web. Sie bot ihnen auch eigene Dienste an, unter anderem ein Diskussionsforum mit Newsgroups, ähnlich wie das Usenet.

Vier Tage nach Heiligabend 1995, am 28. Dezember, geschah dann genau das, was eigentlich nie hätte passieren dürfen. CompuServe nahm rund 200 dieser Newsgroups vom Netz, ohne Vorwarnung. Blockierte den Zugang zu ihnen weltweit für alle Nutzer. Betroffen waren vor allem Debatten über sexuelle Themen, über Verhütungsmittel und Sadomasochismus, Analverkehr und andere Vorlieben. Aber auch Threads über Haushaltsfragen in Schwulen-WGs und den »Raumschiff Enterprise«-Schauspieler Patrick Stewart verschwanden über Nacht.

Der Grund für die drastische, schwer begreifliche Aktion war ein Brief aus Deutschland. Genauer: aus München. Die bayerische Staatsanwaltschaft hatte CompuServe dringend dazu aufgefordert, die besagten Newsgroups zu schließen. Die Begründung: In den Foren, die in einer langen Liste aufgezählt wurden, sei jugendgefährdendes, teilweise sogar strafrechtlich relevantes Material ausgetauscht worden. Fotos, Adressen, Informationen. Beamte der »Arbeitsgruppe EDV« des Polizeipräsidiums München gaben an, unter anderem Kinder- und Tierpornografie gefunden zu haben, das Ermittlungsverfahren sei schon eingeleitet. Die Rechtsabteilung in Columbus riet, dem Befehl der Bayern zu folgen. Anstatt nur die deutschen User auszusperren, was technisch möglich gewesen wäre, schaltete CompuServe die 200 Newsgroups lieber ganz ab.

Zusätzlich bizarr an der Anordnung aus München waren die Auswahlkriterien. Auf der schwarzen Liste standen zahlreiche Gruppen, die einfach nur die Wörter »Sex« und »Gay« im Titel trugen, aber inhaltlich nichts mit den beanstandeten Themen zu tun hatten. So war der Patrick-Stewart-Fanclub ins Visier geraten. Seine Newsgroup-Kennung hieß »Alt.sexy.bald.captains«.

Was hier passiert war, das war die Netzursünde. Der frühe Verrat am Ideal des freien Datenflusses. Dass CompuServe die Sexforen pauschal und ohne große Gegenwehr gesperrt hatte, war ein Bilderbuchbeispiel für genau das, was frühe Aktivisten vom Ansatz her verhindern wollten: staatliche Zensur. Ein willkürlicher, machtpolitischer Eingriff in eine Struktur, die sich dezentral und vor allem selbst organisieren wollte.

Die Empörung schlug hoch in den Tagen danach. Bei

einer Protestdemo vor dem Goethe-Institut in San Francisco präsentierten Mitglieder der Gruppe »Americans for Gay Rights« Transparente mit dem Slogan »Boykottiert deutsches Bier«, öffneten Beck's-Flaschen und schütteten den Inhalt in die Abwassergullys. »Die deutsche Regierung soll sich aus dem Internet heraushalten«, kommentierte der Gruppensprecher Michael Petrelis.

Parallel dazu lief ein Aufruf durch die Foren, möglichst viele deutsche Server mit Massen von Spam-Mails zu attackieren und lahmzulegen. Titel der Aktion, die allerdings dann doch nicht stattfand: »Bomb Germany, Dresden Part 2«.

CompuServe ließ sich, inspiriert von der aufgeheizten Stimmung, ein zweites Mal beraten und gab am 14. Februar 1996 die blockierten 200 Newsgroups wieder frei. »Wir transportieren Daten. Wenn jemand eine Briefbombe bekommt, käme er auch nicht auf die Idee, die Post zu verklagen«, begründete Firmensprecherin Marielle Bureick den Schritt. Wirklich behindert hatte der vorübergehende Bann den Alltag im Netz sowieso nicht. Sogar die Zeitschrift *Wired* hatte eine hochoffizielle Anleitung abgedruckt, wie man in die gesperrten Gruppen mit wenig Aufwand doch noch hineinkommen konnte.

Die größten Streitfragen, um die das Leben im neuen digitalen Staat in den nächsten Jahren herumflattern sollte, steckten in der CompuServe-Affäre schon drin. Die Frage nach den Grenzen der Internetredefreiheit, nach der Einspruchsmacht einzelner Staaten, überhaupt danach, wer eigentlich dafür verantwortlich gemacht werden durfte, wenn irgendwo problematische Inhalte auftauchten. »Von der Gesetzgeberseite her besteht hier ein rechtsfreier Raum«, zitierte der *Spiegel* damals Axel

Kossel, einen Redakteur des deutschen Computermagazins *c't*. Noch so ein Satz, der für lange Zeit zum Mantra wurde, wann immer es um Cyber-Angelegenheiten ging, halb entschuldigend, halb abenteuerlustig: Das Internet ist ein rechtsfreier Raum.

Sosehr sich die Surfer und Aktivisten über den Alleingang der bayerischen Staatsanwälte aufregten, die USA gingen in eine ganz ähnliche Richtung. Bill Clinton ließ im Februar 1996 vom Kongress ein Gesetz beschließen, das den Jugendschutz im Internet auf das gleiche Level heben sollte, auf dem schon Rundfunk und Presse standen. Der Communications Decency Act stellte es unter Strafe, obszönes oder im weitesten Sinn unanständiges Material online zu stellen. Digitale Bürgerrechtsgruppen, die es in Amerika längst gab, stifteten daraufhin eine feurige Debatte an.

John Perry Barlow, Gegenkulturveteran aus San Francisco und Mitgründer der einflussreichen Gruppe Electronic Frontier Foundation, proklamierte 1996 beim Weltwirtschaftsforum in Davos sogar eine »Unabhängigkeitserklärung für den Cyberspace«. Kurz darauf stellten Bundesgerichte in Philadelphia und New York tatsächlich fest, dass Clintons Gesetz die Redefreiheit beschnitt. Es musste zusammengestrichen werden.

Was im Communications Decency Act dagegen klipp und klar stand: Die Betreiber von Plattformen konnten in der Regel nicht für die Inhalte haftbar gemacht werden, die Nutzer dort posteten. Ungünstigerweise war diese klare Auffassung nicht so worldwide verbreitet wie das Web selbst. In einem absurden, original bayerischen Nachspiel zur Sex-Newsgroup-Affäre von 1995 wurde im Mai 1998 Felix Somm, der jahrelang in Deutschland die Geschäfte von CompuServe geführt hatte, zu zwei Jahren Haft auf Bewährung und 100 000 Mark Geldstrafe verurteilt. Grund: Der deutsche Ableger hatte es nicht verhindert, dass seine Nutzer Zugriff auf Pornobilder in amerikanischen Newsgroups gehabt hatten. Das Landgericht München hob das Urteil gegen Somm im November 1999 wieder auf. Ein rechtsfreier Raum war das Internet damals nämlich schon keiner mehr. Nur ein ziemlich rechtschaotischer.

Und wie ging es weiter? Die schönen, grafischen Benutzeroberflächen lehrten uns von den 90ern an, dass man alles auf Knopfdruck haben konnte. Digitale Wünsche müssen immer sofort erfüllt werden. Die hin und her fliegenden, wie kleine Brieftauben aussehenden Papiersymbole im Downloadfenster brachten uns die Ungeduld bei, mit der man minutenlang auf Bildschirme starrte, auf denen nichts passierte. Wir verinnerlichten das Prinzip der Spam-Mails und antworteten afrikanischen Prinzen nicht, die uns ihr Vermögen anboten. Wir öffneten keine komischen Anhänge, wenn sie auf »exe« endeten. Oder wenn sie angeblich Nacktbilder von irgendwem enthielten.

Aus den ersten Erfahrungen mit Online-News lernten wir sogar, dass das Löschen einer unliebsamen Nachricht oft erst recht die Aufmerksamkeit auf ein Bild oder eine Information lenkte. Man nannte es später den Streisand-Effekt. Nach der Entertainerin Barbra Streisand, die einen Fotografen erfolglos verklagte, weil er eine Luftaufnahme ihrer Villa ins Netz gestellt hatte. An schlechten Tagen nehmen wir es wahnsinnig persönlich, wenn irgendein Programm plötzlich abstürzt. An guten Tagen schreiben wir nicht »LG«, sondern »Liebe Grüße«.

»Ich würde ungefähr hundert Romane in den Computer einscannen, noch mal so viele wissenschaftliche Texte, die Bibel, den Koran, ein paar Telefonbücher (wegen der Namen)«, schrieb der italienische Universalgelehrte Umberto Eco 1996 in einem Essay, in dem es um die Frage ging, wie man heute einen Roman verfassen könne. »Dann würde ich einen einfachen Zufallsgenerator verwenden und alles durcheinandermischen.« Direkt aufs Internet bezog sich der Schriftsteller nicht, aber es war klar, dass es Eco ums digitale Archiv ging. Um die plötzliche paradiesische Allverfügbarkeit von Informationen und Geschichte.

Und dann? Dann, schrieb Eco weiter, würde er alles ausdrucken. »Ich lade es auf einen Lkw und fahre zur nächsten Müllverbrennungsanlage.« Und während das Papier verbrenne, würde er unter einem Baum sitzen und mit einem Bleistift auf Papier ein paar Gedanken notieren.

Alles in allem erzog das Internet uns ja vorbildlich. Aber zu echten Netzbewohnern, zu vollwertigen Bürgern im unabhängigen Staat Cyberspace wurden wir erst, als wir eines Morgens aufwachten und es uns so ging wie Eco. Als uns das World Wide Web, diese tolle neue Erfindung, langsam ein bisschen zu viel wurde. Wir wussten ja nicht, dass wir den größten Stress noch vor uns hatten. Das Gratis-WLAN. Die mobile Dauerversorgung. Die schnell ladenden Videos. Diesen langsam aufkeimenden Überdruss nannte man damals »Kulturpessimismus«. Heute heißt er »Digital Detox«.

»JEDER MUSS ALLES WISSEN – VOR ALLEM ÜBER SEX.«

Analverkehr, Bungee-Jumping und Geschichten über Hackfleischmenschen: Wie der Mythos von der Spaßgesellschaft entstand (und wie spaßig die späten 90er tatsächlich waren)

Irgendwann kam die Sache mit der freien Liebe auf. Ganz plötzlich. Eigentlich dreißig Jahre zu spät. Offenbar hatte die Idee etwas länger gebraucht, bis sie aus den Make-Love-Projekten in Upstate New York und den Berliner Kommunen der späten 60er endlich den langen, gerölligen, eher ungeilen Weg bis zu uns nach Schwaben gekrochen war.

1997 oder '98 war es, da hielt ein kleiner Typ mit Locken, der Timo oder Thilo hieß, in einem unserer linksbewegten Uni-Clubs einen Vortrag über Polyamorie, die nicht exklusive Liebe. Alle sprachen hinterher darüber. Kurz darauf packte eine Gruppe aus meiner erweiterten Bekanntenblase die Taschen und fuhr zu einem Sommerworkshop nach Bad Belzig in Brandenburg. Als die Freunde zurückkamen, waren sie nicht mehr dieselben.

Kurz nach der Wende hatte dort, auf einem ehemaligen Stasiausbildungsgelände, das ZEGG eröffnet: das Zentrum für experimentelle Gesellschaftsgestaltung. Ein selbstverwalteter, energieautarker, tiefenökologischer Fluchtort für emotional überforderte Großstädter. Es gibt ihn immer noch. Kommune wollte sich das ZEGG nie nennen, obwohl sich 80 Prozent aller konventionellen Haushaltsbewohner eine Kommune wohl exakt so vorstellen. »Das Sex-Camp im Stasi-Lager«, schrieb rigoros die ostdeutsche *Superillu*. Etwas differenzierter war das linke Nachrichtenportal Nadir.org: »ein Mittelding zwischen reaktionärem Religionsersatz und der New-Age-Version des Club Méditerranée«. Ein zentraler Punkt im ZEGG war jedenfalls, sich von der zwanghaften Monogamie des Pärchenbetriebs zu befreien. Es ging um Sex mit mehreren anderen, ohne dass irgendwer eifersüchtig sein sollte. Um neue Ideen von Partnerschaft. Um Entkrampfung, Deep Touch, Körperarbeit, Tantra, Liebeskunstwerke. Die Besucher aus Tübingen fühlten sich erleuchtet. Endlich, es war so weit.

Marion, die Freundin meines Kumpels Frank, war mitgefahren nach Bad Belzig. Er nicht. Es kam, wie es kommen musste. Kurz nach der Rückkehr erzählte Marion dem ungläubig starrenden Frank, dass für sie ab sofort nur noch ein offenes Beziehungsmodell infrage komme. Schon bald berichtete sie ihm von einem zweiten Liebhaber, den sie nun regelmäßig treffen wolle.

Frank war nicht etwa beleidigt oder verletzt. Nur zerknirscht. Die Sachen, die Marion über die Tage in Bad Belzig erzählte, klängen für ihn alle gut und herausfordernd, sagte er. Er kam sich dumm vor, weil er nicht alles kapierte und fühlte. Dumm und unaufgeklärt.

Aber kein Problem. Frank machte sich daran, die Bildungslücke zu schließen. Und dafür gab es nur ein Mittel: Sex, mehr Sex. Er brauchte nicht lange, um eine großartige junge Frau namens Anna zu finden. Sie hatte Lust darauf, auf seiner Seite des Experiments mitzuwirken. Sie übten ein bisschen. Frank war ganz stolz, als er Marion endlich davon berichten konnte: Schau her, ich hab es jetzt auch verstanden mit der freien Liebe. Ich mach es jetzt auch nebenher, in der Freizeit, wie du.

Marion rastete völlig aus. So sei das nicht gemeint gewesen. Offenbar habe er sich ja verliebt in diese Person, und das sei laut Statuten nicht erlaubt. Das sei dann ja simple, brachiale Untreue. Marion wütete. Sie zerstörte große Teile von Franks WG-Zimmer-Mobiliar, warf seine CDs aus dem Fenster, so ähnlich, wie es Tom Waits am Anfang des Jim-Jarmusch-Films »Down by Law« mit seinen LPs passiert. Kurze Zeit später trennten sie sich. Dafür kamen Frank und Anna zusammen, monogam und exklusiv, zumindest für ein paar Jahre. Es war immer noch zu früh gewesen fürs offene Modell. Aber man musste es mal versuchen.

Madonna, Sharon und das letzte Tabu: Die sexuelle Revolution kommt endlich aus dem Quark

»Love in the nineties is paranoid«, sang Damon Albarn von der englischen Popgruppe Blur im berühmten Song »Girls & Boys«. Okay, der wurde 1994 veröffentlicht, also auch wieder etwas zu früh für eine so absolute Aussage. Paranoid heißt ja praktisch: Es könnte jeder oder jede sein. Die Richtige oder der Richtige, vielleicht sogar das Richtige. Paranoid heißt: Die Partnersuche folgt ähnlichen Gesetzmäßigkeiten wie der krankhafte Verfolgungswahn, und nein, dafür muss man nicht mal dem Prinzip der freien Liebe folgen.

Und ja, das hatte natürlich auch schon in früheren Zeiten gegolten. Aber so, wie manche Errungenschaften aus der sexuellen 60er-Revolution eben länger brauchten, bis sie komplett bis ins gesellschaftliche Bewusstsein durchgewachsen waren, so schien auch das nicht private Sprechen über viele private Dinge erst jetzt so richtig möglich zu werden. Und manche Sachen sind eben erst dann wirklich da, wenn sehr öffentlich über sie geredet wird. Zum Beispiel: Schamhaarfrisuren. Dreisamkeit. Analverkehr. Die Details des lesbischwulen Verkehrs. Intimpiercings. Cybersex, durch analoge Datenleitungen hindurch. Fetisch. Der Umstand, dass die Frauen beim Sex manchmal genauso wahllos vorgehen, wie man es traditionell nur den Männern zugetraut hatte. Pornografie. Und was man damit machen kann.

»Das Besondere an den 90ern ist: Jeder will alles wissen. Noch wichtiger: Jeder *muss* alles wissen – vor allem über Sex«, schrieb die Journalistin Laura Craik im April 1996 im Vorwort zu einem Sex-Special im Magazin *The Face*. Vieles wurde zwar immer noch leicht verdruckst und verklemmt debattiert mit einem relativ starken, weithin spürbaren Hihi-Faktor. Vor allem in den neuen deutschen TV-Shows wie »Peep!«, »Liebe Sünde« und »Wa(h)re Liebe«, die das Thema Sex zum ersten Mal als reine, abendfüllende, irgendwie selbstverständliche

Form von Entertainment präsentierten. Lederunterwäsche und Lackmasken? Wieso nicht? Hihi. Die Reportagen über Bodypainting, Gummispielzeugläden, Erotikmessen oder FKK-Clubs waren hier aber vor allem gute Entschuldigungen, um unverschlüsselt Nackte zu zeigen. War ja alles durch die Handlung motiviert.

»Jetzt, wo die Generation der Babyboomer die zentralen Posten in der Kulturindustrie übernommen hatte und von links und aus der Mitte die Impulse gab, wurden eindeutig sexuelle Inhalte sogar zur Regel, in Musik und Film, Werbung und Mode, Mainstream- und Boulevardpresse, frei empfangbarem Fernsehen und Privatsendern«, schreibt David Friend in »The Naughty Nineties«, seiner fantastischen Studie über die wachsende Freizügigkeit in den USA. Die Sängerin Madonna war in dieser Hinsicht sehr aktiv, mit softpornografischen Musikvideos, dem Dokumentarfilm »In Bed with Madonna« und einer CD namens »Erotica«, die es in einer schweinischen und einer jugendfreien Version gab. Ihren Bumsbuchmeilenstein »SEX« veröffentlichte sie 1992. Darin war sie großformatig beim Masturbieren über einem Spiegel zu sehen, beim simulierten Doggie-Sex mit einem gut aussehenden Muskelboy und so weiter. In den USA wurden schon am ersten Veröffentlichungstag 150 000 Exemplare verkauft, niemand konnte oder wollte das Buch verbieten. Ach ja, außer in Japan.

Auch wir hätten »SEX« gerne gesehen, aber wir hatten die 100 Mark dafür nicht. Dafür brachte das Magazin *Tempo* einen Vorabdruck. Nahm Madonna dazu aufs Cover. Nackt, frontal, unten an einem Hubschrauber hängend.

Im März 1994 trat Madonna in der Late-Night-Talkshow von David Letterman auf, im öffentlichen amerikanischen Sender CBS. Sie war ausgelassen und beschwingt, drückte dem Moderator einen angeblich benutzten Slip in die Hand und zwang ihn, daran zu riechen. Sie erzählte, wie ratsam es sei, sich in der Dusche auf die eigenen Füße zu pinkeln. Sie sagte insgesamt vierzehnmal »Fuck«. Letterman lachte sich schief. Proteste gab es um die Uhrzeit wenige. Die Berichterstatter brauchten ganz schön viel Kraft, um aus der lustigen, breitenwirksamen Nummer nachträglich einen Skandal zu dengeln.

Radikaler als ihre Kruzifix- und Spitzenwäschetänze aus den 80ern war das allemal. Die amerikanische Kulturwissenschaftlerin E. Ann Kaplan sah in Madonna damals die »Verkörperung der postmodernen feministischen Heldin, da sie unverschämte Verführungskraft mit knallharter Unabhängigkeit« verbinde. Die langfristigen Erfolge der ersten zwei Emanzipationswellen wurden nun auch im Sexpalaver immer deutlicher spürbar, allein dadurch, wie ernsthaft und selbstverständlich auf einmal über klitorale Orgasmen und lesbischen Sex gesprochen und manchmal sogar richtig debattiert wurde. Die neuen Visionen von weiblicher Geilheit waren meilenweit weg von der schwülen Jalousielamellenerotik, mit der sich noch 1986 Kim Basinger in »9½ Wochen« von Mickey Rourke die Erdbeere hatte verfüttern lassen.

Sharon Stone jagte dem versammelten Police Department von San Francisco einen Heidenschreck ein, als sie 1992 in »Basic Instinct« böse lächelnd die Vagina unterm weißen Kleid zeigte. In Deutschland wurden die Pornodarstellerinnen Dolly Buster und Gina Wild nicht etwa als fremdgesteuerte Fickmäuse, sondern als strategisch denkende Heldinnen einer großen Lustökonomie vorgestellt. Die Londonerin Tracy Emin, die viele zur 90er-Hype-Gruppe der Young British Artists zählten, stellte 1995 das Kunstwerk »Everyone I Have Ever Slept With 1963–1995« vor: ein Zweimannzelt, dessen Wände mit 102 Namenszügen bedeckt waren. Sogar ihre Oma war darunter. Emin hatte auch alle die mit einbezogen, mit denen sie einfach nur im selben Bett geschlafen hatte. Man muss schon genau hinhören, auch wenn die Fantasie längst verrücktspielt.

Ein anderer Grund dafür, dass sich Sex in den 90ern immer mehr entmystifizierte, war ausgerechnet die Krankheit Aids. Oder, wie man damals noch sagte: »die Immunschwäche«. Man musste eben alles wissen. Schon aus Sicherheitsgründen. Alles sollte auf den Tisch, am besten noch vor dem Frühstück.

Am 12. September 1998 druckte die *New York Times* dann zum ersten Mal in ihrer damals 147-jährigen Geschichte das Wort »fuck«. Im sogenannten Starr Report, dem Untersuchungsbericht zu US-Präsident Bill Clintons Affäre mit der Praktikantin Monica Lewinsky, kam es nun mal vor. Es ließ sich nicht mehr umschreiben. In Deutschland, wo die verbale Schmerzgrenze in den öffentlich-rechtlichen Medien bekanntlich nie ganz so hoch lag, war schon 1995 die WDR-Telefontalkshow »Domian« gestartet. Die Gespräche, die Moderator Jürgen Domian live mit seinen Anrufern führte, drehten sich auch um Nylonfetisch, HIV-Infizierung, Sex mit Toten und Lolita-Komplexe. Scheinbar im sicheren Nachtprogramm versteckt, das nur Trucker und Bäcker hören, bekam »Domian« natürlich viermal so viel Aufmerksamkeit. Das berühmt gewordene Livebekenntnis eines Zuschauers, er könne nur mit einer Frau schlafen, die er sich vorher selbst aus frischem Rinderhack modelliert habe, wurde später als angeblicher Scherzanruf einer Gothic-Rock-Band entlarvt. Aber wer weiß?

»Wir glauben, dass es im Grunde ein radikalpolitischer Akt ist, Sex aus der strikten Privatsphäre herauszuholen«, schrieben die zwei US-Autorinnen Dossie Easton und Janet Hardy in ihrem Buch »The Ethical Slut«, das 1997 erschien und zum Standardwerk für experimentelle Beziehungstüftler à la Bad Belzig werden sollte. »Wie könnten wir die Unterdrückung besser bekämpfen als dadurch, dass wir Gemeinschaften bilden und das Wunder der Sexualität feiern?«

Am Anfang solcher Revolutionen stehen natürlich immer erst einmal Behauptungen, Zielsetzungen, kühne Thesen. Es sollte noch etwas dauern, bis die sexuellen Postulate der 90er ganz und dauerhaft in die Emotionshaushalte eingezogen waren. Bis sie eingelöst und – bei ungeschütztem Verkehr – tatsächlich auch weitervererbt wurden. Die Liebe kann ja höchstens so multioptional sein, wie es auch der Rest der Gedanken ist.

Kickstart in die Spaßgesellschaft: Alles, was geil ist, ist irgendwie möglich

Die Freiheit ergriff bei der Gelegenheit auch gleich noch den Rest der Menschenkörper. Tätowierungen und Piercings, die früher vor allem markiert hatten, wer zu bestimmten Tribes und Gruppen gehörte, wurden ein Schmuck für die Fußgängerzonen. Die Schönheitsideale zogen an, forderten gewisse Tätigkeitsnachweise, bei

Frauen und Männern. Fitnessstudios erkannten die Chance. 1997 eröffnete in Würzburg die erste Filiale der Billigkette McFit unter dem Credo »Die Fitnesshalle für alle«. Das Magazin *Men's Health*, in den USA schon 1987 gegründet, erschien 1996 zum ersten Mal auch in Deutschland. Es setzte die saisonale Ticktackuhr in Gang, die vom Winterspeckabbau zum Beachkörperdrill geht. Und danach wieder zurück und von vorn. Die einzige Ausrede, die es jetzt noch gab, war Totalverweigerung.

Was BMX-Radfahrer, Snowboarder und Hallenkletterer in den 80ern begonnen hatten, wurde unter dem Namen »Extremsport« zum Trend vergesellschaftet. Jochen Schweizer, ein ehemaliger Spediteur und Filmstuntman aus Heidelberg, investierte 1989 im bayerischen Oberschleißheim in die erste deutsche Bungeesprunganlage. Die Gutscheine von Schweizers Eventfirma, mit denen auch weniger extreme Menschen einmal im Leben den großen Challenges ins Auge blicken konnten, werden heute noch als leidlich verrückte Geburtstags- oder Abonnementgeschenke angeboten: Fallschirmspringen, Drachenfliegen, senkrechtes Hochrennen an Hauswänden. Oder der Höllenritt über die 1,6 Kilometer lange Seilrutsche namens Flying Fox XXL. Alles Übungen, für die man zwar auch ein bisschen Training und Talent brauchte – aber vor allem den Willen, die sprichwörtlichen persönlichen Grenzen zu überschreiten. Und hinterher »Wow« zu schreien. Oder, alternativ und noch besser: »Woo-hoo!«

Es war ein bisschen so, als hätte man das Spielprinzip der Computergames in Fleisch, Blut und atmungsaktive Kunstfaser übersetzt. Was als Konzept mehr oder weniger denkbar war, als virtuelle Jump-and-Run-Realität, das musste auch in echt ausprobiert werden. Zumindest einmal. Bis man dann erstaunt feststellte, was alles ging, was man alles konnte.

Man konnte den eigenen Körper nach Wunsch verbessern, mit oder ohne Silikon- oder Metallimplantate. Man konnte Sportarten betreiben, die physikalisch unmöglich schienen. Man konnte sich mit anderen messen. Konnte das Prinzip des Wettbewerbs noch ein bisschen weiter in die Freizeit hineintragen.

Spaß-Haben hatte plötzlich das Potenzial, zu einer ganz schön stressigen Tätigkeit zu werden. Wer zusätzlich noch eine Ausrede dafür suchte, dass er ansonsten keine Zeit und Kraft mehr hatte, um die Welt zu einem besseren Ort zu machen, der fand sie auch in den Fitnessstudios, Halfpipes, Enthaarungssalons. So viel Arbeit hatte Eskapismus noch nie zuvor gemacht.

Das waren wohl die Sachen, die Leute wie Peter Hahne oder Peter Scholl-Latour schon damals sehr ärgerten. Also die Wortführer, die kurze Zeit später, nach den Anschlägen vom 11. September 2001, so alarmhämisch das »Ende der Spaßgesellschaft« ausriefen. Was sie damit gemeint haben könnten, zumindest gefühlt? Die superpluralistische Kultur. Die Befreiung des Individuums zum individuellen Dasein. Die Rave-Philosophie. Die sexuelle Weiteröffnung. Den Hedonismus, der in den Körpervisionen und im Extremsport steckte. Die umfassende Aufwertung jeder Form von Entscheidungsfreiheit, die in den 90ern im Westen stattgefunden hatte.

Dass Osama bin Laden 1996 in Dschalalabad vor dem Fernseher saß, sich wutschnaubend Skateboard- und Genitalpiercing-Dokus anschaute und daraufhin beschloss, das World Trade Center zu sprengen, ist eher unwahrscheinlich. Vor allem: Wenn es so gewesen wäre, hätten wir ja auch irgendwie alles richtig gemacht.

Der komische Begriff »Spaßgesellschaft« hat eine längere Geschichte. Schon 1992 veröffentlichte der Bamberger Soziologe Gerhard Schulze ein Buch mit dem Titel »Die Erlebnisgesellschaft«. Es wurde sein Standardwerk, vor allem natürlich, weil er ein so schönes Wort erfunden hatte. Was Erlebnisgesellschaft für Schulze heißt: Im Vergleich zu früher hat sich seit den 80er-Jahren ein breites, neues Lebensgefühl herausgebildet. Charakteristisch daran: Die eigene Existenz wird stärker als Erlebnis wahrgenommen, weniger als System, das von feststehenden Werten bestimmt wird. Als subjektive Erfahrung. »In vielen Bereichen des Alltagslebens ist außenorientiertes Handeln zurückgegangen, innenorientiertes Handeln vorgedrungen«, schreibt Schulze. »Kleidung, Essen, Gartenarbeiten, Partnerschaft, Kinder haben, Instandhaltung der Wohnung, Beruf, Bildung, Transport und anderes.« Man braucht dafür die entsprechenden Reize, den Input. Natürlich haben Akademiker, Beamte oder Arbeiter hier unterschiedliche Idealvorstellungen. Genau die schaffen am Ende wieder den Gruppenzusammenhalt.

Es ist schockierend und aufschlussreich, wie schnell Schulzes streng wissenschaftliche Idee rund um die Jahrtausendwende dann zu einem kulturpessimistischen, meist reaktionären Propagandabegriff gemacht wurde. Besonders engagiert war darin der Sachse Alexander Gauland, Jahrgang 1941, Ex-CDU-Landespolitiker und damals Herausgeber der Tageszeitung *Märkische Allgemeine.* »Die neue Beliebigkeit in Politik, Fernsehen, Kultur und Bildung allein kann es nicht sein«, schrieb er im März 2001 in der Zeitung *Die Welt* über die sogenannte Spaßgesellschaft. »An die Stelle der Verhaltensnormen und Tabus aus historischer Zeit tritt nichts Neues außer dem alten anarchischen ›anything goes‹. Doch ebendas kann Gesellschaft nicht zusammenhalten, Selbstvergewisserung nicht leisten.«

Gauland erkennt in den Entwicklungen der 90er vor allem einen massiven Kultur- und Werteverlust, sieht Deutschland schon untergehen wie die Hochkultur des alten Ägypten. In einem anderen Artikel malt Gauland das Schreckensbild vom »Dotcom-gestählten, politisch korrekten, flexiblen Weltbürger, der nationale Empfindlichkeiten, die Ökonomie störende ethische Tabus, ja alle vormodernen historischen Wurzeln hinter sich gelassen hat«. Dieser zweite Text erschien ebenfalls in der *Welt* aus dem Springer-Verlag. Die Ausgabe erschien am 11. September 2001.

Wenige Stunden nachdem die Zeitung mit Gaulands Text ausgeliefert war, geschahen die Anschläge in New York. Es brach eine neue Epoche an. Zwölf Jahre später trat der besagte Gauland dann in die rechtskonservative Partei Alternative für Deutschland ein. 2017 wurde er einer ihrer zwei Bundessprecher, der offizielle AfD-Knarzkopf für die Talkshows. Und plötzlich war er das, was er schon zum Ende der 90er unbedingt sein wollte: der große Spaßgesellschafts-Spaßverderber.

Ziviler Ungehorsam à gogo: Kaufen oder nicht kaufen, das ist hier die Frage

Es gab noch mehr Widerstand, anderen Widerstand. Massive Spaßkritik kam auch aus eher linksalternativen, subkulturellen Ecken. In dem Bild vom modernen Menschen, das Gauland so missgünstig an die Wand gepinselt hatte, erkannten die Aktivisten vor allem den völlig enthemmten Konsumenten. Den Turbokapitalisten, den die Herkunft der Waren oder Schicksale der Dienstleister ebenso wenig juckten wie die Frage, welche Strukturen er mit seinem Geld eigentlich unterstützte. Welche kleinen Hände in Asien all die schönen Sneakers nähten und woher das Fleisch für die Drive-through-Burger kam. Darüber wurde in den 90ern noch nicht so oft und offen gesprochen wie heute.

Zu den Leuten, die das ändern wollten, gehörten Kalle Lasn, ein ehemaliger Werber und Marktforscher, und der Naturfotograf Bill Schmalz. In Vancouver, Kanada hatten sie 1989 die Adbusters Media Foundation gegründet, eine Organisation, die so spaßfreundlich wie möglich über die zwangsläufigen Folgen von Konsum und Globalisierung aufklären wollte. Im September 1992 rief Adbusters zum ersten Mal den jährlichen Buy Nothing Day aus, zuerst nur in Kanada, bald in immer mehr Ländern. Das Ziel: Kunden dazu anzustiften, einen Tag lang kein Geld auszugeben, im volkswirtschaftlichen Sinn also nicht zu konsumieren. Spots wurden gedreht und irgendwie selbst vorgeführt, weil kein Sender sie zeigen wollte. Mitarbeiter errichteten Camps in Fußgängerzonen, verteilten Flyer und Gratispopcorn, veranstalteten mediale Guerillaaktionen.

Der Haken daran war, dass natürlich auch der eventkritische Feiertag selbst schon wieder ein Event war. Anders schien es nicht zu gehen, mehr als ein Symbol konnte der Buy Nothing Day nicht sein. Die Getreuen kauften ihr Haarspray, ihre Batterien und Importtomaten einfach einen Tag später.

»Wenn immer mehr Leute die dunklen Geheimnisse des globalen Markennetzes erkennen, wird ihre Empörung der Antrieb für die nächste große politische Bewegung sein, eine gewaltige Welle des Widerstands, die sich frontal gegen die multinationalen Konzerne richtet«, menetekelte die (ebenfalls kanadische) Journalistin und Aktivistin Naomi Klein. Das Buch, in dem das Zitat steht, hieß kämpferisch »No Logo«, englischer Untertitel »Taking Aim at the Brand Bullies«, sinngemäß: Wir nehmen die Tyrannei der Marken ins Visier. Dass es im Dezember 1999 erschien, nur wenige Wochen nach den gewaltigen Kollektivkrawallen, die es in Seattle bei der Großkonferenz der Welthandelsorganisation gab, war Zufall. Aber es schien etwas zu bedeuten.

Klein hatte ihre Abhandlung als grundlegende, erdbebenhafte Attacke konzipiert. Als Pamphlet und Argumentationshilfe gegen die weltweite Konsumgüterindustrie, ihre wachsende Macht. Und gegen die Dumpfheit, mit der ein großer Teil der Käufer den Versprechen hinterhertrottelte. Allein schon die Analyse, wie Unternehmen mit ihren Markenprodukten vor allem transzendente Lifestylewerte verhökerten, Jugendkulturen ausweideten und ihre eigene gesellschaftliche Macht ausbauten, war der Autorin viel Raum wert. Über die großteils schlechten Arbeitsplätze, die der ökologische Boom in Billiglohnländern schuf, hatte sie selbst in Fabriken in Indonesien, auf den Philippinen und in Mexiko recherchiert. »No Logo« wurde, so widersinnig es im ersten Moment auch wirkt, selbst zum Logo, zum Zeichen, zum Bestseller. Das britische Nachrichtenmagazin *The Economist* reagierte mit der Titelstory »Pro Logo: Warum Marken gut für uns sind«. Mehrere Kommentatoren erklärten, dass der Logowahn in Wahrheit die Interessen der Kunden schützen würde, weil die Konzerne sich zum Zweck der Markenpflege auf Qualität, Vergleichbarkeit und Verantwortung festnageln ließen. Es war einer der seltenen Momente, in dem die Wirtschaftsinsider naiver wirkten als die linken Dagegen-Sänger.

Bis zu den großen Datenleaks-Kampagnen und der Weltspionageenthüllung durch den amerikanischen Ex-CIA-Mitarbeiter Edward Snowden sollte es noch einige Jahre dauern. Trotzdem genossen auch die Widerstandsbewegungen in der zweiten Hälfte der 90er mehr und mehr den Vorteil, leichter an umfassende Mengen von Informationen zu kommen, sich besser vernetzen und organisieren zu können. Als der britische Schriftsteller Stewart Home 1997 den Sammelband »Mind Invaders« herausbrachte, in dem er antikapitalistische Mikroprotestgruppen aus aller Welt vorstellte, bestand der Kontaktaufnahmeanhang bereits zur Hälfte aus E-Mailadressen und Websites.

Unter nav0243@iperbole.bologna.11 konnte man beispielsweise eine Grußbotschaft an Luther Blissett schreiben, den Mann der Stunde in der Aktivistenszene. Blissett war eigentlich ein jamaikanischer Fußballspieler, der in den 80er-Jahren in der englischen Liga erfolgreich gewesen war (wie Justin Fashanu). Eine italienische Kulturguerillagruppe nahm sich seine Identität von

1994 an als eine Art Dauerleihgabe, als multifunktionales Pseudonym, um in Blissetts Namen kritischen Schabernack anzurichten. Sie streute gefälschte Geschichten über verschollene Künstler und kunstmalende Affen. Sie arrangierte einen überfallartigen Massenrave in einer Straßenbahn in Rom, eine interaktive Radioshow, die zu spontanen Innenstadtzusammenkünften aufrief. Die Sache verselbstständigte sich. Bald bekannten sich weltweit unterschiedlichste Luther Blissetts zu Aktionen, stellten die Ordnung auf den Kopf und fanden es lustig.

Zur selben Zeit begann auch das amerikanische Künstlerduo The Yes Men seine Arbeit, tauschte in Spielzeuggeschäften heimlich die Sprechapparate von Barbie- und GI-Joe-Puppen gegeneinander aus und stellte eine gefälschte Website der Welthandelsorganisation ins Netz, die haufenweise absurde Forderungen enthielt. Dennoch bekam die Homepage reges diplomatisches Feedback. Am Ende mussten die Guerilleros ihre Gags meistens selbst enttarnen. Sonst hätte überhaupt keiner bemerkt, dass es welche waren.

Es war die neue Schule des zivilen Ungehorsams, und sie hatte das Prinzip der Erlebnisgesellschaft ganz in sich aufgesogen. Sie materialisierte sich in Happenings. Sie nutzte und verzerrte alte mediale Formen wie den Werbespot, das Litfaßsäulenplakat und die Newsmeldung. Sie gab sich nicht gleich als Protest zu erkennen. Nur so konnte sie unter den Radaren durchfliegen.

Sogar zum Buy Nothing Day gab es bald eine noch satirischere Alternative. Im Januar 1996 veröffentlichte die anonyme britische Gruppierung Decadent Action ein Manifest, das dazu aufforderte, möglichst sinnlos und überbordend viel zu konsumieren. So könne man eine

Hyperinflation auslösen, die zu sozialen Unruhen führen würde, zum Zusammenbruch des Finanzsystems und so weiter. »Wenn wir dem Kapitalismus ausweichen und ihn ignorieren, wird er davon nicht weggehen«, schrieb Decadent Action im Aufruf. »Aber wenn wir ihn lang genug mästen und überfüttern, wird er irgendwann platzen.« Wie? Man solle nie Schokolade mit weniger als 60 Prozent Kakaoanteil kaufen. Man solle trainieren, den Scheck vom Arbeitsamt so schnell wie möglich bei einem einzigen Cocktailbarbesuch zu verpulvern.

Nein. Das sollte man nicht wörtlich nehmen. Aber es war trotzdem hundertprozentig ernst gemeint. Indirekt, aber höchst verbindlich. Das war plötzlich kein Paradox mehr.

Der große Meta-Chill-out zum Ende des Jahrzehnts

Es fiel nicht immer leicht, mit derart viel Ironie, Pop und Metaebenen klarzukommen. Die Grenzen zwischen Subversion und Kitsch, zwischen Denkfaulheit und großer postpostpostmoderner Neubewertung wurden gegen Ende der 90er immer fließender. Die einen ließen in ihren Wohnzimmerkneipen Bossa-Nova-Stücke oder die Platten von Unterhaltungsorchestern der 60er und 70er laufen, lobten die Kraft des Easy Listening und tranken mit Augenzwinkern historischen Weinbrand. Die anderen feierten die streuselkuchige Idylle alter deutscher Schlager, jubelten im Mai 1998 für den Trierer Sänger Guildo Horn, der als kostümierter Musikclown beim Grand Prix Eurovision in Birmingham auftrat und den siebten Platz errang. Auf Nummer eins kam die israelische Transgender-Sängerin Dana International, eine Persönlichkeit mit etwas mehr politischem Appeal.

Die furchtbare Redewendung »So schlecht, dass es wieder gut ist« hat ihren Ursprung in der Zeit. Alle geistigen Flohmarktkisten wurden noch einmal durchwühlt. Einige Softporno-, Vampir- oder Autorennenfilme, die dabei zutage gefördert wurden, kam auf irgendwelchen Kultpartys zu späten Ehren. Manche erschienen dazu im Werbe-T-Shirt irgendeines alten Elektromarktes. Es war cool, für einen Moment.

Wir gehorchten auch dem Chill-out-Befehl. Wir blieben zu Hause und bestellten Pizza. Wir gingen aus und hörten die Trip-Hop- und Downbeat-Mixe der zwei österreichischen DJs Kruder & Dorfmeister, die Art von After-Hour- oder Sonntagnachmittagsmusik, die Tänzer gezielt zum Nicht-Tanzen nutzten. Wir hörten den Geschichten der Thailand-Urlaubsheimkehrer zu, die uns ähnliche Dinge berichteten, wie sie der Schriftsteller Alex Garland in seinem Roman »Der Strand« von 1996 beschrieb: die unvergesslichen Abende an dem kleinen, versteckten, touristisch völlig unbekannten Fleck, den der alte australische oder französische Traveller-Hippie ihnen flüsternd empfohlen hatte. Natürlich durften sie auf keinen Fall verraten, wo das war. Sonst hätten sie uns töten müssen.

Dazu lief »The Virgin Suicides«, der erste Spielfilm von Sofia Coppola, der Tochter des »Der Pate«-Regisseurs Francis Ford Coppola. Eine Geschichte über Mädchen und Jungs, Liebe und Tod, schwermütige Spätsommer und die Frage, wohin sich die ganze Unschuld eigentlich verkrisselte, wenn man irgendwann erwachsen wurde. Die Bilder waren überstrahlt und entsättigt. Gegenlicht, Erinnerung, lebendige Polaroids. Den Filmsoundtrack spielte Air, das französische Melancholie-Pop-Duo, das so klang, wie man sich im Jahr 1967 die Zukunft vorgestellt hatte. Wie die Musik, die wahrscheinlich zu hören sein würde, wenn man nach der Ankunft auf dem Mond in der Warteschlange am Check-in-Schalter stand.

Die Songs blubberten und fiepten sanft. Die Bilder blendeten ein wenig. Sie machten uns schläfrig. Wir waren müde, sehr müde. Es war, bei allem großen und kleinen Spaß und auch ohne größere Herausforderung, ein ganz schön anstrengendes Jahrtausend gewesen.

»KANNST DU DAS BITTE FILMEN? FÜR MEINE SCHWESTER?«

Die 90er haben angerufen und wollen ihre Klamotten zurück: Eine Reise durch die Gegenwart auf der Suche nach Revival, Elend und den Resten der Euphorie

»Sing it!«, ruft Dr. Alban, aber niemand singt. Das gefällt ihm nicht. Das war anders gedacht.

Man kann nicht genau erkennen, was dem Popstar Dr. Alban in diesem Moment durch den Kopf geht, da oben auf der Bühne im dunkelpinken Strahlerlicht. Vielleicht erkennt er gerade, dass es doch eine rechte Scheißidee war, seinen größten Hit »It's My Life« von 1992 gleich noch ein zweites Mal zu bringen, nur gute fünf Minuten nach dem ersten Mal. Ein Song kann noch so toll und populär sein, man sollte sich nie allzu große Illusionen darüber machen, wie weit seine Zauberkraft reicht. Sonst überspannt man womöglich die Begeisterungsfähigkeit des Publikums. Auch dann, wenn es einen grundsätzlich mag. Das kann böse enden.

Es sind 3500 Leute gekommen, hier in Straßburg, an

diesem Samstagabend im Winter 2018. Und weil wirklich sehr wenige von ihnen der Aufforderung von Dr. Alban folgen und in den Refrain einstimmen, bleibt dem Künstler nur eine einzige Wahl. Er kennt die goldene Regel des Showgeschäfts: Wenn das Publikum nicht singt – dann musst du es selbst tun. »It's my life!«, singt Dr. Alban in schieferschwarzer Cargohose, im weißen Sakko, das womöglich auf seine legendäre Zahnarztpraxis anspielen soll. »It's my life! My worries!«, antwortet der Chor vom Hintergrundplayback. »It's my life!«, wiederholt Alban. Und wieder der Chor: »It's my life! My problems!«

Worries, problems, Sorgen, Probleme. Dabei ist es doch so ein schöner Abend.

Straßburg, Münsterstadt, Elsass, altes Europa. Sitz von Europaparlament, Europarat und Europäischem Gerichtshof für Menschenrechte. Noch genauer: Samstag, 17. Februar 2018, abends um acht. Es schneit ein bisschen. Die Haupt-U-Bahn-Linie ist wegen eines technischen Schadens unterbrochen. Anja und ich müssen lange suchen, bis wir irgendwo im Dunkeln ein Taxi erwischen. Wir fahren raus nach Eckbolsheim, in den Vorort an der Schnellstraße D45, denn dort findet das Musikfestival »Forever 90« statt. Die 90er forever, ein Revival-Konzert. Die Art von Oldieparade, die man sonst in schimmligen Stadthallen und auf Heimatfesten findet, wenn man sehr alte Freunde besucht, die zwischendurch Kinder bekommen und Häuser gebaut haben.

Aber: Wir kommen nicht drum herum. Wir müssen uns das mit eigenen Augen anschauen, wenn wir die 90er-Jahre kapieren wollen. Und wenn wir zum Schluss dieser langen Geschichte auch noch herauskriegen wollen, was geblieben ist von ihrem Erbe.

In Straßburg findet das »Forever 90«-Special nicht in einer Kegelbahn oder Mehrzweckhalle statt, sondern im Zénith. Der Begriff ist geschützt. Derzeit dürfen sich nur siebzehn Konzertbauten in ganz Frankreich Zénith nennen. Sie müssen dafür einen vierzehnseitigen, strengen Kriterienkatalog erfüllen, in dem unter anderem festgelegt ist, wie groß der Parkplatz für die Künstler und Techniker sein muss (mindestens 1500 Quadratmeter). Also: Qualität! Das Straßburger Zénith ist das größte in Frankreich, über 12 000 Leute passen hinein. Von außen sieht es aus, als hätte sich jemand irrtümlich auf eine große, orangefarbene Papierlaterne gesetzt.

3500 Besucher bei einem 90er-Jahre-Festival, vermutlich ist das sogar ganz gut. Dr. Alban, der Nigerianer aus Schweden, mittlerweile sechzig Jahre alt, ist jedoch nicht der beste Einstieg in dieses Abendprogramm, obwohl er doch so eine große Nummer war, mit »Sing Hallelujah«, »Hello Afrika« und, nun ja, »It's My Life«. Misslaunig schlurft er mit einer Hand in der Hosentasche über die Bühne, lässt seine Co-Sängerin im roten Anzug die ganze Arbeit machen. Vielleicht ist er sauer, dass er hier als Erster singen muss. Vielleicht ist es ihm aber auch recht, weil er dann früher nach Hause darf. Nein, keiner weiß, was im singenden Doktor vorgeht.

Als er den verkorksten Auftritt offenbar doch noch irgendwie retten will, holt Dr. Alban den allerletzten Trick aus dem Ärmel. Er greift zur Ultima Ratio, zur schärfsten Dosis, die ein Popentertainer aus den 90ern im Repertoire hat. Dr. Alban singt den Reel-2-Real-Hit: »I like to move it, move it!«

Neo-Grunge und Mambo No. 5000: Eine vergangene Dekade richtet es sich häuslich bei uns ein

Vom großen, andauernden 90er-Jahre-Revival wird ja schon seit ungefähr 2010 gesprochen. Das würde heißen: Eigentlich waren die 90er, zumindest modisch gesehen, nur gute zehn Jahre lang überhaupt weg. Farben, Schnitte, Haarsträhnen. Die Marken Fila und Champion haben ihr Comeback gefeiert. In den Tommy-Hilfiger-Geschäften der Einkaufsstraßen sind die Limited-Edition-T-Shirts mit den alten, übergroßen Logos einfach zu limited, als dass man eines bekommen könnte. Erstaunlicherweise wartete die deutsche Firma Buffalo bis zum November 2017, bis sie ihre sprichwörtlichen Hochplateauturnschuhe neu in die Läden brachte. Doc-Martens-Stiefel und Nike-Air-Sneakers, Übergrößenpullover, Eastpak-Stadtrucksäcke, Plüschaccessoires und Halsketten, die wie Tattoos aussehen, haben sich wieder etabliert. Die karierten Flanellhemden aus der Grunge-Linie als Allererstes.

Die großen Bärte, die die jungen Männer heute dazu tragen, wären 1992 freilich undenkbar gewesen. Wobei das ja inhaltlich so gut gepasst hätte. Generation X, Holzfäller, Faulenzerbart. Aber damals fanden es alle eklig. Heute nicht mehr, was immer das aussagt.

»Das Vertraute spendet uns Trost. Ein paar Jahre Zeitabstand geben uns zudem die Chance, bestimmten Erinnerungen ein neues Narrativ zuzuschreiben, etwas Neues aus ihnen zu modellieren, das unseren Wünschen von heute entspricht«, schrieb die Journalistin Anne T. Donahue im August 2017 über die 90er-Welle im viel gelesenen New Yorker Modeblog *Fashionista*. Ex-Teenager können sich heute die Dinge leisten, die früher unbezahlbar für sie waren. Man versteht insgesamt besser, wie Trends entstehen und funktionieren. Das alles erklärt vielleicht, warum die Leute von damals wieder mit dabei sind. Man sagt auch Nostalgie dazu, es ist ein süßes, aber eher flaches, berechenbares Phänomen. Die scheinbare Möglichkeit, ein vergeudetes Leben zurückzubekommen. Warum die Jugendlichen der Gegenwart den alten Kram gut finden sollten, darüber sagt diese Beobachtung aber gar nichts.

MTV, das auf versteckten Kanälen angeblich immer noch sendet und sendet und sendet, hat 2017 jedenfalls die Reality-Show »90's House« gestartet, in der zwölf Millennial-Kandidaten in einem Haus zusammenleben, das nur mit 90er-Jahre-Technologie ausgestattet ist. Der Internetsender Netflix brachte 2018 die Highschoolserie »Everything Sucks!«, die im Jahr 1996 in Oregon spielt. Für Herbst und Winter 2018/19 präsentierte der Modedesigner Raf Simons sogar eine Kollektion, die zwar Bilder und Slogans aus »Christiane F. – Wir Kinder vom Bahnhof Zoo« zitierte (späte 70er!), aber damit auch den Heroin Chic von 1993 wieder aufgriff. Eine historisch-kosmische Doppelschlaufe. Die 90er, die ja selbst einmal das erste größere Retrojahrzehnt waren, bekommen die Spezialbehandlung nun selbst.

Das ist natürlich kein Widerspruch. Es macht uns etwas klar, das wir auch schon damals hätten wissen können: Wirklich originell kann nichts mehr sein. Der geniale Schöpfungsakt der Alltagskultur, der sich aus Rauch und Feuer speist, aus Geistesblitzen und allerhöchstens ein paar Inspirationen aus extrem entlegenen

Ultra-Underground-Dada-Trends – wer mit diesem Anspruch an Mode, Pop, Gadgets und Diskurs-Blabla herangeht, wird heute fast nur noch enttäuscht. Vielleicht ist das ja eines der wenigen Dinge, die uns die folgende Dekade gelehrt haben, die Nullerjahre. Wir leben in einer Welt, die aus Zitaten gebaut wird, und es ist überhaupt nichts Schlimmes daran.

Eine Show wie das Straßburger »Forever 90«-Festival ist deshalb vor allem ein eisenharter, unerbittlicher Test. Die simple Frage: Welche Sachen von damals funktionieren heute noch? Welche nicht?

Das amtliche Endergebnis im Einzelnen. Jenny Berggren, 45, früher Sängerin der schwedischen Gruppe Ace of Base, strahlt in ihrer Eisrevue-Glitzerkombination eine schöne, strenge Würde aus. Sie profitiert rückwirkend davon, dass ihre Lieder »All That She Wants«, »The Sign« und so weiter schon damals eine gewisse kritische Tiefe hatten. Lou Bega (42, »Mambo No. 5«) und Corona (49, »The Rhythm of the Night«) müssen beide mit verzweifelter Kraft dagegen anarbeiten, dass sie tatsächlich nur jeweils den einen Hit hatten, der immer in Klammern hinter ihren Namen steht. Die Vengaboys aus Amsterdam (»We're Going to Ibiza«, »Boom Boom Boom Boom!!«), in der Quasi-Originalbesetzung von 1998, sehen in ihren Kostümen wie ein fahrender Softporno-Tingeltangel-Zirkus aus und sind sehr, sehr gut. Auch sie singen am Ende »I like to move it, move it«. Doch es hätte nicht sein müssen.

Die französischen Zuhörer sind verständlicherweise in Abiballlaune, aber sie klatschen auch nicht für alles. Es gibt keine Cocktails im Zénith, man trinkt Billig-Crémant aus weißen Plastikkelchen. Eine hat sich als

Ginger-Spice-Girl mit Union-Jack-Kleid verkleidet, einige haben alte Boyband-T-Shirts an, überhaupt sind die Frauen natürlich in der Überzahl. »Wir waren sehr klein in den 90ern«, sagen glucksend Jenny, 28, und Vanessa, 29, mit denen Anja und ich im Betonfoyer der Halle ins Gespräch kommen. Beide tragen Neonperücken und regenbogenfarbene Tüllröcke, offenbar Reste vom letzten Karneval. Sie sind bestens gelaunt. »Das ist die Erinnerung an unsere ersten Feten, die erste Boum: Boom, Boom, Boom, Boom!«, sagt Vanessa. »Heute muss man beim Tanzen viel zu viel denken. In den 90ern war alles so schön – dumm.« Sie ist selbst erstaunt, wie treffend sie das formuliert hat. »Dumm tanzen! Das ist gut.«

Kurz darauf begegnen wir Christophe, 29, und Patti, 26. Auch sie sind eigentlich zu jung für die Veranstaltung, ansonsten sehen sie alles völlig anders als die zwei Freundinnen von gerade eben. »Die Texte der Songs waren in den 90ern viel intelligenter, viel lebensnäher«, sagt Patti, schwarze Lederjacke. »Heute, das sind doch meistens nur Worte ohne Bedeutung.« Christophe, im grauen Kapuzenpullover, dreht sich eine Zigarette. »Wenn ich heute mit meinen Freunden auf einer Party bin«, erzählt er, »und um zwei Uhr morgens sagt jemand: ›Spiel doch mal Vengaboys!‹, dann drehen alle durch. Die Musik war viel besser damals. Deshalb sind wir hier.«

Pattis Familie zog erst 2001 nach Frankreich. Sie selbst wurde in Moldawien geboren, dem kleinen Land, das zwischen Ukraine und Rumänien eingequetscht ist, in Spuckweite vom Schwarzen Meer. Moldawien war Teil der Sowjetunion, bis es 1991, im Zug der Ostblockimplosion, zur eigenständigen, mehr oder weniger freien Republik wurde. 1991 kam Patti zur Welt.

»Für mich stehen die 90er dafür, dass sich die ganze Welt für uns geöffnet hat«, sagt sie. »Die Welt und das Bewusstsein der Menschen. People's minds.« Christophe nickt. Pattis Augen leuchten. Es ist ein gutes Gefühl. Es ist das, was die Eltern ihnen erzählt haben. Phantomglück, ein wenig Euphorie von damals, gut eingepflanzt. In den Köpfen der Kinder lebt sie weiter. Als Wehmut nach Geschichten von früher, die sie selbst gar nicht erlebt haben.

»Sorry, echt sorry, aber kannst du das bitte filmen? Für meine Schwester?« Anja zupft mich an der Jacke. Drinnen auf der Zénith-Bühne haben Worlds Apart begonnen, eine Boygroup aus England. Drei Mitglieder sind übrig geblieben. Sie sind jetzt zwischen Mitte vierzig und Mitte fünfzig, tanzen die alten Choreografien, ein bisschen ungelenk, After-Work-Disco-artig, aber synchron. All die Moves aus den 90ern. Die nach oben gewinkelten Arme. Die nach außen gewuchteten Ellbogen. Die Bewegung, die aussieht, als würden sie Schwimmwesten anziehen. Und am Ende des Songs: alle runter auf den Boden.

Jetzt tobt die Bude in Straßburg. Jetzt ist es ein echtes Revival. Draußen vor der Halle wird es mitten in der Nacht so warm, dass der Schnee schmilzt.

Meine schöne, alte Handymöhre: Die Sehnsucht nach der frühen Digitalisierung

Im Sommer 2010 sah man diesen Bilderwitz zum ersten Mal im Internet, dieses Meme, das natürlich gar nicht so witzig war. Auf dem Foto: ein riesiges, rundes Kraterloch, mitten in einem Wohngebiet. Der rätselhafte Erdrutsch hatte im Juni 2010 in Guatemala City ein dreistöckiges Wohnhaus in die Tiefe gerissen. Der Text, den die Meme-Macher unter das Bild schrieben: »Shit, mir ist mein Nokia runtergefallen.«

Von den Millennials abwärts erinnern sich alle noch an die Zeit der unhandlichen, kartoffeldicken, gleichzeitig unzerstörbaren Mobiltelefone. An sogenannte Knochen, wahlweise auch Möhren, an Outdoormodelle mit kleinen Gumminoppen, vor allem an das berühmte Nokia 3310, um das es im Kraterwitz ging. Es kam im Herbst 2000 auf den Markt, hatte im Gegensatz zu seinem Vorgänger einen Vibrationsalarm, mehr Speicher für Klingeltöne, das eingebaute Zeittotschlägerspiel »Snake« sowie die Option, SMS-Nachrichten zu verschicken, die länger als 160 Buchstaben waren. Und ja, man konnte es herunterwerfen, ohne danach gleich einen neuen Screen einsetzen zu müssen. 126 Millionen Exemplare verkaufte Nokia vom 3310, bis es 2005 vom Markt genommen wurde.

Neun Jahre später musste Nokia seine früher weltmarktgloriose Handysparte an Microsoft verhökern. Über 12000 Menschen verloren ihre Jobs. Der Grund: Andere Hersteller hatten sich schneller auf die neue Smartphone-Touchscreen-Mode eingestellt. Nokia wurde zum Opfer der großen Zeitenwende, die hin zum mobilen Internet ging. 2016 kaufte die finnische Elektronikfirma HMD Global die Namensrechte. Die letzte Verramschung.

Bald darauf verschickte HMD Global eine ziemlich überraschende Produktmitteilung. Es sollte im Februar 2017 ein neues Nokia-Telefon geben. Eines, das die Fans gleich wiedererkannten: eine Neuauflage des betondurchschlagenden 3310. Mit leicht aktualisiertem Design und längerer Akkulaufzeit, aber ohne Touchscreen, WLAN oder schnellem LTE-Netzzugang, wie damals. »Nokia-Handys lösen echte Emotionen aus«, ließ sich Juho Sarvika zitieren, der Chief Product Officer von HMD Global. Das neue 3310 wurde als Modell für Feld, Wald und Wiese vermarktet, für alle Orte, an denen man zu viel Angst um sein teures, hochempfindliches Dingsphone hatte.

So viele Kunden wollten 2017 das Nostalgie-3310 kaufen, dass es kurz nach dem Launch fast überall vergriffen war. Der Effekt war ungefähr derselbe wie beim Eurodance-Revival in Straßburg, beim Buffalo-Relaunch oder den späten Fortsetzungen der 90er-Fernsehserien »Beverly Hills, 90 210«, »Akte X« oder »Twin Peaks«. Erinnerung, Vergegenwärtigung von Zeiten, die abgeschlossen sind und kein Risiko mehr bedeuten. Sehnsucht nach einer einfacheren, scheinbar besseren Welt.

Die späten 90er und frühen Nuller waren zwar schon vernetzte Jahre gewesen, aber eben eine Phase des Übergangs. Man war zwar plötzlich fast überall erreichbar, aber konnte sich trotzdem noch einfacher verstecken. Es gab keine farbigen Häkchen, die einem zeigten, ob der andere die vor Stunden geschickte Nachricht schon gelesen hat. Wer heute eine Digitalauszeit macht, wer gezielt ohne Mobiltelefon in den Urlaub fährt oder eben nur mit dem nicht internetfähigen, sympathisch steinzeitlichen Nokia 3310, der begibt sich damit auch auf eine Zeitreise. Zurück in die Jahre, in denen man noch nicht dazu tendierte, sich rund um die Uhr selbst zu überwachen.

Sind wir Menschen seit den 90er-Jahren denn tatsächlich verrückter, seelisch labiler geworden? Wenn man heute die reinen Zahlen anschaut, könnte man das glauben. Laut einer Statistik der deutschen Krankenkasse DAK lag die Zahl der Arbeitstage, die ihre Kunden wegen psychischer Krankheiten versäumten, im Jahr 1997 noch bei gut 76 pro 100 Versicherte. 2016 waren es schon 246 Tage, mehr als dreimal so viel. Eine über die Jahre stetig steigende Kurve, die lediglich zwischen 2002 und 2006 auf einem relativ konstanten Wert blieb, rätselhafterweise.

Dabei gibt es anderen Studien nach gar nicht mehr Krankheitsfälle als früher. »Was zunimmt, ist die Zahl der Menschen, die die Diagnose bekommen«, sagt der Leipziger Psychiater und Psychotherapeut Ulrich Hegerl im März 2018 in einem Interview mit dem *Spiegel* im Rahmen einer Titelgeschichte über »Das düstere Ich«. Zusatztitel: »Depression – die unterschätzte Volkskrankheit«. Das heißt: Mehr Leute gehen zum Arzt, mehr werden krankgeschrieben. Während es noch in den 80er-Jahren als tendenziell ehrenrührig galt, sich einen Termin beim Psychiater zu holen, sind die Unterhaltungen über Depressionen und bipolare Störungen, Gesprächstherapien und Antidepressiva seit den 90ern immer krampfloser geworden.

Fachkundiges Wissen darüber, wie psychische Krankheiten funktionieren, wurde dadurch nicht unbedingt verbreitet. Im *Spiegel*-Text vom März 2018 steht zum Beispiel auch, ungefähr ein Fünftel aller Deutschen würde glauben, mit Schokolade könne man Depressionen heilen. Also noch einmal: Sind wir verrückter geworden? Das würde ich jetzt gern einen Experten fragen.

Berlin, Stadtteil Mitte, der Campus der berühmten Uniklinik Charité. Humboldt Graduate School, ein Exzellenzinstitut der Humboldt-Universität, die Fassade ist gelb. Haus 1, Nordflügel, zweiter Stock. Die Berlin School of Mind and Brain. Hier forschen Psychologen, Philosophen, Neuro- und Sprachwissenschaftler gemeinsam und über Kreuz über das menschliche Bewusstsein. Und finden dabei die avanciertesten Theorien. Ich gehe zur Social Cognition Group. Korridor nach hinten, um die Ecke, Zimmer 306. Professor Dr. Isabel Dziobek ist da, die Chefin des Fachbereichs. Blonder Pferdeschwanz, langer Rock, ganz in akademischem Dunkel und fast so jung wie damals.

Ich erkenne sie wieder. Vor fast 25 Jahren habe ich Isabel Dziobek zum letzten Mal gesehen. Nicht in echt. Im Fernsehen. Beim Popsender VIVA tauchte sie mindestens einmal pro Woche auf. Sie war Anfang zwanzig, moderierte zusammen mit ihrer Zwillingsschwester Natalie. Die zwei waren toll. Jeder mochte sie. Bis sie verschwanden.

Früher waren wir crazy, heute haben wir Probleme: Wie ein Ex-VIVA-Girl das menschliche Gemüt erforscht

In der ersten Hälfte der 90er waren Isabel und Natalie eine Art Fernsehgeheimwaffe. Rotzig, schlaksig, meistens wissend grinsend, immer ein bisschen heiser. Girlies in T-Shirts, schlau. Und eben doppelt. Wenn der einen mal nichts mehr einfiel, was selten vorkam, redete einfach die andere weiter. Oder sie unterbrachen sich gegenseitig. Als Falco 1996 in ihrer Sendung erzählte, wie er einmal vom Barhocker gefallen sei und sich dabei das Ohr an der Theke blutig geschlagen habe, fragte Isabel zurück: »Haben die Leute wenigstens ordentlich gelacht?« Die Zwillinge traten in der Harald-Schmidt-Show auf und sprachen über Ecstasy-Pillen. Einmal waren sie Teil einer sepia-erotischen Fotostrecke im Magazin *Max*, die heute natürlich nicht mehr auffindbar ist.

»Partys, Feiern mit Freunden, in WGs leben, das Leben genießen. Das waren diese 90er zum Großteil für mich. Ich hatte nicht so viele ernste Sachen im Kopf«, sagt Isabel Dziobek im Jahr 2018 mit Mitte vierzig in ihrem Professorinnenzimmer. Wir sitzen in der kleinen Sesselgruppe, in der sie sonst mit ihren Doktoranden redet. Sie hat Tee gekocht. Der große Apple-Bildschirm leuchtet vom Schreibtisch herüber, der Ventilator steht still, aus dem Topf in der Ecke wächst eine Aloe-Pflanze. Ein Zimmer, aus dem man zur Not über Nacht wieder ausziehen könnte, aber Isabel Dziobek, die Ex-Partygirl-Moderatorin, ist gut angekommen in der akademischen Welt. Schon lange. Ihre Stelle ist unbefristet, sie gilt als weltweit gefragte Expertin für Autismusforschung und Sozialpsychologie. Wenn in absehbarer Zeit an der Humboldt-Uni der Lehrstuhl für Klinische Psychologie frei wird, wird sie ihn bekommen. Gemessen daran, wie ultrabrutal es besonders für Frauen ist, sich im universitären Karriere-Fight-Club durchzusetzen, hat Isabel Dziobek in kurzer Zeit Unfassbares erreicht.

Anfang der 90er lebten sie und ihre Schwester in Mülheim an der Ruhr, studierten. Kellnerten in Clubs und Kneipen, blieben zum Feiern gleich da, verschliefen nichts. Als ein Castingteam von VIVA auf die Zwillinge aufmerksam wurde, saß plötzlich ein Kameramann bei ihnen im Wohnzimmer. Der Screentext kam gut an, die Dziobeks bekamen den Job für »Freunde der Nacht«, zusammen mit Nils Bokelberg. »Wir haben uns damit vor allem die Uni finanziert«, erzählt Isabel. »Für Ruhm und Glamour hatten wir keinen Sinn. Wir haben selbst nur zwei, drei Videobänder von damals, die unsere Eltern aufgenommen haben.«

Nach zwei Jahren wurde das Konzept von »Freunde der Nacht« geändert. Die Moderationstexte, die die Dziobeks bis dahin selbst geschrieben hatten, sollten nun von Autoren geliefert werden. Das wollten sie nicht. Für RTL arbeiteten sie noch einige Zeit als Partyreporterinnen, dann war die Medienkarriere vorbei.

»Es hat einfach aufgehört«, sagt Isabel Dziobek. Und ungefähr zur selben Zeit gingen auch, Zufall oder nicht, die 90er-Jahre zu Ende. Boing, oder wie immer das machte.

Den 11. September 2001 erlebte sie aus nächster Nähe. Die Zwillinge, vom TV-Publikum in der superbeschleunigten Zeit schon wieder halb vergessen, waren nach dem Studium nach New York gegangen. Natalie arbeitete in einem Architekturbüro. Isabel schrieb an der New York University ihre Psychologie-Doktorarbeit, war tagsüber an der Uniklinik in Manhattan. Um neun Uhr morgens rief ihre Schwester an. »Ob du's glaubst oder nicht, im World Trade Center hat es gerade richtig gebrannt!« Isabel rannte mit den Ärzten in eines der Patientenzimmer. Sie schauten im Fernsehen an, was keine 500 Meter weiter in echt passierte.

»Die Welt, die ich als so überaus frei empfunden hatte, wandelte sich innerhalb von kürzester Zeit komplett«, erinnert sie sich heute. »Überall Ausweiskontrollen, überall Polizei, Militär, Bewaffnete. Und Flaggen, Patriotismus. ›We will prevail‹ und so weiter.« Sie rutschte in eine depressive Phase für drei, vier Monate. Der Bruch zwischen den Realitäten und Zeitaltern fiel etwas zu krass aus.

Eigentlich hatte Isabel Dziobek sich für New York entschieden, um die angenehm tröpfelnde Zeit nach dem Studium noch ein wenig auszukosten. Jetzt, unter dem Eindruck der Ereignisse, passierte genau das Gegenteil. Nach dem 11. September wurde sie zum Arbeitstier. Das Laisser-faire der 90er wandelte sich zu richtigem Ehrgeiz, zu Erkenntnisdrang.

Ihr war aufgefallen, dass das Krankheitsbild des Autismus – einer Entwicklungsstörung, die vor allem Kommunikation und Sozialverhalten von Menschen beeinträchtigt – von ihren Psychokollegen immer noch sehr beiläufig erforscht wurde, eher als Kinder- und Teenagersymptom. Sie grub sich ins Thema hinein, besuchte Selbsthilfegruppen, hörte zu, wie Erwachsene von ihren Autismuserfahrungen sprachen. Erlebte hochintelligente Menschen, die in simplen Situationen mit anderen völlig überfordert und hilflos waren. Es faszinierte sie. Plötzlich hatte sie einen roten Faden in der Hand. Einen, den die anderen im Institut nicht zu sehen schienen. Sie ließ ihn nicht mehr los.

Isabel Dziobek steht auf, holt einen Laptop zur Sitzgruppe herüber. Sie drückt eine Taste. Ein Video startet. Man sieht eine WG-Küche, ein Bühnenbild, wie in einer Sat.1-Daily-Soap. Wie damals in Mülheim. Zwei Mädchen, zwei Jungs, Schauspieler. Die Frauen werkeln am Essen herum, die Männer sitzen daneben. »Komm, Micha, wir helfen auch!«, sagt der eine zum anderen. Der andere hat keine Lust: »Das könnt ihr Frauen besser!« Die Mädchen lassen sich nicht provozieren. »Wir werden für dich schon eine geeignete Beschäftigung finden«, antwortet die eine süß und provokant. »Zwiebeln schneiden, das kannst du bestimmt gut, ne?«

Die Szene friert ein. Eine Frage wird eingeblendet.

»Was will sie ihm damit sagen?

a) Sie will ihn demütigen.

b) Sie will sich für seine Bemerkung revanchieren.

c) Sie denkt, dass er gut Zwiebeln schneiden kann.«

Sie dreht sich zu mir: »Und, was denken Sie?«

Ah, da sollte man kurz überlegen, wenn einen schon die Psychologin fragt. Antwort b? »Richtig.« Das antwortet man, wenn man kein Syndrom hat. Ein Schizophreniekranker hätte womöglich Antwort a gewählt, weil er zur Überinterpretation von Sprache neigt. Ein Autist hätte vielleicht c gesagt. Weil er Äußerungen im Zweifel eher eins zu eins versteht.

Es ist eine von insgesamt 45 Spielszenen, aus denen der große Videotest besteht. Isabel Dziobek hat ihn damals in New York erfunden, hat den Film mit Kölner

Medienfreunden selbst produziert für ihre Doktorarbeit. In Fachterminologie: das erste naturalistische, filmbasierte Verfahren, um soziale Kognitionsprozesse zu messen. Ein wissenschaftliches Therapiewerkzeug, das auf der am besten verständlichen Story-Ästhetik aufbaut, die es seit den 90ern gibt: der Soap Opera. Bis heute sind Zehntausende von Patienten mit Dziobeks Video untersucht worden, es wurde in zehn Sprachen synchronisiert.

Was Isabel Dziobek 2001 nie geglaubt hätte: Der Autismus und eine seiner Varianten, das Asperger-Syndrom, würden im Westen bald zu breit diskutierten Phänomenen werden. Mit einer Mischung aus Respekt und Sensationslust behandelte man sie später als typische Silicon-Valley-Genie-Störungen. In den IT-Abteilungen bestimmter Firmen wurden sie sogar zu einer Art Einstellungskriterium. »Diese psychologisierte Welt, dieses ständige Reden über Emotionen, das wir heute praktizieren, ›Ich hab 'ne Depression‹, ›Mir geht's nicht so gut‹ und so weiter – das gibt es allerdings nicht überall.« Die Unterschiede hat sie kennengelernt, in der Forschung, privat. In Sri Lanka klagen die Patienten eher über Brustschmerzen, wenn sie Psychostress haben. In Japan war Magersucht eine sehr seltene Krankheit. Bis das Internet kam. Heute sind die Fallzahlen dort ähnlich hoch wie in Europa.

Aber jetzt trotzdem noch die Auskunft: Sind wir denn nun verrückter geworden seit den 90er-Jahren? »Nun ja«, sagt Isabel Dziobek, und man merkt, dass sie die Frage schrecklich unwissenschaftlich findet. »In einer Welt, in der es an sich wenig Wahlmöglichkeiten gab, wurde einem mit jeder Option ja auch gleich die passende Bewertung mitgeliefert. So in der Art: Wenn du so und so handelst, dann handelst du gut. Dann bist du auf dem moralisch richtigen Weg. Die 90er dagegen waren eine Zeit, in der auf einmal alles möglich schien.« Und das heißt? »Das heißt, dass man diese Bewertungen seither nicht mehr einfach so bekommt. Man muss sie selbst finden. Und man braucht eben schon eine gewisse Selbstsicherheit und Bildung, um in diesem Wust aus Möglichkeiten seine Linie zu finden. Freiheit kreiert eben oft Stress.«

Und was macht man, wenn dieser Stress wehzutun beginnt? Selbstsicherheit ist ja oft auch eine Frage der Tagesform.

»Wer sich von diesem Zustand überfordert fühlt, sucht sich dann vielleicht eine Instanz, die ihm genau dieses Schulterklopfen bietet. Diese Wertungen, so wie früher«, sagt Isabel Dziobek, und langsam kapiere ich, worauf sie hinauswill. »Das können ja auch Parteien oder politische Clubs sein, die scheinbar klare Kante zeigen. Die ganz klar sagen: Hier ist die Grenze, so und so viele Ausländer ertragen wir hier in Deutschland, und das und das muss für uns dabei herausspringen.«

Mit diesem Satz hat Isabel Dziobek das psychologische Grobprofil der Protestwähler und besorgten Bürger der späten 2010er-Jahre geliefert. Und sie hat erklärt, was die Geisteshaltung dieser diffusen Gruppe mit den Befreiungen der 90er zu tun haben könnte: Es geht darum, sich nicht ständig herausgefordert und verunsichert zu fühlen. Es geht um die rückwirkende Sehnsucht nach leicht überschaubaren Zuständen. Um superkonservative, nationalistische Ideale, wie sie die AfD in Deutschland, die FPÖ in Österreich oder Fidesz in Ungarn immer erfolgreicher proklamieren.

Und die haben eben nicht nur mit Nostalgie zu tun, wie bei »Forever 90« in Straßburg oder im Nokia-Shop. Sondern mit Angst. Mit Angst vor der Freiheit. Vor einer Freiheit, die einen Teil der Menschheit klüger und toleranter gemacht hat. Und den anderen Teil, im wörtlichen Sinn des Wortes: beschränkter. Gestresster.

Isabel Dziobek hat übrigens erst vor ein paar Jahren ihr erstes Handy gekauft. Ihr Mann war irgendwann genervt, weil die Kita immer bei ihm anrief, wenn irgendwas war. »Eigentlich wollte ich nicht noch mehr Kommunikation«, sagt sie. »Ich rede eh schon so viel den ganzen Tag.«

Auf der Rückfahrt von der Uni gibt es noch eine einzige kurze Erleuchtung. Am Alexanderplatz. Hier hängen im Leuchtkasten Plakate eines Berliner Unternehmens für Gasversorgung. Es wirbt damit, dass es schon 1998 im Klimaschutz engagiert war. Auf den furchtbaren, beknackt komödiantischen Fotos sieht man Models, verkleidet als Rave-Frau, Grunger und Schlager-Revivalfan. Sie sitzen in Küchen und Büros und gießen Topfpflanzen. Der Slogan: »Das Beste aus den 90ern«. Das kommt jetzt also auch noch. Das Sauerstoff-Revival.

Was hat uns bloß so ruiniert? Eine nüchterne Bilanz nach zwanzig Jahren

Was jetzt kommt, ist natürlich etwas konstruiert. Aber egal. Nehmen wir mal an, es hätte 1999 auf RTL eine dieser Zukunfts-TV-Shows gegeben, »Unsere Welt in zwanzig Jahren«, »Future 2020« oder so ähnlich. Und sie hätten alles genau richtig vorhergesehen. Wie wäre das abgelaufen?

Moderiert hätten Linda de Mol oder sogar schon Oliver Geissen, das damals superfrische Gesicht. Sofagäste im Studio wären Jeanette Biedermann aus »Gute Zeiten, schlechte Zeiten« gewesen, der Schweizer Bartopa aus der Milka-Schokoladenwerbung, die RTL-2-Sexmoderatorin Nadja Abd el Farrag und FDP-Generalsekretär Guido Westerwelle. Die Musik hätten Rollergirl und die Fantastischen Vier gemacht. Der Komiker Wigald Boning wäre als Außenreporter und lustiger Wahrsager aufgetreten, der in seiner Glaskugel in die Zukunft geschaut hätte.

Und das hätte er gesehen: die Beinahepleite des EU-Staates Griechenlands um 2010 herum. Dazu die Wirtschaftskrisen in Südeuropa und die Frage, ob die Euro-Währung (die es 1999 noch nicht mal gab) als Gemeinschaftsprojekt überhaupt zu halten sei. Den islamistischen Terrorismus als tägliches, grässliches Totschlagargument. Die sogenannte Flüchtlingskrise 2015, eine Situation, die das an Frieden gewohnte Europa blitzartig ideologisch spaltete. Die vorübergehende Wiedereinführung von Grenzkontrollen innerhalb von Europa, in mehreren Staaten, die eigentlich zum reisefreien Schengen-Raum gehörten. Eine Spaltungsbewegung in Spanien. Demagogen in Ungarn, Polen oder der Türkei, die Gewaltenteilung und Demokratie wegregieren.

Das hätte schon gereicht für schlechte Laune. Aber die richtigen Hämmer kämen erst noch. Für 2016 wäre der Beschluss der britischen Bürger vorausgesagt worden, das Vereinigte Königreich solle aus der Europäischen Union austreten. Fürs selbe Jahr die Wahl des rassistischen Pleiteunternehmers Donald Trump zum Präsidenten der USA. Der wachsende, provokative Ärger zwischen Russland und den westlichen Ländern, den viele als Neustart des Kalten Kriegs sehen. Die Verhärtung im Nahostkonflikt. Die zunehmende Alltäglichkeit von rechtsradikalen, antisemitischen Ausfällen aller Art. Und die auf ganz andere Art schlimme Erkenntnis, dass der Filmproduzent Harvey Weinstein, der uns in den 90er-Jahren die großen Filme wie »Pulp Fiction«, »True Romance« oder »Scream« brachte, schon damals in Wahrheit ein Vergewaltiger und Erpresser war.

»Aber, meine Damen und Herren, es gibt auch ein paar gute Nachrichten«, würde Wigald Boning am Ende sagen. »Tic Tac Toe werden sich wieder versöhnen. Franz Beckenbauer wird nicht ins Gefängnis kommen. Und Bundeskanzler Gerhard Schröder findet als Aufsichtsratschef mehrerer russischer Energiekonzerne endlich seinen Traumberuf: lupenreiner Diplomat!« Dazu sieht man im Hintergrund den damals beliebten, als »Gummikanzler« bekannten Schröder-Imitator Elmar Brandt am Lagerfeuer sitzen, gemeinsam mit einem als Wladimir Putin zurechtgemachten Olli Dittrich. Sie essen etwas, das wie ein toter Bär aussieht.

Dann würde Linda de Mol wieder übernehmen. »Wir haben hier im Studio auch eine kleine Bar aufgebaut, und da sitzt ein interessanter Gast. Geh'n wir doch mal rüber!« Und es wäre einfach weitergegangen.

Es ist egal, wie viel 90er-Revival man auch feiert: Die Euphorie von damals kriegt man nicht zurück. Höchstens als Erinnerung, als echte oder falsche. Der Duft der Freiheit fehlt, heute riecht die Luft nach irgendetwas anderem. Der Optimismus, der Traum von weltumspannender Gemeinschaft, dieses Grundgefühl, das so vielen als prägende Erinnerung an die Zeit geblieben ist – zwanzig Jahre später scheint es fast ganz verloren zu sein. Vergeudet. Vielleicht, pathetisch gesagt: verspielt. Und das liegt nicht nur am üblichen Kulturpessimismus, der sagt, dass früher sowieso alles schöner, klarer und preiswerter war. Das liegt an der Geschichte. An Dingen, die in der Zwischenzeit tatsächlich passiert sind.

Dabei müsste man wohl einfach nur die passenden Studien heraussuchen. Dann könnte man sicher leicht beweisen, dass es der Menschheit heute in Wahrheit hundertmal besser geht als in den 90ern: Lebenserwartung und Kindersterblichkeit, Gay Rights, Bildung, Wohlstand in den Schwellenländern, Internetverfügbarkeit und so weiter. Natürlich haben all die Schwierigkeiten, die sich parallel dazu zusammengebraut haben, auch den zivilen Widerstand stärker angefeuert, als es damals je zu beobachten war. Beim Women's March on Washington im Januar 2017 zum Beispiel oder bei den Autokorsos, die in Berlin für die Freilassung des in der Türkei gefangenen Reporters Deniz Yücel veranstaltet wurden.

Das ändert nichts an den trüben Perspektiven für die Zukunft. Rechte Strategen gewinnen Macht und Mitsprache in Europa und den USA. Die Bündnisse zerfallen. Ideologien werden verpestet. Der Trend geht zu Isolation und allgemeinem Visionspessimismus. Man kriegt fast den Eindruck, dass die großen Fortschritte, die in den 90ern die Epochenwende symbolisierten, inzwischen wieder zurückgedreht worden sind. Gegen null. In die Eiszeit hinein.

Was ist geschehen? Wenn in den 90er-Jahren alle so wahnsinnig vereinigt, gesprächsbereit und tiefengechillt waren, warum wirkt es dann so, als wäre heute das Gegenteil der Fall? Haben wir nichts gemerkt?

Francis Fukuyama, der Politologe, der am Anfang des Jahrzehnts die herrliche These vom Ende der Geschichte aufstellte, hat sich inzwischen korrigiert. 2014 schrieb er im *Wall Street Journal*, anders als 1989 sei er heute wesentlich weniger optimistisch, was den endgültigen Siegeszug der liberalen Demokratie angehe. Und im Februar 2017, nach der Brexit-Abstimmung und dem Wahlerfolg von Donald Trump, meinte Fukuyama in einem Interview mit der *Washington Post* sogar: »Vor 25 Jahren hatte ich keine Vorstellung oder Theorie, die besagte, dass Demokratien sich auch rückwärts entwickeln könnten. Aber offenbar können sie es.«

»Die Wurzeln dessen, was heute geschieht oder eben nicht geschieht, wurden in den 90er-Jahren angelegt«, sagte die bedeutende Londoner Schriftstellerin Zadie Smith, Jahrgang 1975, im Interview mit der *Frankfurter Allgemeinen Zeitung* von 2017. Sie bezog sich auf den Brexit, den neuen Rassismus, die wachsenden sozialen Spannungen in England. »Wir haben uns um nichts gekümmert, einfach so vor uns hingelebt. Wir hätten die Freiheit verteidigen müssen, mit der wir viel zu selbstverständlich gelebt haben.« Prinzipiell ähnlich scheint das die deutsche Politikerin Vera Lengsfeld, Jahrgang 1952, zu sehen. In den 80er-Jahren wirkte sie als Bürgerrechtlerin am Einsturz der DDR mit, saß dann für die Grünen und die CDU im Bundestag. An Ostern 2018 unterzeichnete sie, zusammen mit anderen prominenten, neurechten Denkern, eine krude öffentliche Erklärung gegen »illegale Masseneinwanderung«. Das eine widerspricht dem anderen schon längst nicht mehr.

Ich denke kurz an Patti, die junge Moldawierin, die wir beim Revival-Fest in Straßburg trafen. »Für mich stehen die 90er dafür, dass sich für uns die ganze Welt geöffnet hat.« Und an Isabel Dziobek, die Psychologin. »Freiheit kreiert oft Stress.«

Man will deshalb ja auch keine Panik veranstalten. Die Buchläden und Kommentarschubladen sind eh schon knallvoll mit Niedergangsanalysen und Krisenpornografie, verfasst von früheren Außenministern und Kanzlerkandidaten, Schmierenphilosophen und Verschwörungsfans. Die Angst ist das Schlimmste, und sie wird weiter gezüchtet. Man wüsste nur gern genauer, wo der Fehler eigentlich lag oder liegt, der Stressfaktor. Im System? In der individuellen Verfehlung? Oder, weil es auf Englisch schöner klingt: Where did it all go wrong?

»Mmh, das kann man natürlich nicht so pauschal beantworten«, sagt David Martin, ein Schotte im Anzug. Wir sitzen im dreizehnten Stock in einem Büro in Brüssel. »Ein paar große Aktionen der 90er hatten ihre Geburtsfehler. Und ein paar Sachen sind erst später schiefgelaufen.«

David Martin ist groß, schlank, grau auf dem Kopf. Er trägt eine Brille mit sehr schmalen, rechteckigen Gläsern, eine lila Krawatte mit dünnen, blauen Streifen. Im ersten Moment erinnert er an David Letterman, den großen amerikanischen Talkmaster, in seiner klassischen Phase, bevor ihm der furchtbare Bart wuchs. Aber David Martin, 63 Jahre alt, ist Politiker. Kein großer Sprücheklopfer. Deshalb ist er nicht so wahnsinnig bekannt. Nicht mal in Schottland, wo er herkommt. Er ist schon sehr lange im Business. Seit 1984 sitzt David Martin für die britische Labour Party im Europaparlament. Im Sommer

2018, als wir uns treffen, gibt es unter den 751 EU-Abgeordneten nur einen einzigen, der länger dabei ist als er. (Es ist der CDU-Politiker Elmar Brok aus Paderborn, der seinen Sitz 1980 bekam.)

Martin hat die kalten 80er-Jahre über im Parlament gearbeitet und gekämpft. Die ganzen 90er, die ganzen Nullerjahre nach 9/11 und so weiter. Im Juni 2019 wäre er ordnungsgemäß in Abgeordnetenrente gegangen, nach 35 Jahren Eurodienst. Aber daraus wird nichts. Weil Großbritannien voraussichtlich im März 2019 aus der Europäischen Gemeinschaft austreten und all seine Mandatsträger mit nach Hause nehmen wird. David Martins Karriere im Parlament wird drei Monate zu früh enden. Es macht einen Unterschied, einen besonders schmerzhaften. Natürlich hasst Martin als schottischer Labour-Mann den Brexit.

»So, wie es jetzt läuft«, sagt er, »das ist schon ein besonders bitteres Karriereende für mich.« David Martin, dieser tragische Elder Statesman, dieser David Letterman der europäischen Einheit. Er soll hier das letzte Wort haben.

Meine Jahre mit Blair, Boris und Loadsamoney: Ein alter Europäer sagt uns die Wahrheit

Brüssel, Belgien, Residenzstadt, NATO-Hauptquartier, nicht ganz so altes Europa. Neben Straßburg und Luxemburg der dritte Standort der europäischen Institutionen. Inoffiziell der wichtigste. Das vorläufige Ende dieser langen Reise.

Die Taxis streiken an diesem Dienstagmorgen, aber alle wichtigen Leute haben ch ihren eigenen Fahrer. Die Touristenbusse stoppen am Place du Luxembourg im Leopold-Viertel, im Südosten der Stadt. Der verschachtelte Glasturm des EU-Parlamentsgebäudes wirft hier schon seinen Schatten. Auf den langen Treppen, die von der Straße zum Eingang führen, drücken sich die Anzugträger herum mit ihren Zigaretten und Handys. Diplomaten, die direkt vor der Drehtür rauchen, werden von den Pförtnern weggejagt.

Parlament, dreizehnter Stock. David Martin hustet noch ein bisschen, er hat eben eine Bronchitis auskuriert. Man traut sich kaum zu fragen, was er jetzt, so relativ kurz vor dem erwarteten Brexit, hier überhaupt noch macht. Sortiert er alte Sachen? Es muss grauenhaft sein für die britischen Abgeordneten.

»Mein Eindruck ist, dass der Brexit die verbleibenden 27 EU-Staaten schon jetzt enger zusammengeschmiedet hat«, sagt Martin. »Hier findet gerade ein Paradigmenwechsel statt.« Wir sitzen im Besprechungsraum seines Büros. Grauer Teppichboden, ein Blumenbild und eine Europakarte an der Wand. Von innen sieht die prächtige gläserne Burg tatsächlich genau so aus, wie die EU-Verächter es einem einreden wollen. Wie eine provinzstaubige Kleinbehörde. Aber das heißt gar nichts.

David Martin, Veteran des Parlaments, wuchs in Edinburgh auf. Selbstverständlich: Südseite, Arbeitergegend. Sein Vater war Bierbrauer bei der Firma Scottish & Newcastle, und als der Sohn ihn einmal nach Politik fragte, antwortete er knapp: »In diesem Haus wird Labour gewählt.« Mit siebzehn trat der Junge in die Partei ein, in den frühen 70ern. 1979 wurde Margaret Thatcher Premierministerin, in Großbritannien begann die bleierne Zeit. Martin war über die Lokalpolitik auf die Europaliste gerutscht. 1984 wurde er tatsächlich als Linker nach Brüssel gewählt.

Während in Großbritannien im Zug der Thatcher-Agenda reihenweise die Kohlezechen schlossen, setzte Martin sich auf Europaebene für ein Programm zur Rettung der betroffenen Kommunen ein. Er brachte die Initiative RECHAR mit auf den Weg. Sie sorgte dafür, dass jahrelang Millionen an europäischer Strukturhilfe in die sozial und kulturell bedrohten Bergbauregionen in Großbritannien, Frankreich oder Deutschland kamen. Es war kaum zu glauben: Ein naseweiser britischer Labour-Politiker konnte von Brüssel aus tatsächlich den Mist wiedergutmachen, zumindest teilweise, den Thatcher und ihre Leute zu Hause verbrachen. Es waren die Jahre, in denen David Martin klar wurde, welche Kraft Europa haben kann.

»Ich fand es immer faszinierend, wenn ich nach dem Ende eines EU-Gipfels in meiner Wohnung in Brüssel saß und durch die TV-Kanäle zappte«, erzählt er und lacht, nun ja, ziemlich schottisch. »Ich sah all die Regierungschefs, wie sie ihren Wählern daheim verkündeten: ›Das ist ein großartiger Deal für Italien, Deutschland, Frankreich ...‹ und so weiter. Und wie sie die anderen über den Tisch gezogen hätten. Viele haben sich nicht mal bemüht, den Menschen klarzumachen, dass es bei der europäischen Idee eigentlich um eine gemeinschaftliche Anstrengung geht. Nicht darum, welches Land die größten Vorteile absahnt.«

Anfang der 90er-Jahre machte David Martin dann die ganz große Tour. Er war zum Sonderberichterstatter für die Aushandlung des Maastricht-Vertrages ernannt worden, der großen EU-Charta. Im Zweierteam mit dem Parlamentspräsidenten, dem spanischen Sozialisten Enrique Barón Crespo, reiste er durch alle Staaten. Er traf die Oberhäupter, ging mit ihnen die Entwürfe durch. François Mitterrand empfing sie im Elysée-Palast. Er hielt eine Rede, was Europa für Frankreich alles bedeute, ließ die zwei Männer kurz berichten. Und klatschte dann in die Hände: »Drinks!« Bei Helmut Kohl, damals noch in Bonn, war es ähnlich. Er erzählte, was die Deutschen wollten. Dann war das Treffen vorbei. Keine Debatte, kein Pingpong. Die reine Wunschzetteldiplomatie.

»Das seltsamste Erlebnis war der Besuch in Athen«, erinnert sich Martin. »Konstantinos Mitsotakis war der Premierminister. Ich erklärte ihm ausführlich das Mitentscheidungsverfahren, das wir für die Zusammenarbeit zwischen Ministerrat und Parlament planten. Ob er dem zustimmen würde? Mitsotakis starrte mich an, als hätte er kein Wort verstanden. Dann zog er sich zehn Minuten mit seinen Beratern zurück, kam zurück. Sagte nur: ›Okay, machen wir so!‹ Und das war's.« Hatten die Griechen Europa kapiert? Egal, sie waren dabei. Warum auch nicht?

Es war die Zeit, in der der wirrhaarige Boris Johnson, der später kurz britischer Außenminister und harter Brexit-Vorkämpfer wurde, als Korrespondent für die Zeitung *Daily Telegraph* in Brüssel saß. Die Legende sagt, Johnson habe nachmittags immer so lange die Yucca-Palme in seinem Büro angebrüllt, bis er sich ausreichend in Rage geschaukelt hatte, um seine Anti-EU-Artikel für den *Telegraph* zu schreiben. Martin glaubt, dass vor allem die Gerüchte und die falsche Berichterstattung daran schuld gewesen seien, dass die Briten 2016 gegen Europa stimmten. Ein konservativer schottischer Parlamentskollege hatte sogar behauptet, die Europäische Kommission wolle das Dudelsackspielen in der Öffentlichkeit verbieten – weil die Säcke zu laut wären und so gegen eine EU-Norm verstoßen würden. Es gab genug Leute, die ihm das abnahmen.

Aber jetzt mal auf ein Wort, Mister Martin: Was ist da passiert? Warum hat sich der Trend zu Einheit und Entgrenzung, den wir in den 90ern gefeiert haben, heute komplett umgekehrt?

»Weil Sie sich diesen Trend vielleicht nur eingebildet haben«, antwortet David Martin. »Und weil der Optimismus ein falscher Optimismus war.«

Vielen Dank. Schön, dass wir das kurz vor Schluss auch noch erfahren.

Martin fragt, ob ich Loadsamoney kenne. Loadsamoney? Eine Figur, die der englische Komiker Harry Enfield immer in seinen BBC-Sketchshows gespielt hat. Schon seit 1985. Ich schaue ihn mir später auf YouTube an. Loadsamoney ist ein Proll im gelb-grünen Puma-Sportanorak mit falschem Adidas-Hemd. Er pöbelt in südenglischem Cockney-Dialekt, hält jedem dicke Geldscheinbündel unter die Nase. Eine Art weißer, neureicher, kulturloser Blingbling-Hustler. Eine Karikatur. Man kapiert, wer gemeint ist.

»Dieser Typ aus dem Fernsehen symbolisiert für mich genau das, was am Ende des 20. Jahrhunderts im Westen schiefgelaufen ist«, sagt Martin. »Wir wurden in dieser Zeit ... nun ja, ›kapitalistischer‹ ist nicht ganz das richtige Wort. Wir wurden individualistischer.«

Er geht zurück in der Geschichte. In der Zeit nach

dem Zweiten Weltkrieg sei es in den Gesellschaften ja erst mal um kollektive Sicherheit gegangen. Um Bildung, um die Gesundheitssysteme. »Darum, dass niemand zurückbleibt«, sagt er. »Von den späten 80ern an hatte ich dann den Eindruck, dass dieser Zusammenhalt immer mehr zu bröckeln begann. In Europa florierte der private Sektor. Die Regeln des Finanzmarktes wurden gelockert. Die Leute wurden reicher. Das Individuum stand plötzlich im Mittelpunkt.«

Es war die Boom-Stimmung, die an vielen Orten herrschte. Auch dort, wo gar kein Boom stattfand. Obwohl es in Deutschland 1993 eine Rezession gab und die Arbeitslosenzahlen stiegen, obwohl Japan fast das ganze Jahrzehnt über in einer Wirtschaftskrise steckte. Wer wär nicht gerne Aktionär? Es war eine Mischung aus gefühltem Aufbruchstaumel und tatsächlich hereinbrechendem Wohlstand, der eben nur für bestimmte Kreise galt. Der oft bemühte Spruch, dass die Reichen immer reicher und die Armen immer ärmer werden, er hat seine Wurzeln in den Jahren des Börsenhypes und des ersten Schubs der Globalisierung.

Vielleicht ist es einfach so. Vielleicht können die Menschen mit Freiheit, mit echter oder eingebildeter, einfach nicht besonders gut umgehen. Während in Europa die Grenzen fielen, während die kurz davor noch spürbare Drohung und Bedrohung aus dem Osten verblasste, wuchs parallel dazu die Fragmentierung, der politische und unpolitische Ich-Wahn. Warum? Weil es vielen so gut ging, dass sie einfach nicht mehr das Gefühl hatten, den Schutz einer Gemeinschaft zu brauchen.

Man darf das nicht mit den Zivilisationsklagen verwechseln, die Alexander Gauland kurz vor 9/11 in seinen Zeitungsartikeln jaulte. Gauland wünschte sich die Altzustände zurück, das Unaufgeklärte. Einer wie David Martin würde dagegen sagen: Wir hätten die frühen, großen Momente der Öffnung, Freiheit und Vereinigung viel nachhaltiger machen müssen. Wir waren in den 90ern zu egoistisch.

»Als 2008 dann die Finanzkrise kam, war es zu spät«, sagt Martin. »Da gab es kein Zurück mehr zum sozialen Gedanken. Viele Menschen fühlten sich plötzlich schutzlos, kalt erwischt. Die Angst vor der Zukunft wuchs, damit auch die Ablehnung gegen alles Fremde. Die Flucht ging nach innen. Kein Wunder, dass sich heute alle von allem bedroht fühlen.«

Lisa Simpson, die Cartoonfigur, wusste das schon 2003. In der »Simpsons«-Folge »Todesgrüße aus Springfield« musste sie sich mit einem alten Wissenschaftler auseinandersetzen, der nach Jahrzehnten in der Tiefkühlkapsel zurück ins Leben getaut wurde. »Sir, das hier ist das 21. Jahrhundert!«, sagte sie zu ihm. »Es ist fast wie das 20., mit nur zwei Unterschieden: Alle haben Angst. Und die Börsenkurse stehen schlechter.«

Okay, und jetzt? Was wir heute aus den 90ern lernen können (und was lieber nicht)

Schluss. Es reicht. Ich muss zurück nach Hause. Bevor ich aufbreche, frage ich David Martin, den großen Europäer, natürlich noch kurz nach der Zukunft. Ich hoffe auf ein paar gute Worte, die strahlstark nach vorne weisen. Aber er weiß auch nicht so wirklich.

»Ich bin nicht sonderlich optimistisch, was die Situation in Europa betrifft«, sagt Martin. »Uns bleibt nichts anderes übrig, als die Botschaft so laut und massiv zu vertreten, wie wir können. Die Botschaft, dass wir nur stark sind, wenn wir zusammenhalten und nicht gegeneinander arbeiten.«

Drei Wochen vorher hat er seinen alten Freund Tony Blair wiedergesehen. Blair, den Ex-Premierminister und Grinsekopf der 90er-Sozialdemokratie, jetzt auch schon Mitte sechzig. Heute leitet er das Tony Blair Institute for Global Change, eine Non-Profit-Organisation, eine Art Forschungs-Thinktank. Und was hat er so gesagt? »Er ist sicher, dass der Brexit viel dazu beigetragen hat, dass die Menschen überhaupt erst verstehen, worum es bei der europäischen Einheit geht.«

Ob Blair vielleicht selbst mit schuld daran ist, dass diese Erkenntnis rund zwanzig Jahre zu spät kommt? Aber man kann die Zeit nicht zurückdrehen. Hier versagt jedes Revival.

Als Tony Blair noch im Amt war, soll er eine schöne Technik gehabt haben, um Kollegen zu motivieren, erzählt Martin. »Wenn er nach einer Verhandlungsrunde sah, dass ich nicht glücklich war, bat er mich immer noch kurz zu einem Gespräch unter vier Augen. Dann legte er mir den Arm um die Schultern und sagte: ›Ich sehe dein Problem, aber du musst einfach Geduld haben. Du denkst zu weit voraus. Glaub mir, es wird alles gut!‹« Er sei dann immer ganz beschwingt und innerlich erwärmt aus dem Meeting gekommen, sagt Martin. Bis er irgendwann bemerkte, dass Blair das immer mit allen so machte.

Am Brüsseler Flughafen, kurz nach der Sicherheitskontrolle, sehe ich einen muslimischen Geschäftsreisenden. Er hat in der Ecke eines Gates seinen Gebetsteppich ausgerollt, zieht die Schuhe aus, verneigt sich. Niemand guckt blöd, niemand will, dass er aufhört. »Are you ready for a liquid city?«, fragt dazu völlig überraschend ein Werbebanner. Bin ich bereit? Wofür bitte noch mal? Es ist Tourismusmarketing für die Stadt Brügge, die ein Kanalnetz hat und deshalb leider tatsächlich »Venedig des Nordens« genannt wird. Dabei muss ich instinktiv an eines dieser Zukunftsszenarien denken, wie sie derzeit ständig von Mobilitäts-, Risiko- oder Ernährungsforschern entworfen werden. Wie werden wir in dreißig Jahren leben? Vielleicht ja in flüssigen Städten. Mit einer Spritzpistolenpolizei. Mit Pinguindienern und selbstfahrenden Eisschollen im Winter. Die megacoole Reaktion auf den Klimawandel.

Nina Ruges alter Spruch fällt mir ein. »Alles wird gut.« Genau das könnte ich jetzt brauchen. Jemanden, der mir das sagt. Jemanden, der mir, wie Tony Blair, den Arm um die Schulter legt und meint, man müsse doch einfach ein bisschen Geduld haben mit der Zukunft. Ich würde gern mit einem besseren Ausblick aus Brüssel abreisen, aus Europa. Mit ein bisschen mehr Optimismus.

Ich schreibe Constantin. Dem alten Freund, mit dem ich 1994 beinahe beim Nirvana-Konzert war, 1995 beim ersten Rave, bei so vielen anderen Sachen. Ich tippe eine SMS, denn WhatsApp hat er nicht. »Hey du. Wie siehst du eigentlich die 90er-Jahre rückblickend? Und was sagt dir das über heute? Schöne Grüße!«

Schwierige Frage, aber die Antwort kommt schnell. »Obwohl damals das Jahrtausend zu Ende ging, fing ständig etwas Neues an«, schreibt Constantin, der gerade irgendwo in Westfalen hockt. »In den 90ern hat man das Neue gefeiert. Seit der Jahrtausendwende wird ständig das Ende von irgendwas beklagt. Alles Neue steht immer erst mal unter Verdacht.«

Er hat recht. Das ist ja auch das wahre Problem mit den rechtskonservativen Pöblern, den besorgten Bürgern Europas und so weiter. Sie beschweren sich über den Zustand der Demokratie, über die Offenheit der Gesellschaft, die Presse, den Zeitgeist. Aber sie haben keine Vision. Oder sie verraten sie nicht. Kein gutes Bild davon, wie das aussehen könnte, was da kommen soll. Kein Bild, für das es sich zu streiten und zu kämpfen lohnen würde. Sie wollen nur zurück.

Vielleicht sind wir alle ja manchmal so. Angst heißt, dass man sagt, was man nicht will. Optimismus ist das Gegenteil. Die positive Utopie, die nicht erst in fünfzig Jahren eintreten könnte, sondern schon morgen Nachmittag. Optimismus heißt, dass man sagt, was man will. Die flüssige Stadt zum Beispiel. Die Idee gefällt mir langsam immer besser.

Optimismus hatten wir Anfang der 90er genug. Das war alles ein bisschen dumm, naiv und emotional. Aber es brachte uns dazu, nach vorn zu schauen.

Wieder kommt eine Nachricht an, über den Facebook-Messenger. Von Maria, einer Freundin. Sie sitzt in der Bibliothek und recherchiert für ihre Magisterarbeit über die 80er-Retro-Internetserie »Stranger Things« auf Netflix. »Wusstest du«, schreibt Maria, »dass Nostalgie noch im 17. Jahrhundert als Krankheit galt? Wurde mit Aderlass behandelt. Irre, oder?«

25 Minuten bis zum Boarding. Ich gehe noch schnell zu einem der Starbucks-Läden im Flughafen, die wie

leicht überambitionierte Betriebskantinen trauriger Büros aussehen. Man kann gegen die Politik und den Symbolwert dieser Kette natürlich viel sagen, eines muss man ihr lassen: Die Musik ist bei Starbucks in der Regel sehr gut. Gerade als ich meine Kaffeetasse bekomme, startet mit sphärischem Zirpen ein Song von den Pet Shop Boys. »Being Boring«. Erschienen 1990.

In dem Stück geht es um alte Freunde. Um die Erinnerung an vergangene, rauschende Partys. Um Fotos von gar-nicht-so-sehr-früher, die urplötzlich aus Kisten auftauchen. Um das Verschwinden, das Verdunsten der Jugend und um das, was am Ende davon als Krümelsatz zurückbleibt. Das würde man »Being Boring« auch dann anhören, wenn man kein Wort vom Text verstehen würde. »We were never holding back or worried that time would come to an end.« Ja, die Euphorie der jungen Zeiten. Wir sind super. Wir sind unbesiegbar. Wir denken nicht an gestern. An morgen allerdings auch nicht.

Am Schluss des Songs sitzt der Erzähler dann an einem fremden Ort, in der Gegenwart. Sieht bekannte und eher unbekannte Gesichter. Denkt an die von damals, die nicht mehr da sind. »In my 1990s«.

I never dreamt that I would get to be
The creature that I always meant to be
But I thought in spite of dreams
You'd be sitting somewhere here with me

Der Flug nach Hause ist noch immer nicht aufgerufen worden. Ich bleibe noch ein bisschen sitzen.

SCHLUSS: »IN BERLIN IST DIE FINSTERNIS NUR PARTIELL.«

Der dunkelste Moment der 90er und die Zeichen am Himmel, die wir nicht lesen konnten

Alle hatten Regenmäntel an, Andrea, ihr Ex-Freund Carsten, ihr alter Kumpel Mario und ich. Es war wie ein Wandertag, bloß ohne Schule. Wir stapften durch tropfnasses Gras. Mitten im langen Treck aus Menschen, die den Österberg hinaufliefen, eine größere Anhöhe im Südosten Tübingens, von dem aus man einen guten Blick über die Stadt hatte. Es war frühe Mittagszeit. Vor uns schlängelte sich die Menge den Weg hinauf, wie auf einem Ameisenpfad. Oder wie in »Fitzcarraldo« von Werner Herzog, als das Schiff über den Berg bugsiert wird. Es war Mittwoch, der 11. August 1999. Der Tag der totalen Sonnenfinsternis über Mitteleuropa.

Die letzte, die in Deutschland sichtbar war, hatte es 112 Jahre vorher gegeben, fast auf den Tag genau. Die nächste soll im September 2081 stattfinden. Es war für alle also eine Once-in-a-Lifetime-Chance, ein kosmisches Volksfest. Vorab war von einem beispiellosen Himmelsspektakel die Rede, und es passte alles so hervorragend zum bevorstehenden, etwas gruseligen Jahrtausendwechsel, dass wir es kaum glauben konnten.

»Habt ihr alle eure Brillen dabei?«, fragte Andrea.

»Ich hab für den Notfall ein paar mehr mitgenommen«, grinste Mario, so war er.

Dass man ohne Folienbrille auf gar keinen Fall in die sich langsam verdunkelnde Sonne schauen dürfe, hatten Fernsehmoderatoren monatelang sehr ernst gesagt. Es gab noch weitere Warnungen. Der Modedesigner Paco Rabanne stellte die Theorie auf, dass die russische Raumstation Mir während der Dunkelheit ganz schrecklich vom Himmel fallen und Teile von Paris zerstören werde. Die Sekte »Universal and Human Energy« baute sich auf einem Berg bei Tarragona in Spanien extra einen Bunker, um allen denkbaren Schicksalsschlägen zu entgehen.

Nostradamus hatte etwas Verheerendes für 1999 prophezeit, explizit für die Sommermonate. Und für Silvester war ja auch schon die Computerkatastrophe angesagt worden, der Millennium-Bug. Sollte die Welt also zur Sonnenfinsternis nicht untergehen, könnte man hinterher einmal kurz durch die Bunker, Schutzräume und Konservendosenlager durchfeudeln. Und sie am 31. Dezember gleich wieder benutzen.

Wir hatten ganz andere Probleme. Diverse Leute waren unglücklich verliebt. Andrea ging aufs Examen zu, machte sich ab und zu Sorgen um die Langzeitstudiengebühren, die eventuell bald kommen sollten. Carsten hatte Krach mit seinen Eltern, es ging irgendwie um Geld. Ich war auf der Suche nach einem Volontariat, was gar nicht so einfach war, aber bald noch viel schwieriger werden sollte. Außerdem warteten wir auf den neuen »Krieg der Sterne«-Film, den ersten seit 1983. »Episode I – Die dunkle Bedrohung« sollte am 19. August in Deutschland starten, eine gute Woche nach der Sonnenfinsternis. Damals freuten wir uns noch darauf.

»In Berlin ist die Finsternis nur partiell«, sagte Andrea. »Madita ärgert sich ganz schön.«

»Das ist ganz bestimmt das erste Mal, dass sie bereut, raufgezogen zu sein«, meinte ich. »Endlich haben wir mal einen Provinzvorteil.«

»Mag jemand ein Fisherman's?«, fragte Mario.

Wir standen auf dem Österberg in der Menschenmenge. Wie ein Alien-Kult in gelben Friesennerzen, der sich versammelt hat, um das eintreffende Raumschiff bei der Landung zu begrüßen. Wir warteten. Es war regnerisch, der Himmel versuppte in Dunkelgrau. Im Radio hatten sie schon gesagt, dass man vom eigentlichen Sonne-Mond-Schauspiel durch die dicken Wolken gar nichts sehen würde. Grandios. Da hatte man theoretisch über hundert Jahre auf die Sonnenfinsternis gewartet, und nun war das Wetter schlecht. Typisch Deutschland.

So standen wir also da auf dem Berg wie unsere eigenen Zuschauer. Wie unser eigenes Publikum, das uns selbst dabei zuguckt, wie wir so durch die Jahrzehnte gondeln. Allein, mit anderen, gemeinsam. Wie wir all diese tollen und schrecklichen und völlig nichtssagenden Momente erleben. Woran genau wir uns erinnern, was es uns bedeutet, welche Schlüsse wir ziehen und was wir lernen, das kommt darauf an. Darauf, wie wir uns selbst so schlagen als unsere eigenen Gewährsleute. Wie wir uns selbst erzählen.

Ob das die Weltgeschichte ist? Oder unsere eigene

Geschichte? Die Zeichen am Himmel sagen es uns nicht, solange wir auch zu ihnen hochstarren. Denn im Zweifel regnet es. Und wir können sie gar nicht sehen.

»Wow!«, rief Andrea.

Es war kurz nach halb ein Uhr nachmittags, als auf dem Österberg die Sonne verschwand. Kalt war es eh schon gewesen. Es war der dunkelste Moment der 90er-Jahre, und es fühlte sich komisch an. Aber wir hatten keine Angst.

DANKSAGUNGEN

Meinen herzlichsten Dank an alle, die mir geholfen haben: Karen Annemaier, Daniel Bier, Debby Böhm, Alexandra Dröner, Isabel Dziobek, Claus Falkenberg, Jochen Förster, Katharina Gaida, Marcus Garzon, Simone Gutberlet, Franziska Hackmann, Markus Heidingsfelder, Stefanie Hentschel, Birgit Herdlitschke, Constanze Hrubik, Philip Krell, Tabea Lenz, Marcus Lucas, David Martin, Ina Simone Mautz, Dejan Milic, Daniela L. Müller, Christoph Neumann, Helen Niemeyer, Saskia Otto, Florian Puls, Tanja Queckenstedt, Laura Ranagan, Nadine-Sophie Renz, Dave Rimmer, Rainer Schmidt, Judith Schmitt, Kathrin Schwerthelm, Ulrike Senger, Almut Sonnhalter, Christian Ulmen, Marco Vörös, Linus Volkmann, Martin Waldmann, Silvia Weber, Michael Wohlrab, Jörn Wrede und Pia Zaborowski. Besonderen Dank an Franziska Söhner.

Ganz besonders danken möchte ich meinen lieben, treuen Gefährten Anja Rützel und Oliver Fuchs – dafür, dass sie mit mir (nicht nur) die 90er-Jahre durchgestanden haben. Außerdem grüße ich folgende Berliner Lokale: Platzhirsch, Dean & David, Pure Origins, Café Schwarzsauer und Posh Teckel. Special thanks gehen an meine Lektorin Angela Gsell, an meinen Agenten, Berater und Freund Daniel Wichmann und an meine Katze Emma.

Joachim Hentschel, im Sommer 2018

REGISTER